Autoren
Rainer Hausfeld
Jörn Peters
Martin Ratermann

unter Mitarbeit von
Ulrich Helmich
Margit Hertel
Henriette Höxter
René Jungbluth
Daniel Klaßen
Anja Renken-Abken
Rüdiger Schmalz
Eckhart Schröder
Wolfgang Schulenberg †
Franz Stoppel
Henning Teschner
Björn Toben
Ulrich Walz

bioskop 7-9

Gymnasium Nordrhein-Westfalen
Aufgabenlösungen

westermann

westermann GRUPPE

© 2018 Bildungshaus Schulbuchverlage
Westermann Schroedel Diesterweg Schöningh Winklers GmbH,
Braunschweig
www.westermann.de

Druck A[1] / Jahr 2018
Alle Drucke der Serie A sind im Unterricht parallel verwendbar.

Redaktion: Dr. Barbara Lübben
Grafiken: Julius Ecke, www.naturstudiendesign.de; Christine Henkel, Dahmen
Satz: Jouve Germany GmbH & Co KG, München

Umschlaggestaltung und Typographie: Jennifer Kirchhof
Umschlag Foto: Thinkstock, Sandyford/Dublin (Yulia-Images)
Druck und Bindung: westermann druck GmbH, Braunschweig

ISBN 978-3-14-**159624**-3

Inhaltsverzeichnis

4

1 Erkunden eines Ökosystems

1.1 Wälder sind verschieden

1.

a) Abbildung 1 zeigt das Innere eines Mischwaldes in Bodennähe. Der Boden ist uneben. An vielen Stellen gelangt Licht auf den Boden. Es gibt Kräuter und Sträucher. Verschiedene Baumarten sind vorhanden, darunter sowohl Laub- als auch Nadelbäume. Es handelt sich um einen naturnahen Mischwald. Abbildung 2 zeigt den Übergang von einer Rodung zu einer Fichtenmonokultur. Im Vordergrund liegen gefällte, zum Teil geschälte Stämme. Die Nadelbäume dahinter sind offenbar Fichten, die gleich alt sind. Sie stehen eng, sind hochwüchsig und tragen nur in der Krone Äste und Nadeln. Unterwuchs ist nicht vorhanden. Es ist ein Wald, der vor allem der Holzproduktion dient.

b) Der menschliche Einfluss ist in der Fichtenmonokultur sehr groß. Es ist ein künstlich angelegter Wald, der vor allem der Holzproduktion dient. Für andere Pflanzen ist weder Platz noch Licht vorhanden. Der Mischwald macht dagegen einen naturnahen Eindruck. Der Einfluss des Menschen ist hier gering. Wenn überhaupt, wurden nur einzelne Bäume aus dem Bestand gefällt (möglicherweise sind einige Baumstümpfe in der Bildmitte zu sehen).

c) Im Mischwald ist die Tier- und Pflanzenwelt vermutlich am artenreichsten. Hier gibt es viele unterschiedliche Lebensräume. Das ermöglicht eine hohe Biodiversität.

2.

a) Vermutlich wurde mit den Monokulturen der Versuch gemacht, eine industrielle Forstwirtschaft ähnlich der Landwirtschaft aufzubauen: Große Flächen werden mit der „Nutzpflanze" bepflanzt und später „geerntet". Die frei gewordene Fläche wird wiederum bepflanzt.

b) Die künstlich bepflanzten Monokulturen sind anfälliger für Sturmschäden und Schädlinge als naturnahe Wälder. Die frisch gerodeten Flächen sind anfälliger für Erosion.

Die Monokulturen werden wieder durch naturnahe Wälder ersetzt, da diese weniger anfällig sind und eine größere biologische Vielfalt bieten. So helfen sie den Artenreichtum zu bewahren.

3.

Die Abbildung verdeutlicht die prozentuale Zu- und Abnahme verschiedener Baumarten in Deutschland zwischen 1987 und 2005. Das Diagramm zeigt den deutlichen Rückgang von Nadelbäumen und einen Zuwachs an Laubbäumen. Damit spiegelt es den Trend wieder, dass von Nadelwald-Monokulturen Abstand genommen wird und vermehrt naturnahe Wälder angelegt werden.

4.

a) Das Diagramm zeigt die Anzahl von seltenen und häufigen Vogelarten des Bayerischen Waldes in Abhängigkeit von dem Alter der Bäume. Man erkennt, dass bei älteren Bäumen die Anzahl der selteneren Vogelarten deutlich höher ist. Auch die Anzahl der häufigen Vogelarten steigt an, jedoch nicht so stark. Bei einem Alter der Bäume von 5-10 Jahren sind keine seltenen Vogelarten vorhanden. Je älter die Bäume werden, desto vielfältiger werden offensichtlich die Lebensräume, die der Wald bietet.

b) Im Zuge des Naturschutzes sollten mehr naturnahe Wälder angelegt werden, in denen auch alte Bäume wachsen, um die biologische Vielfalt zu fördern und zu erhalten.

c) Unter Totholz versteht man abgestorbene Teile von Bäumen, die langsam zersetzt werden. Totholz hat besondere Bedeutung für die Biodiversität des Waldes. Es bildet Lebensraum und Nahrung für viele verschiedene Tier-, Pilz- und Pflanzenarten. In Wirtschaftswäldern werden lebende Bäume gefällt und das Holz abtransportiert. Es gibt kaum Totholz und damit auch kaum Lebensraum für die Organismen, die auf Totholz angewiesen sind.

5.

Maisacker und Rasen sind offene Lebensräume mit stark wechselnden Lebensbedingungen. Die Lebensbedingungen in Wäldern sind in der Regel ausgeglichener. Anders als in den Wäldern können sich kaum vollständige Stoffkreisläufe ausbilden, da durch Ernte oder das regelmäßige Mähen ständig Stoffe entzogen werden. In einem natürlichen Mischwald beobachtet man im Gegensatz z. B. zur Fichtenmonokultur einen typischen Stockwerkbau mit vielfältigen Nahrungsbeziehungen und einer großen Artenvielfalt. Durch die einseitige Nutzung in schnell wachsenden Nadelwaldmonokulturen verarmt der Boden ebenfalls an Mineralstoffen. Umweltfaktoren, wie z. B. Licht, Temperatur oder die Bodenverhältnisse bestimmen vor allem, welche Tiere und Pflanzen in dem jeweiligen Wald vorkommen.

1.2 Umweltfaktoren wirken auf Lebensgemeinschaften

Verschiedene Ökofaktoren wirken auf einen Baum ein	Abb. 1

Ökogramme	**1.** Abb. 4

Toleranz gegenüber Ökofaktoren	Abb. 2

Konkurrenz von Rotbuche und Stieleiche	**2., 3.** Abb. 5, 6

Wachstum mit und ohne Konkurrenz	Abb. 3

1.
a)

Baumart	größtmöglicher Wuchsbereich	bestmöglicher Wuchsbereich	Wuchsbereich mit Konkurrenz
Rotbuche	*Säuregehalt des Bodens:* stark sauer bis kalkhaltig *Bodenfeuchtigkeit:* sehr trocken bis feucht	*Säuregehalt des Bodens:* sauer bis kalkhaltig *Bodenfeuchtigkeit:* trocken bis frisch/feucht	*Säuregehalt und Feuchtigkeit des Bodens:* auf sauren bis kalkhaltigen Böden auf trockenen bis frischen Standorten

Baumart	größtmöglicher Wuchsbereich	bestmöglicher Wuchsbereich	Wuchsbereich mit Konkurrenz
Stieleiche	*Säuregehalt des Bodens:* stark sauer bis kalkhaltig *Bodenfeuchtigkeit:* sehr trocken bis feucht	*Säuregehalt des Bodens:* sauer bis kalkhaltig *Bodenfeuchtigkeit:* mäßig trocken bis feucht	*Säuregehalt und Feuchtigkeit des Bodens:* auf stark sauren Böden, auf sauren bis kalkhaltigen Böden nur bei sehr trockenem oder feuchtem Boden
Schwarzerle	*Säuregehalt des Bodens:* sauer bis kalkhaltig *Bodenfeuchtigkeit:* sehr trocken bis nass	*Säuregehalt des Bodens:* sauer/mäßig sauer bis kalkhaltig *Bodenfeuchtigkeit:* mäßig trocken bis nass	*Säuregehalt des Bodens:* mäßig sauer bis kalkhaltig *Bodenfeuchtigkeit:* nass
Waldkiefer	*Säuregehalt des Bodens:* stark sauer bis kalkhaltig *Bodenfeuchtigkeit:* sehr trocken bis nass/ sehr nass	*Säuregehalt des Bodens:* sauer bis neutral/ kalkhaltig *Bodenfeuchtigkeit:* trocken bis feucht	*Säuregehalt und Feuchtigkeit des Bodens:* sehr trocken und stark sauer/ sauer; sehr trocken und neutral bis kalkhaltig; nass/sehr nass und stark sauer/sauer

b)

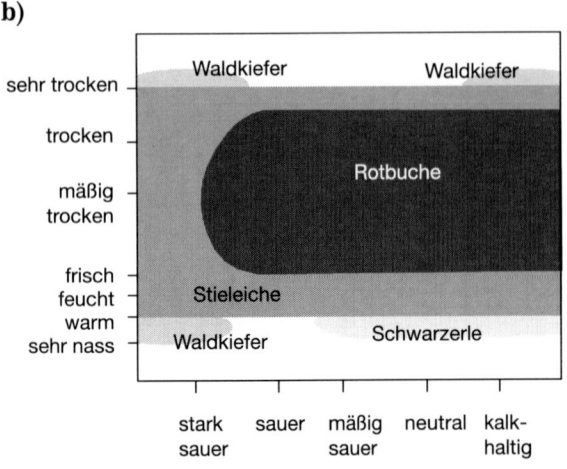

Die Rotbuche nimmt den größten Platz im Öko-gramm ein, d. h. sie dominiert an vielen, relativ unterschiedlichen Standorten. Auch die Stieleiche ist an ähnlichen Standorten weit verbreitet; auf stark sauren Böden und auf recht trockenem oder feucht/ nassem Boden ist sie die dominante Art. Schwarzerle und Kiefer kommen dagegen nur an ganz bestimmten Standorten mit bestimmten Konstellationen von Ökofaktoren vor, an denen die anderen Arten schlechter wachsen können; im Ökogramm ist dies als schmaler Streifen der Ausbreitung erkennbar.

c) Angenommen es gibt nur die Baumarten aus dem Ökogramm: An stark sauren, trockenen Standorten sollten sich Eichenwälder ausbilden. An besonders trockenen Standorten könnte darin auch die Waldkiefer stehen.

2.

a) Toleranz (Wachstumsbereich): Beschreibt den Bereich von Ökofaktoren, innerhalb derer eine Pflanze wachsen kann; beinhaltet den Vorzugsbereich und den möglichen Wachstumsbereich.
Konkurrenz: Beschreibt den Wettbewerb verschiedener Pflanzen um die gleichen Ressourcen.

b) Die jungen Pflanzen der Rotbuche wachsen schnell und vertragen gut Schatten. Die Stieleiche hingegen nicht; daher kann sie unter Rotbuchen nicht gut wachsen. Die Blätter der großen Rotbuchen werfen viel Schatten, sodass nur Rotbuchen und keine Stieleichen nachwachsen können. Auch die Ökogramme in Abbildung 4 zeigen diesen Sachverhalt: Die Rotbuche „verdrängt" die Stieleiche in Richtung größerer Bodenfeuchtigkeit und geringeren Säuregehaltes des Bodens.

3.

Die Stieleiche gibt bei trockenen Böden deutlich weniger Wasser ab als die Rotbuche; daher wird sie sich unter diesen Bedingungen gegenüber der Rotbuche durchsetzen.

1.3   Standortansprüche von Rotbuche und Waldkiefer

Rotbuche und Waldkiefer im Vergleich	Abb. 1, 2

Angepasstheiten von Rotbuche und Waldkiefer	**1.**

Der Klimawandel und der Wald	**2.** Abb. 4, 5

Konkurrenz zwischen Rotbuche und Waldkiefer	**3.** Abb. 3

1.

Hinweis: Zur Ermittlung von Details sind zusätzliche Recherchen erforderlich. Mikroskopische Untersuchungen können ebenfalls hilfreich sein.

a) *Aufbau:*

Das Rotbuchenblatt zeigt den typischen geschichteten Aufbau eines Blattes mit den verschiedenen Geweben, einer dünnen Cuticula und teils sehr großen Zellen. Es enthält außerdem mehrere Leitbündel.

Die Fichtennadel hat nur kleine Zellen, ein Leitbündel in der Mitte und eine dicke Wachsschicht um die Nadel herum.

Blattoberfläche:

Rotbuche: groß → kann viel Licht auffangen und viel Wasser verdunsten

Waldkiefer: klein → Schutz vor zu großer Wasserverdunstung, nutzt das Licht nicht so effektiv wie die Buche, aber dafür ganzjährig

Ausnutzung des Sonnenlichts:

Rotbuche: sehr gut → große Blätter, die versetzt zueinander stehen, Rotbuche wächst bei wenig Licht

Waldkiefer: braucht sehr viel Licht, kann das Licht nicht so gut ausnutzen, da die Blattoberfläche klein ist

Wasserabgabe über die Blätter:

Rotbuche: viel, wegen großer Blattoberfläche

Waldkiefer: wenig, wegen kleiner Blattoberfläche

b) Rotbuche und Waldkiefer haben unterschiedliche Angepasstheiten in Bezug auf die Fotosynthese, den Wasserbedarf und die Verbreitung der Samen. Die Rotbuche erreicht im Sommer eine sehr hohe Fotosyntheserate, während im Winter (ohne Blätter) für sie keine Fotosynthese möglich ist. Die Waldkiefer hat im Sommer eine wesentlich geringere Fotosyntheserate im Vergleich zur Rotbuche. Allerdings trägt die Waldkiefer auch im Winter Nadeln. Sie ist daran angepasst, dass die Fotosynthese ganzjährig stattfinden kann. Die Rotbuche verdunstet über ihre großen Blattflächen viel Wasser. Im Winter wäre bei gefrorenem Boden die ausreichende Versorgung der Blätter mit Wasser nicht möglich. Die Nadeln der Waldkiefer haben eine geringe Oberfläche und sind mit einer Wachsschicht überzogen. Deshalb verdunsten sie nur wenig Wasser und können Frostperioden überdauern. Die Rotbuche hat als Früchte Bucheckern, die nah beim Baum zur Erde fallen. Die Waldkiefer bildet Kiefernzapfen, aus denen leichte Samen frei werden, die weit vom Wind verbreitet werden.

2.

a) Die Wohlfühlbereiche der beiden Baumarten unterscheiden sich. Die Waldkiefer gedeiht im Vergleich zu Rotbuche gut unter trockeneren und kälteren Bedingungen. Die Klimahüllen deuten an, dass in Zukunft die Jahresdurchschnittstemperaturen höher sein werden, während sich die Jahresniederschlagssumme kaum ändern wird.

Die Klimahülle der Gegenwart deckt sich nur etwa zur Hälfte mit dem Wohlfühlbereich der Waldkiefer, während der Wohlfühlbereich der Rotbuche fast zu 100 % mit der Klimahülle der Gegenwart deckungsgleich ist. Die Klimahülle der Zukunft deckt sich noch weniger mit dem Wohlfühlbereich der Waldkiefer, während der Wohlfühlbereich der Rotbuche noch zu etwa 90 % mit der Klimahülle der Gegenwart deckungsgleich ist.

b) Wird sich die Verbreitung der Arten verändern? Für die im Diagramm angedeuteten erwarteten Klimaveränderungen in den kommenden Jahrzehnten zeigt die Rotbuche offenbar deutlich bessere Angepasstheiten als die Waldkiefer. Sollte die Waldkiefer nur noch in Bereichen mit niedrigeren Jahresdurchschnittstemperaturen und geringeren Jahresniederschlagssummen angepflanzt werden? Solche Bedingungen sind möglicherweise in höher gelegenen Waldgebieten zu erwarten.

Die Aussagekraft der Klimahüllen ist allerdings begrenzt. Es ist nicht berücksichtigt, dass im Sommer längere Trockenperioden zu erwarten sind. Extreme Trockenperioden im Sommer könnten gerade für die Rotbuche ein Problem werden, denn sie ist nur im Sommer belaubt und braucht dann eine ausreichende Wasserversorgung.

3.

Mögliche begründete Vermutungen:
1. Die Waldkiefer ist bei häufiger Trockenheit in der Konkurrenz im Vorteil, ebenso bei (häufigen) Spätfrösten. Unter diesen extremen Bedingungen setzt sich die Waldkiefer durch.
2. Sind diese (-extremen-) Bedingungen nicht gegeben, sollte sich die Rotbuche gegenüber der Waldkiefer durchsetzen. Die Rotbuche kann als heranwachsende Pflanze in sehr ausgeprägtem Maße Schatten vertragen, also auch im Schatten anderer Bäume heranwachsen.
3. Da die Buche einen ausgeprägten Höhenwuchs hat, dürfte sie Waldkiefern im Laufe der Jahre an Höhe nicht nachstehen, sie sogar übertreffen und nun selbst viel Schatten erzeugen.
4. Weil Licht für die Biomasseproduktion per Fotosynthese unbedingt notwendig ist, schwächt ein Buchenbestand durch Schattenwurf die Konkurrenten zumal die Schattentoleranz des Jungwuchses der Waldkiefer nur gering ausgeprägt ist.

(Die Toleranz gegenüber einem Mineralsalzmangel ist nicht relevant, weil in dem Aufgabentext dargelegt wird, dass der Boden der Versuchsfläche ausreichend Mineralsalze enthält.)

1.4 Der Wald im Jahreslauf

Frühblüher, Beispiele Buschwindröschen und Scharbockskraut	Abb. 1
Stockwerke und Lichtverhältnisse im Wald	**1., 2., 3.** Abb. 2, 3, 5
Angepasstheiten der Frühblüher	**4.** Abb. 1, 3, 6
Angepasstheiten des Efeus	**5.** Abb. 4

1.

Im Winter (Dez., Jan.) ist die Lichtintensität am Boden eines Laubwaldes eher gering, die Bäume haben zwar noch keine Blätter, aber die Lichteinstrahlung der Sonne ist insgesamt schwach. Im Frühjahr (Feb.-April) nimmt die Lichtintensität am Boden stark zu und ist im April sehr hoch. Die Bäume haben noch kaum Laub ausgebildet und fast die gesamte Sonneneinstrahlung erreicht den Waldboden. In dieser Zeit treiben Frühblüher wie das Scharbockskraut und das Buschwindröschen aus und blühen. Ende April/Mai, wenn sich das volle Laub der Bäume entfaltet, nimmt die Lichtintensität stark ab und zwischen Juni und August erreicht nur sehr wenig Licht den Waldboden. Erst ab September, wenn die Bäume anfangen, ihr Laub abzuwerfen, nimmt die Lichtintensität wieder leicht zu.

Der Waldmeister ist an dunkle Lichtverhältnisse angepasst, er blüht im Mai, hat aber das ganze Jahr über oberirdische Pflanzenteile. Auch der Efeu ist das ganze Jahr über im Wald zu finden, er blüht Ende September/Oktober.

2.

Stockwerkaufbau und Lichtverhältnisse im Sommer: Das oberste Stockwerk des Waldes bildet die Kronenschicht (40 m), die das volle Sonnenlicht erreicht. Innerhalb der Kronenschicht nimmt die Sonneneinstrahlung ab, die Strauchschicht (5 m) erhält nur noch 1/4 des Sonnenlichts. Darunter liegen die Krautschicht (1 m) und die Moosschicht (20 cm). Bis hierhin kommt nur noch ein sehr kleiner Teil des Sonnenlichts (ca. 1/16). Die unterste Schicht im Wald ist die Bodenschicht.

Skizze für den Wald im Frühjahr:

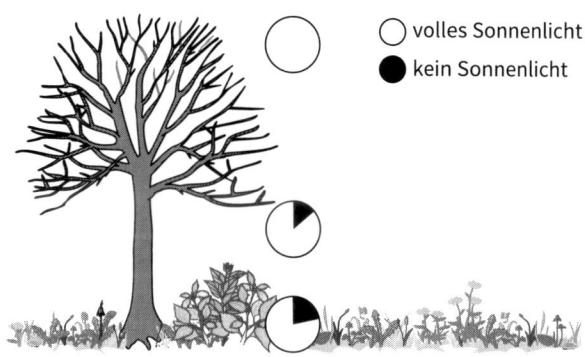

○ volles Sonnenlicht
● kein Sonnenlicht

3.

Im Fichtenwald ist der Waldboden dunkel und es wachsen kaum Pflanzen, im Laubwald ist am Boden mehr Licht und der Waldboden ist grün bewachsen. Ein Fichtenwald ist sehr dicht, sodass kaum Licht den Waldboden erreicht. Pflan-zen brauchen Licht zum Wachsen, daher gibt es im Fichtenwald keine auffällige Krautschicht. Ein Laubwald ist lichter, es gelangt mehr Licht durch die Bäume bis zum Boden. Pflanzen können wachsen und es bildet sich eine grüne Krautschicht.

4.

Buschwindröschen und Scharbockskraut treiben sehr früh im Jahr aus, wenn die Lichtintensität im Laubwald hoch ist. Mithilfe des Lichts wachsen sie schnell und bauen Nährstoffe auf. Diese Nährstoffe lagern sie in unterirdischen Speicherorganen ein, um im nächsten Jahr wieder früh Blätter ausbilden zu können. Im Sommer, wenn die Lichtintensität am Waldboden gering ist, sind alle oberirdischen Pflanzenteile abgestorben.

5.

Im Sommer „hungert" der Efeu dann, wenn die Lichtintensität in seinem schattigen Lebensraum so gering ist, dass die Fotosyntheseleistung geringer ist als die Intensität der Zellatmung. Zu dieser Zeit werden im Efeu gespeicherte Reservestoffe abgebaut. Als immergrüne Pflanze kann Efeu das ganze Jahr über Fotosynthese betreiben. Dadurch kann das Licht über das gesamte Jahr zum Aufbau von energiereichen Reservestoffen genutzt werden. In der Bilanz ist die Fotosyntheseintensität dabei größer als die Intensität der Zellatmung.

1.5 Pilze sind wichtig für den Wald

Bau und Entwicklung eines Pilzes	**2.** Abb. 1, 2
Ernährungsweisen von Pilzen	**1.** Abb. 1, 3
Pilze leben im Verborgenen	**3.** Abb. 4
Wald ohne Pilze?	**4.**

1.

a) *Saprobiont (Fäulnisbewohner):* Pilze, die zu ihrem Nährstoffgewinn tote Tier- und Pflanzenteile zersetzen

Symbiose: Lebensgemeinschaft, von der beide Partner einen Nutzen haben

Destruent (Zersetzer): Organismus, der in der Lage ist, organische Bestandteile, z. B. des Holzes und des Laubes, zu zersetzen

Parasit: Organismus, der auf Kosten eines anderen Organismus aus ihm Nutzen zieht

b) Birkenporling: Parasit → sitzt an der Rinde und entzieht Nährstoffe

Fliegenpilz: Symbiont → bildet Mykorrhiza um die Baumwurzeln

Hallimasch: Saprobiont→ zersetzt vor allem abgestorbene Biomasse

Schmetterlingstramete: Saprobiont → abgestorbene Biomasse

Geweihförmige Holzkeule: Saprobiont → abgestorbener Baumstumpf

Stockschwämmchen: Saprobiont → abgestorbener Baumstumpf

Zunderschwamm: Parasit → sitzt an der Rinde und entzieht Nährstoffe

Nebelgraue Trichterlinge: Saprobionten → abgestorbene Biomasse

c) Die Pilze sind eher nützlich, da sie krankes und abgestorbenes Material abbauen. Sie mineralisieren diese Biomasse und bringen Mineralsalze wieder in den Kreislauf ein.

Pilze sind wichtig für den Wald, da sie totes Material abbauen und Mineralsalze dem Boden wieder zuführen. Ohne Pilze könnte z. B. das Falllaub nicht so schnell abgebaut werden. Es würde sich anhäufen und den Boden bedecken. Die Mineralsalzversorgung der Bäume wäre nicht ausreichend.

d) Das Wachstum des Pilzes beginnt in der Mitte des Hexenringes und setzt sich nach außen fort. Wenn die Nährstoffe verbraucht sind, stirbt das Myzel an diesen Stellen ab. Das ist in der Mitte des Ringes der Fall; das Myzel breitet sich nur noch nach außen hin weiter aus.

2.

Erkennbar wird ein Muster aus Sporen. Von den Lamellen sind Sporen herabgefallen.

3.

Der Pilz kann lange Zeit unbemerkt bleiben und ein ausgedehntes Myzel im Untergrund bilden, bevor er sichtbare Fruchtkörper aus Hut und Stiel bildet.

4.

Pilze sind wichtig für den Wald, da sie totes Material abbauen und Mineralsalze dem Boden wieder zuführen. Ohne Pilze könnte z. B. das Falllaub nicht so schnell abgebaut werden. Es würde sich anhäufen und den Boden bedecken. Die Mineralsalzversorgung der Bäume wäre nicht mehr ausreichend gesichert, da die Mineralsalze in den toten Pflanzenteilen über lange Zeit gespeichert wären, wenn sie nicht durch die Zersetzungsprozesse der Pilze wieder dem Boden hinzugefügt werden könnten. Das Wachstum der Bäume würde somit ebenfalls eingeschränkt werden.

1.6 Der Wurmfarn

Bau des Wurmfarnes	**1.** Abb. 1, 2, 3

Fortpflanzung des Wurmfarnes, Generationswechsel	**2.** Abb. 3, 5

Umweltansprüche des Wurmfarnes	**3.** Abb. 4

1.

1: junger Wedel
2: älterer Wedel
3: Schleier
4: Sporen

2.

a	Farn mit Sporenkapsel
b	heranwachsende Sporenkapsel
c	aufreißende Sporenkapsel
d	Spore
e	Spore mit Keimschlauch
f	*Vorkeim*
g	*Antheridium*
h	*Schwärmer*
i	*Archegonium*
k	*Vorkeim* mit junger Farnpflanze
l	junge Farnpflanze

(geschlechtliche Abschnitte *kursiv*)

Die Farnpflanze ist ungeschlechtlich und bildet Sporen, die im Spätsommer freigesetzt werden. Die Sporen bestehen aus einer einzigen Zelle. Auf feuchtem Boden entwickelt sich daraus ein kurzer Keimschlauch, aus dem ein herzförmiger Vorkeim heranwächst.

Der Vorkeim ist die geschlechtliche Form des Farnes. Er entwickelt männliche Geschlechtsorgane, die Antheridien, die bei Regenwetter bewegliche Spermiumzellen, die Schwärmer, freigeben. Diese gelangen aktiv zum Archegonium, dem weiblichen Geschlechtsorgan des Farns. Dort befruchten sie die Eizelle, der Vorkeim stirbt ab und aus der befruchteten Eizelle entwickelt sich eine neue Farnpflanze.

Die geschlechtliche und die ungeschlechtliche Fortpflanzung wechseln einander ab. Diesen Vorgang bezeichnet man als Generationswechsel.

3.

Mögliche Hypothese:

Alle Pflanzengemeinschaften, die in einem Wald vorkommen, stehen miteinander im Wettbewerb um Raum, Licht, Wasser, Nährstoffe und andere Ökofaktoren. Die Zeigerwerte in der Tabelle geben an, welche unterschiedlichen Standortbedingungen die jeweilige Farnart hat. Farne haben meist Zeigerwerte für Halbschatten bis Schatten(Zeigerwert 4 oder 5). Farne wie die Mauerraute, die im Licht wachsen (8), sind die Ausnahme. Die Bodenfeuchte betreffend, sind Farne meist Zeigerpflanzen für feuchte Standorte. Auch hier ist die Mauerraute, die ein Trocken-Zeiger ist (3), die Ausnahme. Im Laufe der Evolution sind die unterschiedlichen Standortansprüche der verschiedenen Farnarten entstanden. Dadurch, dass die verschiedenen Farnarten unterschiedliche ökologische Nischen besetzen, die sich in Licht und Bodenfeuchte unterscheiden, ist ein Nebeneinander einiger der Farnarten im gleichen Lebensraum möglich, wenn sich die Zeigerwerte für Licht und Bodenfeuchte bei den verschiedenen Farnarten voneinander unterscheiden.

1.7 Moose

Vermehrung der Moose, Generationswechsel	**1.** Abb. 1, 2
Versuch mit Moospolstern	Experiment Abb. 4
Bedeutung der Moose	**2.** Abb. 3
Moose an extremen Standorten	**3.**

1.

Moospflanzen mit weiblichen und männlichen Blüten → Ausbildung von Archegonien und Antheridien → bei Wasser: Schwärmer bewegen sich zu den Archegonien → Befruchtung → Wachstum eines Stiels mit Sporenkapsel → *ungeschlechtliche Teilung in der Sporenkapsel → bei Trockenheit: Öffnen der Sporenkapsel und Ausbreitung der Sporen durch den Wind → Wachstum des Protonemas → Wachstum neuer Moospflanzen*
Man spricht von einem Generationswechsel, da sich geschlechtliche (normale Schrift) und ungeschlechtliche Generationen (kursiv) abwechseln.

2.

a) besiedeln offenen Boden schnell; wachsen dicht nebeneinander; wachsen auch an extremen Standorten; vertragen sehr gut Trockenheit

b) Moose können schnell sehr viel Wasser über ihre gesamte Oberfläche aufnehmen, und auch wieder abgeben. Für den Boden bedeutet das, dass nach einem Regen mehr Wasser vor Ort verbleibt als der Boden allein aufnehmen könnte. Das Wasser kann im Moos in speziellen Zellen in großen Mengen gespeichert werden. Bei Wassermangel trocknen die Moospflanzen vollständig aus, ohne Schaden zu nehmen. Moose schützen den Boden vor Erosion (durch Wind und Regen) aber auch vor schneller Austrocknung. In und unter ihnen sind Schwankungen in Temperatur und Feuchtigkeit gemildert. So bieten Moospolster Lebensraum für diverse Organismen, die auf Feuchtigkeit angewiesen sind.
Experiment: individuelle Lösung.

c) Die Rhizoide dienen der Verankerung. Sie dringen nicht ein und entziehen dem Baum keine Nährstoffe. Sie schädigen den Baum nicht.

3.

Mögliche Erläuterung:
Moose sind extrem widerstandsfähig. Bei großer Trockenheit ruhen die Lebensvorgänge der Moose, ihr Stoffwechsel steht dann still. Die Pflanzen fangen erst wieder an zu wachsen und zu grünen, wenn wieder Wasser zur Verfügung steht. Die Moose können bei Regen viel Wasser speichern und geben das Wasser dann nur langsam wieder ab. Der dichte Wuchs der Einzelpflanzen in einem Moospolster ermöglicht das Festhalten von Wassertropfen und ermöglicht daher zusammen mit der Fähigkeit der Einzelpflanze zur Wasserspeicherung das Überdauern trockener Perioden.

1.8   Sporenpflanzen sind anders als Samenpflanzen

Vergleich von Sporen- und Samen-pflanzen anhand von Leitfragen:	**1.** Tabelle
Keimung von Sporen und Samen	**3.**
Vergleich von Baumfarn und Leber-moos	**2.** Abb. 1, 2

1.

Sporen sind spezielle Zellen zur geschlechtlichen Vermehrung bei Moosen und Farnen. Sie werden ohne geschlechtliche Vermehrung in den Sporen-kapseln gebildet. Die Verbreitung der Sporen, die keine Reservestoffe haben, erfolgt durch den Wind. Moose und Farne entwickeln keine Samen.

Samenpflanzen bilden Blüten, aus denen nach der Befruchtung Früchte mit Samen hervorgehen. Ein Samen enthält als nächste Pflanzengeneration einen Pflanzenembryo, den Keimling.

2.

a) Farne zeigen in ihrem äußeren Bau stabilisieren-de, verholzte oder holzähnliche Strukturen.
Diese fehlen den Moosen, die nur blattähnliche Strukturen ohne Festigungselemente aufweisen.

b) Moose nehmen Wasser und darin gelöste Mine-ralsalze über die Oberfläche ihrer Blätter auf. Sie besitzen keine Wurzeln. Die Verteilung von Wasser und den darin gelösten Stoffen erfolgt bei Moosen durch Diffusion von Zelle zu Zelle. Leitungsbahnen werden nicht ausgebildet.

Farne haben wie die Blütenpflanzen Wurzeln, mit denen sie Wasser und Mineralsalze aufnehmen. Sie verfügen wie die Blütenpflanzen über Leitungsbah-nen. Durch diese werden Wasser und Mineralsalze nach oben geleitet und Nährstoffe von den Blättern zu den Wurzeln.

3.

Die Sporenzelle enthält keine Reservestoffe, aus denen sich das Protonema entwickeln könnte, wohl aber bereits Chloroplasten. Damit können Sporen-zellen von Beginn an Fotosynthese betreiben und die energiereichen Nährstoffe für die Bildung neuer Zellen selbst herstellen. Da die Fotosynthese ein lichtabhängiger Prozess ist, können Sporen nur bei Belichtung keimen.

Der Samen enthält einen Vorrat an Nährstoffen, mit deren Hilfe der Keimling bei geeigneten Bedin-gungen austreiben und wachsen kann, bis er selbst Blätter zur Fotosynthese entwickelt. Zur Keimung ist kein Licht erforderlich, da die für die Keimung und damit für die ersten Zellteilungen notwendigen energiereichen Stoffe bereits im Samen gespeichert sind.

1.9 Ameisen leben in Staaten

Aufbau eines Ameisenbaus	Abb. 1
Arbeitsteilung	Grundwissen
Das Jahr der Kleinen Roten Waldameise	**1.** Abb. 2
Kommunikation bei Ameisen	**2, 3.** Abb. 1, 3

1.

Januar + Februar: Kälte -> Nahezu alle Tiere sind im tiefen Nestbereich im Boden.

März: Königinnen und Arbeiterinnen wandern in die Nestkuppel (Bereich über dem Boden), es werden Eier für Geschlechtstiere gelegt, aus denen z. T. schon Larven schlüpfen. Larven werden zur Erhaltung der richtigen Temperatur manchmal außerhalb des Baus gesonnt.

April: Es werden noch Eier für Männchen und Weibchen gelegt, außerdem auch Eier für Arbeiterinnen. Es entstehen die ersten Puppen der Geschlechtstiere und Larven für Arbeiterinnen; z. T. noch Besonnung. Die ersten Männchen schlüpfen. Alle Tiere sind in der Nestkuppel zur Brutpflege oder außerhalb des Nestes (Arbeiterinnen im Außendienst).

Mai: Männchen und Weibchen sind geschlüpft, in der 2. Monatshälfte schwärmen sie (Paarung). Puppen der Arbeiterinnen und Arbeiterinnen sind in der Nestkuppel (Brutpflege). Die Königinnen wandern zurück in den tiefen Nestbereich (in der Nestkuppel ist es evtl. zu warm) und legen bis in den Juli Eier für Arbeiterinnen, aus denen Larven entstehen. Die Puppen befinden sich in der Nestkuppel.

Juni bis Oktober: Arbeiterinnen sind bis in den Oktober im „Außendienst" aktiv. Ab August suchen auch Arbeiterinnen wieder tiefe Nestbereiche auf (abnehmende Temperaturen). Puppen gibt es nur noch bis Anfang September.

November + Dezember: Keine Tiere im Außendienst (keine Nahrung, zu kalt). In der 2. Dezemberhälfte sind keine Tiere mehr in der Nestkuppel (kalte Temperatur).

2.

Die gesamte Verständigung innerhalb des Ameisenstaates erfolgt über Pheromone und Körpersprache, z. B. durch das „Betrillern" von Artgenossen mit den Fühlern. Pheromone sind Hormone, die bestimmte Verhaltensweisen hervorrufen. Sie werden durch Drüsen ausgeschieden. Die Fühler der Ameisen tragen Sinnesorgane mit denen Informationen in Form von Pheromonen, aufgenommen werden. So verbreitet sich die Information und die Pheromone rufen die entsprechende Verhaltensweise hervor. Mit Pheromonen werden auch Nahrung, Wege und gefährliche Orte markiert.

Da ein Ameisenstaat nur durch Arbeitsteilung funktioniert, ist die Verständigung für das Zusammenwirken unbedingt notwendig. Beispiele: Erkennen durch gemeinsamen Geruch, Verteidigung des Nestes gegen Eindringlinge, Nahrungsbeschaffung, Brutpflege usw.

3.

Ameisenlarven werden im Staat gefüttert. Dabei spielen Pheromone eine Rolle: die Pheromone der Ameisenlarven lösen Brutpflege- und Fütterungsverhalten bei den Arbeiterinnen aus. Käfer, die dieselben Pheromone ausscheiden, werden nicht als Eindringlinge erkannt sondern für Larven gehalten und transportiert und gefüttert. Ein räuberischer Käfer kommt so unerkannt in die unmittelbare Nähe von Ameisenlarven, die ihm als Nahrung dienen.

1.10 Wechselwirkungen zwischen Lebewesen

Beispiel für Wechselwirkungen: Ameisen und Blattläuse	Abb. 1a
Verschiedene Formen von Wechselwirkungen, Definitionen	**1.** Abb. 1
Analyse verschiedener Wechselwirkungen	**2., 3.** Abb. 2

1.

Symbiose: Dauerhafte Wechselwirkung zwischen zwei Arten von Lebewesen, bei denen beide Vorteile voneinander haben

Zwischenartliche Konkurrenz: Wettbewerb zwischen Lebewesen verschiedener Arten um Ressourcen; nachteilig für beide Arten.

Nahrungsbeziehung: Vertreter der einen Art sind Nahrung der anderen Art.

Räuber-Beute-Beziehung: Vertreter der einen Art (Beutegreifer, Räuber) tötet Vertreter einer anderen Art (Beute); Vorteil nur für den Beutegreifer.

Parasitismus: Lebewesen der einen Art (Parasit) ernährt sich einseitig auf Kosten der anderen Art (Wirt); Wirt hat Nachteil, wird aber meist nicht getötet.

2.

a) und **b)**

a: Symbiose - Beide Beteiligten haben einen Vorteil: Mikroorganismen (+) sind geschützt und leben in optimalen Bedingungen (Wärme, Feuchtigkeit), Mikroorganismen bauen schwer verdauliche Cellulose ab, deren Abbauprodukte der Wiederkäuer (+) dann weiter als Nahrung nutzt.

b: Parasitismus – Maispflanze (–) dient den Raupen des Maiszünslers (+) als Nahrung.

c: Parasitismus - Die Mistel (+) lebt als Parasit einseitig auf Kosten ihres Wirts, des Baums (–), da sie ihm Wasser und Mineralsalze entzieht.

d: Räuber-Beute-Beziehung - Der Mäusebussard (+) (Beutegreifer, Räuber) tötet Feldmäuse (–) (Beute) und frisst sie.

e: Symbiose – Beide Beteiligten haben einen Vorteil: Wurzelknöllchenbakterien (+) entnehmen der Pflanze Wasser, Mineralsalze und Glucose; die Pflanze (+) kann die von den Knöllchenbakterien durch Fixierung von Luftstickstoff gebildeten Stickstoffverbindungen nutzen.

f: Symbiose – Beide Beteiligten haben einen Vorteil: Pilze dienen den Ameisen (+) als eiweißreicher Nahrungsbestandteil, Pilze (+) haben guten Nährboden und werden vor Fressfeinden geschützt.

g: Parasitismus – Der Kuckuck (+) hat einseitig den Vorteil der Wechselbeziehung: das Kuckucksjunge wirft alle Eier der Singvogelart (–) aus dem Nest und artfremde Eltern füttern es, bis es das Nest verlässt.

3.

Bei einer zwischenartlichen +/o-Wechselwirkung hat der Vertreter der einen Art einen Vorteil von der Wechselwirkung, der Vertreter der anderen Art hat weder Vorteile noch Nachteile. Beispiele sind:

Früchte der Klette werden durch Tiere verbreitet: Hier hat die Klette den Vorteil der Verbreitung, die Tiere, die die Samen z. B. im Fell mit herum tragen, keinen Nachteil.

Bienen sammeln zuckerhaltige Ausscheidungen von z. B. Blattläusen (Bildung von Waldhonig): Die Bienen haben einen Nahrungsvorteil (+), die Blattläuse aber keinen Nachteil, da es sich bei der zuckerhaltigen Flüssigkeit um Abfallprodukte der Blattläuse handelt (o).

Aufsitzpflanzen leben auf Bäumen und erhalten so mehr Licht: Dies gilt nur für Aufsitzpflanzen, die die Bäume nicht schädigen. Die Aufsitzpflanzen erhalten mehr Licht (+), die Bäume werden hierbei nicht geschädigt (o).

Höhlenbrütende Vögel (z. B. Meisen), leben in durch Spechte bei der Nahrungssuche gebildeten Baumhöhlen: Die Meisen haben den Vorteil eines gesicherten Nistplatzes (+). Die Spechte haben hierdurch keinen Nachteil, denn sie hinterlassen die leeren Höhlen, die sie bei der Nahrungssuche in das Holz gehackt haben (o).

1.11 Wechselwirkungen zwischen Populationen

Aufzucht der Jungtiere beim Mäusebussard	**1.** Abb. 2, 5 Grundwissen
Wechselwirkungen zwischen Feldmäusen und Mäusebussarden	**2., 3.** Abb. 1-4
Regenwurm und Laufkäfer	**4.** Abb. 6

1.

In Bussardnestern schlüpfen die jungen nacheinander im Abstand von einigen Tagen. Dementsprechend ist der Entwicklungsstand der abgebildeten Küken im Nest sehr unterschiedlich. Hinzu kommt, dass das kräftigste Küken (rechts) zuerst gefüttert wird, das schwächste zuletzt. Spät geschlüpfte Küken haben also nur eine Überlebenschance, wenn Nahrung im Überfluss vorhanden ist, z. B. bei einer Massenvermehrung der Feldmäuse.

Die Amselküken in der Abbildung sind alle gleich groß und gleich weit entwickelt. Das lässt vermuten, dass alle Amselküken in einem Nest etwa gleichzeitig schlüpfen und dass alle ausreichend gefüttert wurden, ohne dass eines bevorzugt worden wäre.

2.

In den Jahren 2001 und 2005 kam es zu einer Massenvermehrung der Feldmäuse. In diesen Jahren legten die Bussarde vergleichsweise viele Eier und es gab auch viele überlebende Jungtiere im Nest. Nahrung war in diesen beiden Jahren im Überfluss vorhanden, sodass viele Junge aufgezogen werden konnten. Auf die Massenvermehrungen folgte jeweils im Herbst/Winter ein drastischer Einbruch in der Individuenzahl der Mäuse. 2002 hielt sich die Mäusezahl auf niedrigem Stand – entsprechend gering war in diesem Jahr der Fortpflanzungserfolg der Bussarde. 2006 stieg der Mäusebestand offenbar schneller wieder an – die Verminderung der Individuenzahlen der Bussarde fiel in diesem Jahr nur gering aus.

3.

Je höher das Nahrungsangebot ist, desto größer wird die Feldmauspopulation.

Je größer die Feldmauspopulation ist, desto geringer wird das Nahrungsangebot (pro Kopf).

Je größer die Feldmauspopulation ist, desto eher treten Krankheiten und Nahrungsmangel auf. Je mehr Krankheiten und Nahrungsmangel auftreten, desto kleiner wird die Feldmauspopulation.

Je größer die Feldmauspopulation ist, desto größer wird die Anzahl der Mäusebussarde. Je mehr Bussarde es gibt, desto kleiner wird die Anzahl der Tiere in der Feldmauspopulation.

4.

Die Laufkäfer fressen unter anderem Regenwürmer. Gibt es viele Regenwürmer, können sich die Laufkäfer gut fortpflanzen und vermehren. Gibt es viele Laufkäfer, nimmt die Zahl der Regenwürmer ab, weil viele Würmer gefressen werden. Sinkt die Zahl der Regenwürmer, geht durch Nahrungsmangel die Zahl der Laufkäfer zurück. Gibt es weniger Laufkäfer, können sich die Regenwürmer wieder vermehren.

Von März bis Mai nimmt die Zahl der Regenwürmer zu. Dadurch steigt ab Mai bis Juni auch die Zahl der Laufkäfer. Zunehmender Fraßdruck durch Laufkäfer bewirkt ab Juni eine Verminderung der Anzahl der Regenwürmer. Da es aber noch viele Laufkäfer gibt, nimmt die Zahl der Regenwürmer weiter ab. Auch die Zahl der Laufkäfer sinkt nun ständig bis in den Oktober. Die geringe Anzahl der Laufkäfer lässt nun ab November die Zahl der Regenwürmer wieder steigen.

1.12 Schnabelformen und Angepasstheiten

Schnäbel sind unterschiedlich gebaut	Abb. 1 Grundwissen

Vergleich der Bauformen mit Werkzeug und Funktion	**1.** Abb. 1, 2, 3

Der Flamingoschnabel	**2.** Abb. 5

Konkurrenzvermeidung	**3.** Abb. 4

1.

a)

Schnabelform	Werkzeug
unspezialisiert	
Nektarfresser	
Samenfresser	
Samen aus Zapfen-Fresser	
Insektenfresser	
Stoßtaucher	
Schlamm-stocherer	
Fleischfresser	
Fangsack-Fischfresser	
Meißeler	
Filtrierer	
Frucht- und Samenfresser	
Aasfresser	

b) Individuelle Lösung, z. B.:

Nektarfresser: Der Schnabel ist dünn und lang. Zudem ist er leicht gekrümmt, damit der Vogel mit der Schnabelspitze besser bis zum Blütenboden kommt, wo der Nektar gebildet wird.

Samenfresser: Der Schnabel ist kurz und sehr kräftig. Damit kann der Vogel harte Samenschalen öffnen um den Samen fressen zu können.

Stoßtaucher: Der Schnabel ist wie ein Dolch, spitz und kräftig. Damit kann der Vogel bei der Jagd Fische aufspießen.

Fangsack-Fischfresser: Der untere Teil des Schnabels ist sackartig ausgestülpt. Wenn der Vogel mit geöffnetem Schnabel durch das Wasser fährt, bleiben die Fische in dem Sack hängen und können anschließend geschluckt werden.

2.

Struktur und Funktion des Flamingoschnabels kann man gut mit Hilfe einer Tabelle erläutern:

Struktur	Funktion
besondere Schnabelform	funktioniert wie ein Sieb
feine, haarige Lamellen an den Rändern von Ober- und Unterschnabel	darin verfangen sich Algen und Kleinstlebewesen
Zunge	drückt das Wasser durch die Lamellen aus dem Schnabel
mit Luft gefüllte Struktur im Unterschnabel	ermöglicht das Halten des Schnabels ohne Kraftaufwand genau in der in der Wassertiefe, in der die meisten Kleinlebewesen vorkommen

3.

Die beiden Bäcker müssen sich auf unterschiedliche Weise spezialisieren, damit sie dauerhaft nebeneinander existieren können. Auf diese Weise gehen Kunden in beide Geschäfte, je nachdem wann der Laden geöffnet ist oder was gerade vom Kunden gewünscht wird.

Einige Möglichkeiten sind: unterschiedliche Öffnungszeiten; unterschiedliches Sortiment an Broten, Plätzchen, Kuchen und Torten; unterschiedliches Sortiment an weiteren Produkten.

1.13 Wechselwirkungen Blüte und Insekt

Insekten nehmen Nektar auf und bestäuben dabei Blüten	Abb. 1

Insekten besitzen besonders gestaltete Mundwerkzeuge	**1.** Abb. 2, 3, 5, 6

Angepasstheit der Insekten an die besuchten Blüten	**2., 3.** Abb. 4, 8

Symbiose zwischen Insekten und Pflanzenarten	**4.** Abb. 7

1.

	Honigbiene	Kleiner Fuchs
Oberlippe	nach unten gerichtet	nach vorne gerichtet
Oberkiefer	stark ausgebildet, seitlich über Unterkiefer	klein
Unterkiefer	lang gestreckt, gerade	sehr lang, aufgerollt
Unterlippe	am Ende des Unterkiefers, nach unten gerichtet, mit Löffelchen an der Spitze	dicht am Kopf
Unterlippentaster	seitlich der Unterlippe, klein/fein, am Rüssel	seitlich der Unterlippe, sehr groß, am Kopf

Beide Mundwerkzeuge sind gut zur Aufnahme von Nektar geeignet, weil sie dünn sind und so in die Blüte gesteckt werden können. Durch die Röhrenform kann der flüssige Nektar aufgesaugt werden. Der Rüssel des Kleinen Fuchses ist sehr lang und daher gut für trichterartige Blütenformen (z.B. Lichtnelke) geeignet. Die Honigbiene hat eine Zunge mit Löffelchen und damit einen Leck-Saugrüssel.

2.

Honigbiene: landet auf Blüte, krabbelt mit dem Kopf voran hinein, leckt Nektar mit Löffelchen auf, saugt ihn durch den Rüssel in den Mund. Kann sich durch ihr Gewicht auch in enge Blüten hineinzwängen.
Kleiner Fuchs: landet auf Blüte, fährt seinen langen, aufgerollten Rüssel aus und kann mit ihm tief in die Blüte eindringen und dort Nektar aufsaugen.
Auch die Pflanzen sind auf bestimmte Bestäuber spezialisiert. Durch ihre Blütenform kann z.B. die Lichtnelke nur von Schmetterlingen wie dem Kleinen Fuchs besucht werden, der mit seinem langen Rüssel den Blütenboden erreicht. In enge Blüten wie die der Glockenblume können sich nur schwere Insekten wie die Honigbiene hineinzwängen. Beim Nektarsaugen streift das Insekt durch die Blütenform die Staub- und Fruchtblätter, sodass Pollen an ihm hängen bleibt und zur nächsten Pflanze getragen wird, die dadurch bestäubt wird. Die Pflanze ist darauf angewiesen, dass Insekten ihren Pollen zu anderen Pflanzen derselben Art transportieren und so die Fortpflanzung ermöglichen. Daher ist es günstig, dass bestimmte Insektenarten auf bestimmte Pflanzenarten spezialisiert sind und vor allem immer wieder diese besuchen.

3.

Honigbiene: Blütentyp B und C
Ligusterschwärmer: A, B und C
Gartenhummel: B und C

4.

Der Ragwurz hat drei unauffällige, weiße Kronblätter und ein sehr auffälliges, bunt gefärbtes, großes Kronblatt. Es ist gelb/bräunlich mit einer blau schillernden Zeichnung und erinnert durch Farbe und Form an ein Insekt (Biene oder Fliege). Die Blütenblätter zusammen bilden eine Öffnung, Staub- und Fruchtblätter sind nicht gut zu erkennen.
Mit Form und Farbe ahmt die Blüte ein Insektenweibchen nach. Das Insektenmännchen wird angelockt, auch durch einen bestimmten Duft, der von der Blüte ausgeht, und versucht, das vermeintliche Insektenweibchen zu begatten- Dabei nimmt es Blütenstaub auf und trägt diesen zur nächsten Blüte.

Bei der Orchidee-Insekt-Beziehung hat nur die Pflanze einen Vorteil, da sie durch den Besuch der Insekten ihre Bestäubung und damit Fortpflanzung sichert. Das Insekt hat keinen Nutzen, da die Orchideenblüte keinen Nektar enthält, der dem Insekt als Nahrung dienen könnte. Daher kann man nicht von einer Symbiose sprechen: Bei einer Symbiose muss die Wechselwirkung zwischen den beteiligten Partnern für beide vorteilhaft sein.

1.14 Spechte vermeiden Konkurrenz

Angepasstheit des Körperbaus beim Buntspecht	Abb. 1, 2

Nahrungserwerb des Buntspechtes	**4.** Abb. 3, 4

Trommeln zur Arterkennung, Paarbildung und Reviermarkierung	Grundwissen

Weitere Spechtarten	**1., 3.** Abb. 4-8

Konkurrenzverminderung	**2.** Abb. 9

1.

Art A – Schwarzspecht
Art B – Grünspecht
Art C – Buntspecht

Weitere Merkmale:

Schwarzspecht	Grünspecht	Buntspecht
langer, kräftiger und heller Schnabel; lang gestreckter schlanker Körper mit verhältismäßig großem Kopf	kräftiger, langer Schnabel; Kopfpartie um die Augen herum schwarz, nach hinten auf zwei Seiten keilförmig auslaufend; Unterseite hell; Schwanz mit zwei Spitzen und oben mit bräunlichem Ring	Federkleid im Schwanzbereich schwarz-weiß gesprenkelt, ansonsten schwarz; breiter weißer Streifen auf dem Flügel; Kopf mit schwarzer Haube, die bis in den Brustbereich ausläuft; Bereich der Augen und Stirnpartie hell gefärbt

Der Wendehals ist nicht beschrieben.

Steckbrief des Wendehalses: kurzer Schnabel; braun-weiß gesprenkelte dunkle Flügel; Rücken und Oberseite des Kopfes grau mit hellen Tupfen; braun gesprenkelte Unterseite und Kehle; weißer Streifen unter den Augen; lange Schwanzfedern

2.

Spechtart	Ernährung
Schwarzspecht	schlägt das ganze Jahr über die Borke von Bäumen auf und stochert nach Borkenkäfern und Larven
Grünspecht	hackt Löcher in den Boden und holt mit der Zunge Ameisen aus ihren Gängen
Buntspecht	schlägt die Borke von Bäumen auf und sucht nach Larven des Borkenkäfers, sammelt in den Baumkronen Insekten von Ästen und Blättern ab; im Herbst sucht er Nüsse, Eicheln, Obst und Knospen; im Winter ernährt er sich von fetthaltigen Samen der Fichten- und Kiefernzapfen

Grünspechte ernähren sich, anders als die anderen Spechtarten, von Ameisen, die sie im Boden finden.

Sie stehen daher nicht mit Bunt- und Schwarzspecht in Konkurrenz um Nahrung. Schwarzspechte ernähren sich von Borkenkäfern und ihren Larven. Auch Buntspechte fressen Borkenkäferlarven, allerdings wird die direkte Konkurrenz dadurch vermieden, dass der Buntspecht auch andere Nahrungsquellen hat: Er sammelt Insekten von Ästen und Blättern ab, im Herbst sucht er außerdem nach Nüssen, Eicheln, Obst und Knospen und im Winter, wenn das Nahrungsangebot sowieso knapper ist, ernährt er sich von Samen der Fichten- und Kiefernzapfen. Durch die unterschiedliche Ernährungsweise stehen die Spechtarten kaum miteinander in Konkurrenz um Nahrung und können zusammen in einem Lebensraum leben.

3.

a) Schwarzspecht – Baumspecht (sucht seine Nahrung auf Bäumen)
Buntspecht – Baumspecht (sucht seine Nahrung auf Bäumen)

Grünspecht – Bodenspecht (ernährt sich von Ameisen am Boden)
b) Abb. 8a – Harpunenzunge
Abb. 8b – Leimzunge
Die Harpunenzunge der Baumspechte dient dem Aufspießen der Beute. Mit ihrer Hilfe kann die Beute durch die Öffnung aus dem Baum herausgezogen werden. Die Widerhaken verhindern ein Entkommen. Die sehr lange Leimzunge der Bodenspechte kann den engen Gängen der Bodenameisen folgen und die Ameisen durch das Klebesekret erbeuten.

4.

Eine Recherche ergibt: Ameisen überwintern in tief im Boden gelegenen Wohnbauten (50 cm tief). Der Wendehals, der sich von Ameisen ernährt, erreicht mit seinem kurzen Schnabel die Wohnbauten der Ameisen nicht, er findet bei uns daher im Winter kaum Nahrung. Als Zugvogel verbringt er den Winter in wärmeren Gebieten, in denen er ausreichend Nahrung findet.

1.15 Konkurrenz und ökologische Nischen

Wintergoldhähnchen und Sommergoldhähnchen vermeiden Konkurrenz	**1.** Abb. 1-3

Das Konzept der ökologischen Nische	Grundwissen

Wachstum von Gräsern mit und ohne Konkurrenz	**2., 3.** Abb. 4

1.
a)

Gemeinsamkeiten	Unterschiede	
Winter- und Sommergoldhähnchen	**Wintergoldhähnchen**	**Sommergoldhähnchen**
Leben in ähnlichen Revieren (Misch- und Nadelwälder), die gegenüber „Artgenossen" verteidigt werden.		
Die Reviere können sich überlappen, ohne dass es zwischen den Arten zu Streitigkeiten kommt.		
Singvögel	Gesang: längere und variablere Phrasen	Gesang: kürzere und weniger variable Phrasen

Gemeinsamkeiten	Unterschiede	
Winter- und Sommergoldhähnchen	Wintergoldhähnchen	Sommergoldhähnchen
Ernährung: jagen häufig an denselben Bäumen	Ernährung: winzige Beutetiere, Jagdstrategie: suchen ihre Bereiche gründlich nach Beute ab	Ernährung: größere Beutetiere, Jagdstrategie: wechseln schnell zwischen den Zweigen hin und her
Aussehen: Sommergoldhähnchen und Wintergoldhähnchen ähneln sich. Sie wiegen durchschnittlich nur etwa fünf Gramm, haben einen gelbgrünen Rücken, der Bauch ist weißlich grau, die Flügel sind dunkler und haben zwei weiße Flügelbinden.	Aussehen: Der Körper der Vögel erscheint durch das etwas verlängerte Nackengefieder rundlich. Der Kopf ist dadurch nicht klar vom Körper abgehoben. Das Gefieder des Gesichts ist hell und über das Auge verläuft kein dunkler Strich.	Aussehen: Durch einen weißen Überaugenstreif, erscheint die Art etwas bunter als das Wintergoldhähnchen. Der schwarze Streifen über dem Überaugenstreif ist ebenfalls etwas ausgeprägter.
	Überwinterung: ganzjährig im eigenen Revier	Überwinterung: ziehen im Herbst in klimatisch günstigere Gebiete nach Südeuropa mit guten Nahrungsbedingungen.

b)

In Abbildung 2 ist die Fortbewegung von Winter- und Sommergoldhähnchen während der Nahrungssuche in Abhängigkeit von der Zeit dargestellt. Man erkennt, dass Wintergoldhähnchen über einen Zeitraum von circa 20 Minuten nur etwa 100 Meter entfernt suchen, im Gegensatz zu den Sommergoldhähnchen, die in der gleichen Zeit teilweise über 500 Meter zurücklegen. Daraus lässt sich ableiten, dass Wintergoldhähnchen relativ kleine Bereiche gründlich und Sommergoldhähnchen größere Bereiche eher „oberflächlich" nach Beute absuchen.

Abbildung 3 zeigt die Zusammensetzung der Beute der beiden Goldhähnchen. Man erkennt, dass die Art der Nahrung ähnlich ist: Beide fressen Raupen (linkes Diagramm), Spinnen (mittleres Diagramm) und Falter (rechtes Diagramm). Sie unterscheiden sich jedoch in der Größe der Beute. Wintergoldhähnchen bevorzugen eher kleine Beutetiere, Sommergoldhähnchen dagegen deutlich größere.

2.

Dort, wo alle drei Grasarten ausgesät wurden (Abbildung 4d), wächst die Trespe im trockenen Bereich des Beetes. Dort, wo sie allein steht (Abbildung 4a), ist ihr Wuchs allerdings im mittleren bis feuchten Bereich besonders üppig, im trockenen Teil des Beetes ist ihr Wuchs deutlich schwächer. Sie wächst also am besten auf mittelfeuchten Böden, zumindest solange sie keine Konkurrenz durch andere Arten hat. Die Aussage ist daher falsch.

3.

Alle drei Grasarten haben einen ähnlichen Wuchsbereich. Ohne Konkurrenz wachsen alle drei Grasarten optimal bei einer mittleren Bodenfeuchtigkeit.

Werden die drei Grasarten zusammen in einem Beet ausgesät, so herrscht Konkurrenz. In diesem Fall setzt sich Gras c im feuchten Bereich, das Gras b im mittleren und das Gras a im trockenen Bereich durch.

Dadurch, dass die drei Grasarten unterschiedliche ökologische Nischen besetzen können, ist ein Nebeneinander der drei Grasarten im selben Lebensraum möglich.

1.
Individuelle Lösung.

2.
a) Individuelle Lösung.
b) Da die Länge des Stocks genau der Armlänge entspricht, bildet sich ein gleichschenkliges, rechtwinkliges Dreieck zwischen Auge, Hand und Stockspitze. Bei der gewählten Position entsteht zwischen Auge, Baumstamm und Baumspitze ein Dreieck, das die gleichen Winkel hat und daher ebenfalls gleichschenklig ist. Die Seitenverhältnisse der beiden Dreiecke entsprechen sich, somit entspricht der Abstand zum Baum plus die Körpergröße der Baumhöhe.

3.
Im Inneren des Waldes gelangt wenig Licht an den Waldboden. Weiter oben ist die Lichtintensität höher. Am Waldrand ist die Lichtintensität höher als im Waldesinneren.

4.
Auf Freiflächen sind die Temperaturschwankungen am größten, im Waldesinneren am geringsten. Besonders am Waldboden schwankt die Temperatur nur wenig.

5.
Waldboden bindet die Farbstoffe. Das Wasser, das in das Auffanggefäß gelangt, ist deshalb nur noch schwach oder überhaupt nicht mehr gefärbt. Kies hat keine Filterwirkung. Offensichtlich sind es die organischen Bestandteile des Bodens, die die Farbstoffe binden.

6.
a) Individuelle Lösung.
Formel: Versickerungsrate = Füllhöhe/Versickerungsdauer
b) Versickerungsraten in der vorgegebenen Tabelle:
Sand: 1320 mm/h, Waldboden: 360 mm/h, Gartenerde: 420 mm/h
c) Durch Sand versickert das Wasser schnell. Sandboden hat viele große, offene Poren. Entscheidend für die Versickerungsdauer ist unter anderem die Korngröße und der Gehalt an organischen Bestandteilen. Je größer die Korngröße und je geringer der Humusgehalt, desto schneller versickert das Wasser.

1.16 Nahrungsnetze in einem Mischwald

Nahrungsketten und Nahrungsnetze	**1. a, b** Abb. 1, 2
Totholz und Artenvielfalt	**1. c**
Anreicherung von Schadstoffen in Nahrungsketten	**2.** Abb. 3
Artenreicher Waldrand	**3.**

1.
a)
Laub und Früchte → Springschwänze → Meisen → Raubvogel
Laub und Früchte → Springschwänze → Meisen → Marder
Laub und Früchte → Mäuse → Raubvogel
Laub und Früchte → Regenwürmer
Blätter → Springschwänze → Meisen → Raubvogel
Blätter → Springschwänze → Meisen → Marder
Blätter → Raupen → Ameisen → Buntspecht → Raubvogel
Blätter → Raupen → Ameisen → Buntspecht → Marder
Totholz → Springschwänze → Meisen → Raubvogel

Totholz → Springschwänze → Meisen → Marder
Totholz → Käfer/Käferlarven → Buntspecht → Raubvogel
Totholz → Käfer/Käferlarven → Buntspecht → Marder
Totholz → Pilze

b) Individuelle Lösung.

c) Die Formulierung „Auf natürliche Weise sterbende Bäume sind aus wirtschaftlicher Sicht nicht erwünscht" bedeutet für die Waldwirtschaft, dass solche Bäume frühzeitig aus dem Wald entfernt werden sollten.

Stellungnahme: Individuelle Lösungen, z. B.:

Die Aussage ist nicht sinnvoll. Totholz bietet die Nahrungsgrundlage für viele Organismen, insbesondere Pilze und Lebewesen des Walbodens. Dadurch wird die Artenvielfalt im Lebensraum Wald gefördert. Die Biomasse des Totholzes steht auch am Anfang eines Stoffkreislaufs, in dem Mineralsalze im Boden z. B. jungen Bäumen wieder als Pflanzennährstoffe zur Verfügung stehen.

2.

Die Nahrungskette beginnt mit Eichenblättern. In einer großen Menge an Biomasse dieser Blätter finden sich 10 rote Punkte, welche die Schadstoffkonzentration von PCB in relativen Einheiten darstellen. Käfer bilden das nächste Glied in der Nahrungskette. Die Käfer nehmen im Laufe der Zeit eine größere Menge Eichenblätter als Nahrung auf. Daraus folgt eine Zunahme der Schadstoffkonzentration, da dieser kaum ausgeschieden wird und sich in bestimm-ten Geweben anreichert. In der Biomasse der Käfer sind jetzt 11 relative Einheiten PCB vorhanden. Größere Mengen dieser Käfer dienen einem Buntspecht als drittem Glied dieser Nahrungskette als Nahrung. Es erfolgt eine weitere Schadstoffanreicherung. In der Biomasse dieser Buntspechte findet sich eine Konzentration von 30 relativen Einheiten PCB. In der Biomasse eines Raubvogels als letztem Glied dieser Nahrungskette beträgt die PCB-Konzentration etwa 45 relative Einheiten.

3.

Mögliche Hypothese: Die günstigen Lichtverhältnisse an den Waldrändern bieten ideale Bedingungen für sehr viele Tier- und Pflanzenarten. Hier kann sich daher ein strukturreicher Waldrand entwickeln. Der Strukturreichtum wird z. B. noch erhöht durch vorhandenes Totholz, durch Steinhaufen, Brennnessel- und Brombeerdickichte, vegetationsfreie Stellen oder angrenzende Wasserflächen. Die blühenden und fruchtenden Kräuter, Sträucher und Bäume spenden Nahrung und Deckung für eine Vielzahl von Lebewesen. Natürliche Feinde von Schadinsekten finden Unterschlupf. Da am Waldrand Wald und offene Landschaft zusammentreffen, leben hier auch Vertreter beider Lebensräume gemeinsam. Zudem finden auch Arten einen Lebensraum, die nur in derartigen Grenzbiotopen leben. Der Waldrand bietet daher die Voraussetzungen für ein sehr komplexes Nahrungsnetz.

1.17 Stoffkreisläufe

Stoffe durchlaufen in einem Ökosystem einen Kreislauf	**1.** Abb. 1

Fotosynthese und Zellatmung	**4.** Abb. 2

Gründüngung – mögliche Vor- und Nachteile (evtl. zusätzliche Recherche)	**3.**

Produktivität in Ökosystemen im Vergleich	**5.** Abb. 4

Nutzung nachwachsender Rohstoffe	**2.** Abb. 3

1.

a) Pflanzen nehmen Wasser, Mineralsalze und Kohlenstoffdioxid auf. Sie produzieren Biomasse und bilden die Nahrung für Konsumenten 1. Ordnung. Diese können wiederum von Konsumenten zweiter Ordnung gefressen werden. Überreste von Produzenten und Konsumenten werden durch Pilze und Bakterien wieder zu Mineralien und Kohlenstoffdioxid umgewandelt, die erneut von Pflanzen aufgenommen werden können. Der Stoffkreislauf ist geschlossen.

b) Der Energiefluss ist zu ergänzen: Einspeisung durch die Sonne an die Produzenten, Wärmeverluste auf jeder Ernährungsebene, bei Produzenten und Konsumenten, aber auch bei der Mineralisierung (unterer Kasten).

c) Energie wird von einer Quelle (der Sonne) gespeist und fließt nur in eine Richtung, von den Produzenten zu den Konsumenten und letztlich zu den Destruenten (Zersetzern). Die nutzbare Energiemenge nimmt bei jedem Umwandlungsschritt durch die Abgabe von Wärme ab. Die Energie wird kontinuierlich entwertet.

Die Stoffe folgen einem durch die Sonnenenergie betriebenen Kreislauf aus Aufbau von Biomasse, Zerlegung in Kohlenstoffdioxid, Wasser und Mineralsalze und einem erneuten Aufbau von Biomasse.

2.

a) Individuelle Lösung, z. B.:

Pro-Argumente: Erneuerbare Energien erschöpfen sich nicht in absehbarem Zeitraum. Sie stehen auch in Zukunft zur Verfügung. Im Gegensatz dazu erneuern sich fossile Brennstoffe zwar ebenfalls, allerdings dauert dies einige Millionen Jahre. Es gibt viele Gründe, Energie effizient einzusetzen: Kostensenkung, Einsparung von Ressourcen und Schonung des Klimas durch Nutzung von Sonnenenergie, Windenergie, Wasserkraft und Bioenergie.

Contra-Argumente: Für die Nutzbarmachung der Energie von Wind, Wasser und Co. sind meist Eingriffe in die Landschaft nötig. Windräder z. B. stören manche Menschen optisch und akustisch. Die Anlagen können Vögel beim Brüten und dem Vogelzug stören. Der Bau von Stauseen vernichtet bestehende Biotope. Außerdem verlieren teilweise Menschen ihr Land und ihr Zuhause. Die Energien von Wind und Sonne sind nicht stetig vorhanden. Ihre Speicherung ist schwierig.

b) Individuelle Lösung, z. B.:

Der Nutzungskonflikt um Anbauflächen für nachwachsende Rohstoffe einerseits und Pflanzen, die der Ernährung dienen andererseits, wirft ethische und kulturelle Fragen auf. Diese müssen jeweils differenziert und global, aber auch für jede jeweilig betrachtete Region erörtert werden.

c) Individuelle Lösung, z. B.:

Die Abbildung zeigt den Idealfall der Nutzung nachwachsender Rohstoffe: Die organischen Rohstoffe werden aus Pflanzenmaterial gewonnen (Extraktion). Aus den Rohstoffen werden verschiedenste Materialien und Produkte hergestellt. Nach Ablauf ihrer Nutzungsdauer werden die Produkte kompostiert und von den Destruenten im Kompost in ihre Bestandteile zerlegt. Der Kompost enthält die freigesetzten Mineralsalze und wird als Dünger auf den Boden aufgebracht. Dort wachsen mit Hilfe Sonnenenergie und der Fotosynthese neue Pflanzen, die wiederum als Rohstoffquelle verwendet werden.

In der Realität ist der dargestellte kurze Kreislauf nicht so einfach zu erreichen. Beispielsweise sind einige Kunststoffe, auch wenn sie aus nachwachsenden Rohstoffen entstanden sind, nur schwer zu zersetzen. Außerdem enthalten die Materialien oft auch weitere Substanzen, z. B. Farben oder andere Chemikalien, die im natürlichen Kreislauf nicht zu finden wären.

3.

Individuelle Lösung, z. B.:

Vorteile der Gründüngung:

- Durchlüftung des Bodens
- Schutz vor Erosion bei Starkregen
- Der Boden wird mit Stickstoffverbindungen angereichert
- Nach dem Unterpflügen werden die Gründüngungspflanzen durch Destruenten zersetzt, Mineralsalze gelangen als Dünger für die folgenden Anbaupflanzen in den Boden.

Nachteile der Gründüngung:

- Während der Zeit, in der die Pflanzen zur Gründüngung angebaut sind, kann durch die Ackerfläche kein direkter rentabler Ertrag erzielt werden.
- Gelingt es durch die Gründüngung nicht, eine Menge an Nährstoffen für eine optimale Ertragsausbeute zu erzielen, muss zusätzlich mit konventionellem Dünger gedüngt werden.

(Begründung ist abhängig von der individuellen Lösung oder immanent enthalten.)

4.

Bei der Fotosynthese werden die energiearmen anorganischen Stoffe Kohlenstoffdioxid und Wasser unter Energieaufwand zu dem energiereichen organischen Stoff Glucose umgewandelt. Sauerstoff entsteht ebenfalls.

Bei der Zellatmung sind im Vergleich zur Fotosynthese die gleichen Stoffe in gleicher Menge beteiligt. Energie wird ebenfalls umgesetzt. Sie wird aber nicht für die Reaktion der Ausgangsstoffe benötigt, sondern auf der Seite der Produkte freigesetzt.

5.

Während der tropische Regenwald bei Jahresdurchschnittstemperaturen von 25 bis 27 Grad Celsius wächst, betragen die Durchschnittstemperaturen im mitteleuropäischen Wald etwa 7 Grad Celsius. Auch die Niederschläge und die Luftfeuchtigkeit sind im mitteleuropäischen Wald bei weitem nicht so hoch wie im tropischen Regenwald. Der Einfluss der Jahreszeiten auf unsere Wälder macht sich unter anderem beim Blattaustrieb, beim Blühen, bei der Fruchtbildung und beim Blattfall bemerkbar. Mitteleuropäische Wälder sind nicht so artenreich wie tropische Regenwälder.

Mögliche Gründe für die unterschiedliche Produktivität der Ökosysteme:

Im tropischen Regenwald gibt es viele Niederschläge, hohe Lichtintensität und ganzjährig hohe Temperaturen. Durch sehr dichten Bewuchs und Stockwerkaufbau kann das einfallende Licht sehr effektiv genutzt werden.

Laub- und Nadelwälder kommen in Gebieten vor, in denen die Vegetationsperiode nur ein halbes Jahr andauert. Die Temperaturen sind geringer als im tropischen Regenwald. Trotz des dichten Baumbewuchses erreichen Wälder wegen der verkürzten Vegetationsperiode nicht die Produktivität des tropischen Regenwaldes. In der Savanne sind die Temperaturen und die Niederschläge niedriger als im Regenwald. Der Bewuchs aus Gräsern und vereinzelten Bäumen kann das Sonnenlicht nicht effektiv nutzen. Beim Weizenfeld liegt ebenfalls eine verkürzte Vegetationsperiode vor, da es abgeerntet wird. Der einheitliche Grasbewuchs kann das Licht nicht so effektiv nutzen wie ein Wald. Die Biomasseproduktion von Halbwüsten und Wüsten wird vor allem durch Wassermangel begrenzt.

1.18   In Nahrungsketten fließt Energie

Energiefluss in Ökosystemen	**1.** Abb. 1, 2

Energie aus der Nahrung	**2.** Abb. 3

Verkürzung der Nahrungskette	**3.** Abb. 4

1.

a) Abbildung 2 zeigt vier Ernährungsstufen mit dem jeweiligen Energiegehalt der einzelnen Stufen. Man erkennt, dass von der ersten Ernährungsstufe (Pflanzen) bis hin zur vierten Ernährungsstufe (Tertiärkonsument) der weitergegebene Energiegehalt zehn Prozent der vorherigen Ernährungsstufe ist. Auch in Abbildung 1 ist die Energieentwertung deutlich. Die Abbildung zeigt, dass auf jeder Stufe ein großer Teil der Energieentwertung auf die Abgabe von Wärme zurückgeht (kenntlich gemacht durch die Wärme-Pfeile) und ein kleinerer Teil auf den Verlust chemischer Energie in Form von Ausscheidungen und totem organischen Material.

b) Die Sonne liefert die Energie für alle Lebewesen. Die Pflanzen wandeln diese Energie durch die Fotosynthese in chemische Energie um, die die Konsumenten dann nutzen. Ein Großteil der Energie wird pro Ernährungsstufe in Form von Wärme für das System entwertet.

c) Die Nahrungsmenge (Energiegehalt) würde für mehr Stufen nicht reichen.

2.

a) Abbildung 3 zeigt die prozentualen Anteile der Energieumwandlung. Der Salamander gibt 32 Prozent der in der Nahrung enthaltenen Energie als Wärme und 19 Prozent über den Kot ab; 49 Prozent nutzt er zum Aufbau seiner Körpersubstanzen. Im Gegensatz dazu verliert die Maus 81 Prozent über die Wärmeabgabe und 17 Prozent durch den Kot. Lediglich zwei Prozent können zum Aufbau der Körpersubstanzen genutzt werden. Die Ursache liegt darin, dass die Maus ein gleichwarmes Tier ist und zur Aufrechterhaltung der Körpertemperatur sehr viel Stoffwechselenergie investieren muss. Der Salamander ist ein wechselwarmes Tier, seine Körpertemperatur hängt von der Umgebung ab.

b) Lachse sind Fische und damit wechselwarme Tiere. In den Aquafarmen sind ihre Lebensfunktionen in ihrer Intensität den relativ niedrigen Wassertemperaturen angepasst. Der Energiegehalt der Nahrung wird nicht zur Aufrechterhaltung einer höheren Körpertemperatur genutzt. Dadurch wird entsprechend mehr Energie der Nahrung in den Aufbau von Körpersubstanzen investiert als dies bei Schweinen als gleichwarme Organismen möglich ist. Bei gleichwarmen Tieren ist die Energieentwertung der Nahrung durch die höhere Wärmeabgabe größer als bei wechselwarmen Tieren.

3.

Gezeigt sind vier Nahrungspyramiden. Die Basis jeder Pyramide stellt die Organismen des pflanzlichen Planktons als Produzenten dar. Darüber sind die Primär-, Sekundär- und Tertiärkonsumenten und zuletzt der Konsument „Mensch" angeordnet. Links: Ein Mensch ernährt sich von 360 Dorschen, die wiederum von 90 000 Sandaalen usw. Der stufenweise Abbau von Biomasse und die fortschreitende Entwertung der Energie in Nahrungsketten zu Wärme haben zur Folge, dass für den Menschen als Endverbraucher und letztes Glied der Nahrungskette nur wenig der ursprünglich im pflanzlichen Plankton gebundenen Energie zur Verfügung steht. Von links nach rechts wird immer die Stufe unterhalb des Menschen weggelassen. Die Nahrungskette wird also verkürzt. Fehlen die Dorsche, können statt eines Menschen jetzt 30 Menschen leben, da nicht mehr so viel der ursprünglich im pflanzlichen Planktongebundenen Energie entwertet wird. Fehlen als Konsumenten auch die Sandaale und das pflanzliche Plankton (rechte Pyramide), können daher von der in 1000 Tonnen pflanzlichem Plankton enthaltenen Energie nun 2000 Menschen leben. Mögliche Aussage: Durch die lange Nahrungskette wird sehr viel pflanzliches Plankton benötigt, um einen Menschen als Endverbraucher zu ernähren. Das bedeutet: eine Verkürzung der Nahrungskette erhöht die Energieausnutzung. Menschen, die sich überwiegend von Pflanzen ernähren, nutzen die durch Pflanzen gebundene Energie daher effektiver als hauptsächlich Fleisch verzehrende Menschen.

1.19 Systemebenen von der Zelle bis zur Biosphäre

–

1.20 Ökosystem See

Was lebt in einem See?	Abb. 1
Fachbegriffe Biotop, Biozönose, Ökosystem	**1.**
Produzenten, Konsumenten, Destruenten	**2.** Abb. 2, 3
Teichmuschel	**3.**

1.

Biozönose: Ein See ist ein abgrenzbarer Lebensraum mit den verschiedensten Organismen. Diese stehen untereinander in Beziehung, sie bilden eine Lebensgemeinschaft. Die Gesamtheit einer solchen Lebensgemeinschaft wird als Biozönose bezeichnet. Wechselwirkungen bestehen z. B. über Nahrungsbeziehungen zwischen Produzenten (Pflanzen), Konsumenten (Vögel, Fische, Insekten) und Destruenten (Bakterien, Pilze und Einzeller).

Biotop: Ein Lebensraum - hier der See - zusammen mit den dort herrschenden abiotischen Faktoren wird als Biotop bezeichnet. Zu den abiotischen Faktoren zählen die Sonneneinstrahlung, die Wassertemperatur und die Wassertiefe. Auch der Gehalt an Mineralsalzen und der Sauerstoffgehalt des Gewässers sind wichtige abiotische Faktoren, die das Leben im See beeinflussen.

Ökosystem: Es besteht aus dem Biotop und der zugehörigen Biozönose. Man kann den See als ein großes Ökosystem mit vielen kleineren Lebensräumen ansehen. Diese Lebensräume wie der Uferbereich, die Wasseroberfläche, das tiefere Wasser und der Untergrund stehen über Vernetzungen miteinander in Verbindung. Auch die Biozönosen der einzelnen Lebensräume überschneiden sich, sobald Organismen aus einem Bereich in einen anderen wechseln.

2.

a) 1-12: Produzenten: Pflanzen, die Fotosynthese betreiben. Sie stellen mit Hilfe des Sonnenlichts aus den energiearmen Stoffen Wasser und Kohlenstoffdioxid energiereiche Glucose her. Sauerstoff wird abgegeben.

13-25: Konsumenten: Tiere, die energiereiche pflanzliche oder tierische Biomasse als Nahrung aufnehmen. Kohlenstoffdioxid und Wasser werden abgegeben.

26, 27: Destruenten: Kleinlebewesen, die totes organisches Material als Nahrung aufnehmen und zu anorganischen Stoffen abbauen.

b)

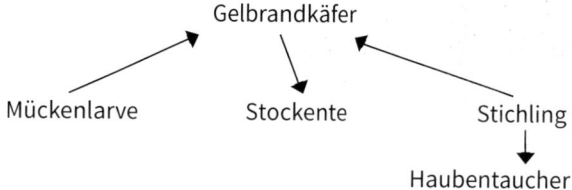

3.

Teichmuscheln filtrieren Schwebstoffe aus dem Angelgewässer. Diese bestehen aus abgestorbenen Pflanzenteilen, zersetzten Tierteilen und Plankton. Dadurch tragen sie dazu bei, dass das Gewässer klar bleibt.

1.21   Angepasstheiten von Pflanzen an die Wassertiefe

Fachbegriffe der Ökologie	**1.** Grundwissen Abb. 1

Das Blatt der Gelben Teichrose im Vergleich zum Buchenblatt	**2.** Abb. 3, 4

Angepasstheiten von Schilf und Gelber Teichrose	**3.** Abb. 2, 3

1.

Zonen des Sees	Abiotische Faktoren
Bruchwaldzone	unterschiedliche Wasserstände, hoher Grundwasserspiegel, manchmal starker Wind
Röhrichtzone	flaches Wasser, Schlamm als Untergrund, Sauerstoffarmut im Schlammbereich, geringere Wassertiefe, ggf. Wellengang
Schwimmblattzone	flaches Wasser, Schlamm als Untergrund, Sauerstoffarmut im Schlammbereich, weniger geringe Wassertiefe, ggf. Wellengang
Tauchblattzone	tieferes Wasser, geringe Lichtstärke in der Tiefe, Boden häufig dick mit Schlamm bedeckt, Schlammschicht ohne Sauerstoff, Faulgase bei anaeroben Bedingungen

2.

Strukturen	Buchenblatt	Blatt der Gelben Teichrose	Angepasstheiten der Gelben Teichrose
Kutikula	bedeckt die obere Epidermis	nicht vorhanden	Die Funktion der Kutikula ist bei den Laubblättern der Verdunstungsschutz. Erbliche Merkmale unterliegen der natürlichen Selektion Die Schwimmblätter der Gelben Teichrose befinden auf und unter der Wasseroberfläche, sodass eine Kutikula kein vorteilhaftes Merkmal darstellt.
Obere Epidermis	größere Zellen ohne Chloroplasten	kleinere, grün gefärbte Zellen in lockerer Anordnung, Spaltöffnungen	Über die Spaltöffnungen erfolgt ein Gasaustausch. Durch Lufträume im Blattgewebe gelangt Luft bis in den Wurzelbereich im anaeroben Schlamm. Dieser erhält dadurch auch den Sauerstoff der Luft.
Palisadengewebe	dichte Schicht aus langgestreckten Zellen mit vielen Chloroplasten	lockere Schicht aus langgestreckten Zellen mit Chloroplasten	In den Chloroplasten findet Fotosynthese statt. Die lockere Anordnung gewährleistet eine Durchlüftung.
Schwammgewebe	Unregelmäßig geformte, chloroplastenhaltige Zellen, zwischen denen sich mit Luft gefüllte Hohlräume befinden	Mehr rund geformte, chloroplastenhaltige Zellen, die Luftkammern umschließen	Neben der Funktion der Durchlüftung bekommen die Schwimmblätter durch Luftkammern Auftrieb.

Strukturen	Buchenblatt	Blatt der Gelben Teichrose	Angepasstheiten der Gelben Teichrose
Festigungselemente	fehlen	Regelmäßig zwischen den Zellen des Schwammgewebes verteilt	Festigungselemente stabilisieren die Luftkammern und fördern die Durchlüftung.
Untere Epidermis	größere Zellen ohne Chloroplasten, die mit Spaltöffnungen in Kontakt sind	kleinere, grün gefärbte Zellen, ohne Spaltöffnungen	Licht gelangt durch das lockere Blattgewebe bis in den Bereich der unteren Epidermis und wird absorbiert.
Spaltöffnungen	in die untere Epidermis eingelagert	in der oberen Epidermis	Ein Gasaustausch mit der Luft ist in der unteren Epidermis nicht möglich, da das Blatt der Gelben Teichrose auf dem Wasser liegt. Die Spaltöffnungen befinden sich als Angepasstheit in der oberen Epidermis.

3.

Die Standorte für Schilfrohr und Gelbe Teichrose sind sehr ähnlich (schlammiger Uferbereich), sie überlappen sich zum Teil. Die Wurzeln dieser Pflanzen benötigen Sauerstoff, den sie nicht aus der direkten Umgebung beziehen können (anaerobe Umgebung). Beide Pflanzen haben im Innern jedoch miteinander verbundene Hohlräume, die ein System zur inneren Belüftung bilden. Mit den vielen Wurzeln und den verzweigten Wurzelsprossen sind beide Pflanzen fest im Boden verankert. Beide Arten vermehren sich durch Ausläufer und Früchte, die allerdings auf unterschiedliche Art verbreitet werden. Schilf ist auf flaches Wasser spezialisiert. Die starre Sprossachse ermöglicht ein dichtes Zusammenstehen der Pflanzen. So benötigen die Fotosynthese betreibenden Blätter ebenfalls wenig Platz. Zwischen den Schilfpflanzen bleibt für andere Pflanzenarten wenig Platz und Licht. Im tieferen Wasser ist eine starre Sprossachse ungünstig, weil sie Wellen und Strömungen mehr Widerstand bietet. Die Gelbe Teichrose besitzt eine flexible Sprossachse, die aber nicht starr genug ist, um Blätter außerhalb des Wassers zu tragen. Sie besitzt Schwimmblätter, die vom Wasser getragen werden. Im Überlappungsbereich der Standorte beider Pflanzen konkurrieren die beiden Arten hauptsächlich im Wurzelbereich um den Platz durch die Bildung von Ausläufern.

1.22 Fressen und gefressen werden – der Wasserfloh

Mikroskopieren von Wasserflöhen	**1.** Abb.1, 2

Männchen, Dauereier und Jahreszeit	**4.** Abb.5

Fortpflanzung bei Wasserflöhen	**2.** Grundwissen

Feindabwehr	**3.** Abb.3, 4

1.
a) Individuelle Lösung.
b) Individuelle Lösung.

2.
a) Schlüpfen von Weibchen im Frühjahr → nach Geschlechtsreife (6 Tage): Legen von bis zu 20 unbefruchteten Eiern alle drei Tage, den ganzen Sommer

über → Daraus schlüpfen Weibchen, unter bestimmten Bedingungen entstehen aus einigen Eiern auch Männchen → Herbst: Weibchen und Männchen → Befruchtung von zwei Eiern in den Weibchen → Aufbewahrung im Brutraum → Hülle um die Eier bei der nächsten Häutung → Dauereier → Überwinterung → Im Frühjahr Schlüpfen von Weibchen

b) Ein Weibchen kann in 18 Tagen bis zu 246 140 Nachkommen haben (siehe Skizze).

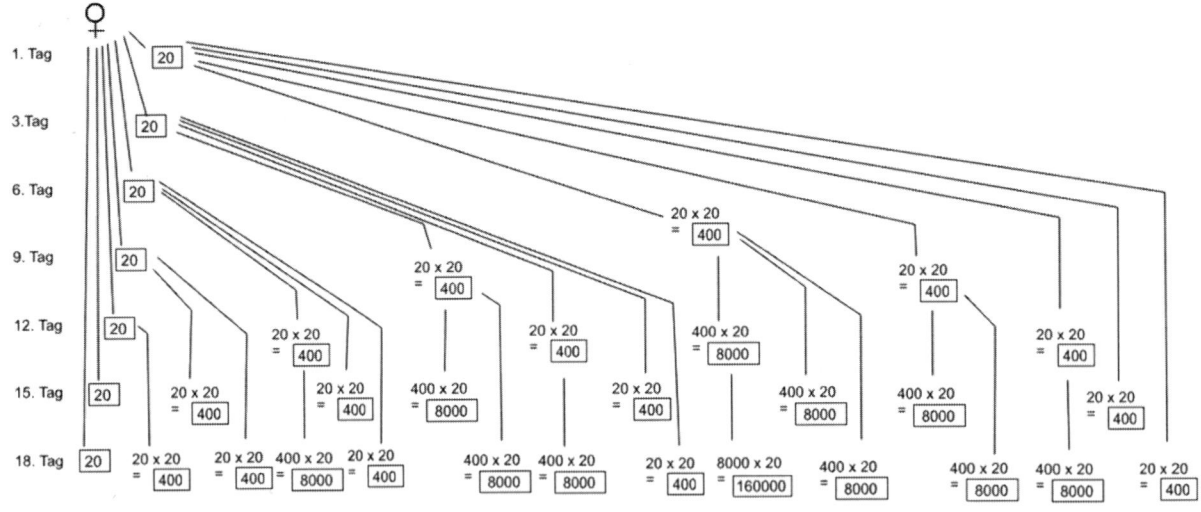

7 x 20 + 15 x 400 + 10 x 8000 + 160000 = 246140

3.

a) Wasserflöhe besitzen als Angepasstheit das erbliche Merkmal, Helm und Stachel ausbilden zu können, wenn Kairomone als Signalstoffe vorhanden sind. Diese Stoffe werden von Räubern freigesetzt, wenn sie Wasserflöhe fressen. Sind nur wenige Räuber vorhanden, gelangen Kairomone in sehr geringer Konzentration in das Gewässer. Offenbar genügt die freigesetzte Menge nicht, das Wachstum von Helm und Stachel zu veranlassen.

Wasserflöhe mit Helm und Stachel kommen in einer Umgebung mit vielen Räubern als natürliche Feinde vor. Die Nachkommen besitzen diese vorteilhaften Merkmale nicht erst nach einigen Tagen sondern schon zu Beginn ihres Lebens. Sie sind dadurch in dieser Umgebung sofort geschützt.

b) In der Nacht halten sich Wasserflöhe in den oberen Gewässerschichten auf, egal ob Fressfeinde im Gewässer vorhanden sind oder nicht. Am Tag bleiben sie in diesen Schichten, wenn keine Fressfeinde da sind. In einem Gewässer mit Fressfeinden suchen die Wasserflöhe dagegen am Tag tiefere Gewässerschichten auf. Das hat vermutlich den Vorteil, dass sie von den Fressfeinden nicht so leicht gesehen und erbeutet werden können. Es handelt sich um eine Angepasstheit durch erblich bedingte vorteilhafte Verhaltensweisen.

4.

Bei Nahrungsmangel werden Männchen und Dauereier gebildet. Das kann zu Beginn von Hitze- oder Trockenperioden sein, oder im Herbst. Die Bildung von Dauereiern wird noch verstärkt durch eine kürzere Tageslänge, wie sie im Herbst auftritt. Im Herbst kommt es durch zurückgehendes Algenwachstum ebenfalls zu Nahrungsmangel. Durch die Kombination von Nahrungsmangel und kurzer Tageslänge ist gewährleistet, dass im Herbst viele Dauereier entstehen, die den Winter überdauern können.

1.23 Stoffkreislauf und Energiefluss im See

1.

a) Pflanzen (Produzenten) wandeln die Energie der Sonne in organische Substanzen um (a). Diese Substanzen enthalten chemische Energie. Die Pflanzen werden von den Konsumenten 1. Ordnung gefressen(b); diese wiederum von Konsumenten 2. Ordnung usw. (c, d). Am Schluss dieses Kreislaufs stehen die Destruenten (e); sie bauen die abgestor-bene Biomasse in Kohlenstoffdioxid, Mineralsalze und Wasser ab und machen sie so wieder zugänglich für die Pflanzen.

Bei jedem „Schritt" wird ein Teil der Energie für den eigenen Körperaufbau verwendet (10 %); der Rest wird für Lebensvorgänge genutzt beziehungsweise geht als Wärme verloren (90 %). Wenn man den Weg über alle dargestellten Stufen betrachtet, sind in der Stufe e noch 0,01 % der Energie der Stufe a enthalten (a: 100 % → b: 10 % → c: 1 % → d: 0,1 % → e: 0,01 %).

b) Die „Stoffe" durchlaufen einen Kreislauf: Angefangen von den Produzenten über die Konsumenten und Destruenten wieder zu den Produzenten.

Die Energie kommt von der Sonne. Sie wird im Laufe der Nahrungskette entwertet und geht als Wärme verloren. Daher spricht man nicht von einem Kreislauf, sondern von einem Energiefluss.

2.

100 g Kleinfische → 1 kg Büschelmückenlarven → 10 kg Wasserflöhe → 100 kg Plankton.

Die ursprüngliche Energie für das Wachstum des pflanzlichen Planktons kommt über die Fotosynthese aus der Energie der Sonne.

3.

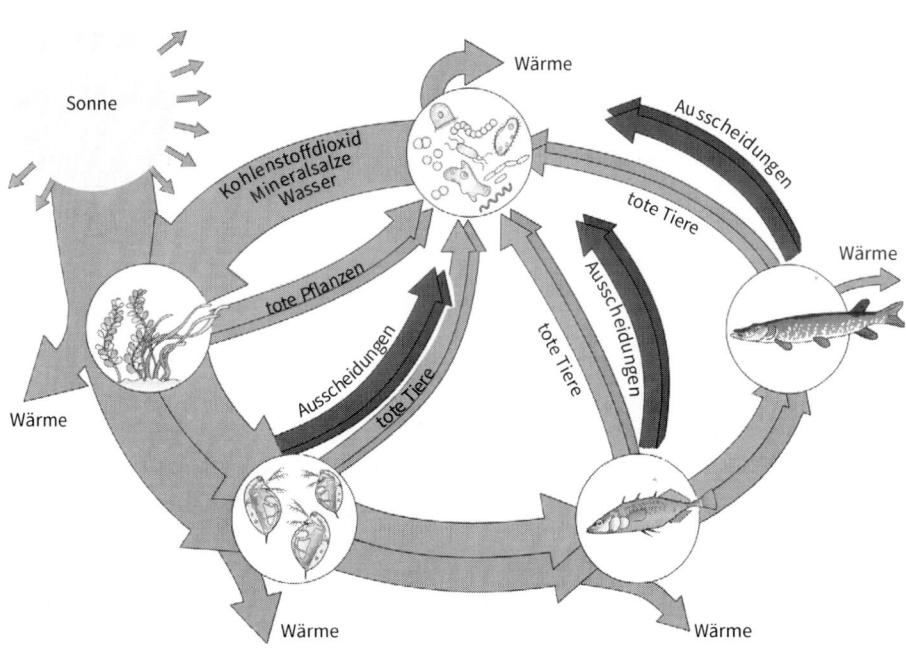

Begründung: Die Ausscheidungen der Tiere enthalten organische Stoffe, die von den Destruenten in anorganische Stoffe umgewandelt werden. Die Produkte, Mineralsalze, Kohlenstoffdioxid und Wasser, werden von den Produzenten aufgenommen.

4.

a) Die Nahrungspyramide stellt eine Nahrungskette grafisch dar. Die „Basis" stellen die Pflanzen als Produzenten dar, darauf aufbauend folgen die Konsumenten, die von ihnen leben. Das Schema hat die Form einer Pyramide, da die Biomasse der Konsumenten, die von den Lebewesen der darunter liegenden Stufe leben, immer geringer ist, als die Biomasse der Lebewesen der unteren Schicht.

b) Beide Modelle stellen die Nahrungskette Produzent → Konsument dar. Der Unterschied besteht in der Art und Weise der Darstellung. Anhand des Pyramidenmodells lassen sich keine quantitativen Rückschlüsse ziehen. Im Gegensatz dazu ist dies bei dem Stufenmodell möglich: Es wird deutlich, dass von Stufe zu Stufe etwa 90 Prozent der Energie entwertet werden.

5.

Plankton enthält bis zu 100 Millionen Mal höhere Konzentrationen der Schadstoffe als das Wasser. In Fischen ist die Schadstoffkonzentration noch 10-200-mal größer. Die Tabelle zeigt, dass DDT und PCBs in der Nahrungskette stark angereichert werden.

6.

Mögliche Hypothese: Die Grünfärbung wurde durch die vielen Algen verursacht. Vor dem Einsetzen der großen Raubfische hatten vielerlei kleine Raubfische die Wasserflöhe und das übrige tierische Plankton dezimiert. So konnten sich die Algen stark vermehren, da sie von den wenigen Wasserflöhen nicht in genügend großer Menge gefressen werden konnten. Aber die kleinen Raubfische, die noch vor Kurzem die Nahrungskette im Peter Lake dominiert hatten, standen nach dem Einsetzen der großen Raubfische nicht mehr länger an der Spitze der Nahrungskette. Die eingesetzten Raubfische hatten die Anzahl der kleinen Raubfische deutlich verringert. In der Folge wurde nicht mehr so viel tierisches Plankton gefressen. Die Zahl der Wasserflöhe und anderen Kleinstlebewesen nahm wieder zu. So wurden durch sie nun viel mehr Algen gefressen und das Wasser im Peter Lake wurde klar.

M   Lupe und Mikroskop

1.

a) Um ein scharfes Bild zu erhalten, ist sowohl der korrekte Abstand zum Präparat als auch ein angemessener Abstand der Lupe zum eigenen Auge nötig. Am besten ist es, man führt die Lupe langsam an das Präparat heran und schaut gleichzeitig durch die Handlupe hindurch.

b) *Hinweis:* Gewöhnliche Handlupen sind mit einer Linse mit 5-facher oder 10-facher Vergrößerung ausgestattet. Bei dieser Vergrößerung lassen sich runde beziehungsweise kantige Stängel gut unterscheiden. Auch die Oberflächenstruktur ist sichtbar, wie zum Beispiel die Brennhaare der Brennnessel. Die Breite eines Stängels einer krautigen Pflanzen nimmt mehrere Kästchen des Millimeterpapiers ein - je nachdem, welche Pflanze vorliegt.

c) Individuelle Lösung.

2.

a) Individuelle Lösung.

b) Individuelle Lösung.

3.

a) Typische Schulmikroskope zeigen folgende Vergrößerungen:

Okular: 10x,

Objektive:

10x (ergibt 10 x 10 = 100 fach)

40x (ergibt 10 x 40 = 400 fach)

60x (ergibt 10 x 60 = 600 fach)

b) Der Durchmesser des Punktes lässt sich in Relation zu den Ausmaßen eines Millimeters abschätzen.

c) Ein menschliches Haar ist etwa 0,07 Millimeter dick.

1.24 Pflanzen- und Tierzellen

Bau der Pflanzenzelle	**1.** Abb. 1, 2
Die Tierzelle	**2.** Abb. 3
Vergleich von Zelle und Fabrik	**4.** Abb. 4
Aufbau, Funktion und Vorkommen von Mitochondrien	**3., 5.**

1.

Im Lichtmikoskop erkennt man Zellwand, Zellplasma, Vakuole, Chloroplasten und den Zellkern. Die Zellmembran, die innen an der Zellwand anliegt, kann man nicht als eigene Struktur erkennen.

Im Elektronenmikroskop erkennt man darüber hinaus auch Mitochondrien, Golgiapparat, Vesikel, endoplasmatisches Retikulum und Ribosomen. Bei Chloroplasten, Mitochondrien und Zellkern ist die innere Struktur zu erkennen und auch dass sie von einer Doppelmembran umgeben sind. Bei Chloroplasten und Mitochondrien ist innere Membran vergrößert und zu einem besonderen Membransystem aufgefaltet. Außerdem lassen sich zwischen Zellen Zellplasmaverbindungen erkennen, die durch die Zellwände hindurch führen.

2.

Individuelle Lösung, z.B.:
Die Tierzelle hat keine Zellwand. Wodurch wird sie stabilisiert?
Gibt es bei der Tierzelle auch Plasmaverbindungen mit Nachbarzellen?

3.

a) Man kann erkennen, dass die Fläche der inneren Membran aufgrund vieler Einfaltungen wesentlich größer ist als die Fläche der äußeren Membran.

b) Das Mitochondrium hat die Aufgabe, chemische Energie für die Zelle bereitzustellen. Da die Oberfläche der inneren Membran sehr groß ist, ist zu vermuten, dass hier die Prozesse zur Energiebereitstellung ablaufen. Eine große Oberfläche der inneren Membran erhöht die Zahl der Zellatmungsprozesse, die gleichzeitig ablaufen können. Wäre die Oberfläche der inneren Membran nicht so groß, würde ein Mitochondrium weniger effektiv arbeiten.

4.

1) Zelle: Ribosomen (Herstellung von Proteinen); Fabrik: Produktionsstätte (Fertigung des Produkts)
2) Zelle: Mitochondrien (Zellatmung zur Energiebereitstellung); Fabrik: Kraftwerk (Energiegewinnung für die Fabrik)
3) Zelle: Endoplasmatisches Retikulum (Membransystem: Aufbau, Speicherung und Austausch von Stoffen); Fabrik: Werksstraßen (Austausch von Material zwischen verschiedenen Teilen der Fabrik)
4) Zelle: Zellkern (zentrale Steuerungseinheit, enthält Erbinformation); Fabrik: Firmenzentrale (Verwaltung und Steuerung der Fabrik)
5) Zelle: Zellmembran (Begrenzung der Zelle); Fabrik: Grenze des Fabrikgrundstücks (Abgrenzung des Fabrikgeländes gegenüber der Umgebung durch einen Zaun oder eine Mauer)
6) Zelle: Zellplasmaverbindung (Verbindung zu benachbarten Zellen); Fabrik: Einfahrtstor (Einfuhr und Ausfuhr von Material für die Fabrik)

5.

Der prozentuale Anteil der Mitochondrien am Zellvolumen sagt etwas darüber aus, wie hoch der Energiebedarf der jeweiligen Zellen ist. Der Herzmuskel kontrahiert ständig und arbeitet ein Leben lang. Der Energiebedarf ist entsprechend hoch und schlägt sich im hohen Mitochondrienanteil nieder. Die Leber als größte Drüse des menschlichen Körpers ist an sehr vielen Stoffwechselprozessen beteiligt, die ebenfalls viel Energie benötigen. Auch hier ist der Prozentsatz an Mitochondrien noch recht hoch. Bei Weißen Blutzellen ist der Anteil der Mitochondrien am Zellvolumen gering, Der Energiebedarf dieser Zellen ist klein.

1.25 Einzellige Lebewesen – das Pantoffeltierchen

| Kennzeichen des Pantoffeltierchens | Abb. 1, 2 |

| Einzeller – als einzelne Zelle lebensfähig | **1.** |

| Vergleich von Einzeller und Vielzeller | **2.** Abb. 2-6 |

| Räuber-Beute-Verhältnis unter Wimpertierchen | **3.** |

1.

Zu den wichtigsten Kennzeichen der Lebewesen gehören:
– selbstständige Bewegung
– Reaktion auf Reize
– Stoffwechsel
– Fortpflanzung

Alles trifft auf das Pantoffeltierchen zu. Es kann sich mit Hilfe der Wimpern fortbewegen; es ändert die Richtung, wenn es auf ein Hindernis stößt, es reagiert auf bestimmte Stoffe, auf Temperaturunterschiede im Wasser, auf die Richtung der Schwerkraft; es nimmt Stoffe auf, verdaut sie und scheidet die Reste aus; es pflanzt sich fort.

2.

	Pantoffeltierchen (Einzeller)	Hund (Vielzeller)
Bewegung	über Wimpern an/in der Zellmembran	auf vier Beinen
Reizbarkeit	reagiert auf Berührung, Temperaturunterschiede und auf einige chemische Stoffe	Bessere Wahrnehmung, Sinnesorgane, z. B. für Berührung, Geruch, Temperatur, Hören, Sehen
Stoffwechsel	Mund → Verdauung innerhalb von Nahrungsbläschen → Ausscheidung von Stoffen über den Zellafter und von Wasser über die pulsierenden Bläschen	Mund → Verdauung in einem aus verschiedenen Organen bestehenden Organsystem → Ausscheidung von Stoffen über Kot und Harn
Fortpflanzung	ungeschlechtlich durch Teilung, manchmal auch geschlechtlich	immer geschlechtlich
Kreislaufsystem	–	Kreislaufsystem mit Herz und Blutgefäßen, zur besseren Verteilung der Stoffe im Körper

3.

Individuelle Lösung, z. B.:

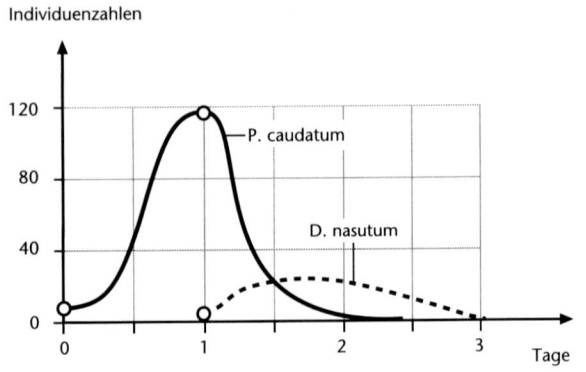

Die Nasentierchen vermehren sich auch durch Zweiteilung. Sie ernähren sich von den Pantoffeltierchen. Daher wird sich die Zahl der Pantoffeltierchen verringern und die der Nasentierchen zuerst erhöhen. Je mehr Nasentierchen es gibt, desto weniger Pantoffeltierchen wird es geben. Irgendwann sind keine Pantoffeltierchen mehr vorhanden, da sie schneller gefressen werden als sie sich vermehren können. Die Nasentierchen verhungern dann, sodass deren Zahl ebenfalls wieder sinkt.
Hinweis: In natürlicher Umgebung führen typische Räuber-Beute-Beziehungen nicht zur vollständigen Dezimierung der Beutepopulation. In der Versuchsumgebung ist dieses Ergebnis allerdings zu erwarten.

1.26 Vom Einzeller zum Vielzeller

Einzeller und einfache Kolonie	Abb. 1, 2

Differenzierung: vom Einzeller zum Vielzeller	**1.** Abb. 1-7

Organe eines Vielzellers	**2.** Abb. 8

1.

– Gonium ist eine einzellige Grünalge. Mehrere Einzelzellen bilden zusammen kleine Kolonien, in denen alle Zellen gleich aufgebaut sind und unabhängig von den anderen als Einzelzelle leben und sich teilen können.

– Volvox besteht aus sehr vielen Zellen, die zusammen koordinierte Bewegungen ausführen. Die Zellen haben verschiedene Aufgaben, nur wenige Zellen können sich teilen und bilden Tochterkolonien, die anderen sterben ab. Volvox ist ein einfacher Vielzeller.

– Der Süßwasserpolyp hat verschiedene Zellschichten mit unterschiedlich spezialisierten Zellen (Sinneszellen, Nesselzellen, Verdauungszellen). Durch diese Differenzierung kann Nahrung betäubt, aufgenommen und verdaut werden und der Organismus als Ganzes leben. Spezialisierte Zellen dienen der geschlechtlichen Vermehrung, aber auch ungeschlechtliche Vermehrung durch Knospung ist möglich.

– Der Hecht ist ein hoch entwickelter Vielzeller mit spezialisierten Zellen, die Gewebe bilden. Mehrere Gewebe bilden Organe und die Gesamtheit der Organe mit ihren verschiedenen Aufgaben bildet den Organismus. Der Hecht kann sich nur geschlechtlich vermehren.

Mit zunehmender Komplexität des Vielzellers steigt die Differenzierung und Spezialisierung der Zellen für unterschiedliche Aufgaben. Die Zellen sind nicht mehr unabhängig voneinander lebensfähig. Die Arbeitsteilung durch spezialisierte Zellen ermöglicht eine zunehmende Größe und Leistungsfähigkeit des Organismus.

2.

– Verdauungsorgan (grün) zur Verdauung aufgenommener Nahrung und damit zum Nutzbarmachen der enthaltenen Nährstoffe; Abgabe der Nährstoffe in das Blut (Herz-Kreislaufsystem)

– Herz-Kreislaufsystem (rot) zum Transport von Stoffen (z. B. Sauerstoff und Nährstoffe) im Körper; Versorgung verschiedener Gewebe und Organe (Pfeile)

– Atmungsorgan/Lunge (blau) zur Aufnahme von Sauerstoff in das Blut und Abgabe von Kohlenstoffdioxid aus dem Blut

– Ausscheidungsorgan (braun) zum Ausscheiden schädlicher Stoffe; Aufnahme dieser Stoffe aus dem Blutkreislauf

1.27 Zellen, Gewebe, Organ, Organismus

Bau und Funktion spezialisierter Zellen	**1.** Abb. 1, 3

Hierarchie: von der Zelle zum Organismus	**2., 3.** Abb. 2

Der Begriff „System"	**4.** Abb. 4

1.

	Gemeinsamkeiten	Unterschiede
Aufbau	– Alle spezialisierten Zellen besitzen, abgesehen von den roten Blutzellen, einen Zellkern, die Zellmembran und das Zellplasma.	– Bei den roten Blutzellen findet man keinen Zellkern. – Die äußere Form der verschieden spezialisierten Zellen ist sehr unterschiedlich.
Funktion	– Alle Zellen haben eine spezielle Aufgabe bzw. Funktion.	– Die Aufgaben sind sehr verschieden: Sie reichen von Informationsweiterleitung bei Nervenzellen bzw. Aufnahme von Reizen bei Sinneszellen über Kontraktion bei Muskelzellen und Transport von Sauerstoff bei den roten Blutzellen bis hin zur Fortlanzung und der Abwehr von Fremdkörpern und Krankheitserregern bei Geschlechtszellen bzw. weißen Blutzellen.

2.

Zelle → Gewebe → Organ → Organsystem → Organismus

Sinneszelle → Netzhaut → Auge → Nervensystem → Mensch

Muskelzelle → Muskel → Skelettmuskel → Bewegungssystem → Mensch

Weiße Blutzelle → Blut → Immunsystem → Mensch

3.

Individuelle Lösung, z. B.: Verschiedene Organe erfüllen im Organismus ganz verschiedene Aufgaben. Sie sind unterschiedlich aus mehreren Gewebetypen aufgebaut. Die Gewebe bestehen aus jeweils spezialisierten Zellen, die zu Zellverbänden zusammengeschlossen sind. Die spezialisierten Zellen sind durch Zelldifferenzierung entstanden.

Ohne die Zelldifferenzierung gäbe es nur einen Zelltyp. Spezialisierung und Arbeitsteilung wäre auf der Ebene der Zellen nicht möglich. Auch Gewebe und komplexe Organe könnte nicht gebildet werden.

4.

Die Zelle ist ein System. Sie besteht aus verschiedenen Zellorganellen, die sich im Cytoplasma befinden. Jedes Zellorganell hat eine bestimmte Aufgabe. Zwischen den Zellorganellen gibt es auch Beziehungen und Wechselwirkungen. Der Zellkern zum Beispiel ist von einer Membran umgeben und enthält die Erbinformationen der Zelle. Er steuert alle Lebensvorgänge innerhalb der Zelle.

Auch der Organismus ist ein System. Er besteht aus verschiedenen Organen und Organsystemen, die ebenfalls eine bestimmte Aufgabe erfüllen und zwischen denen es Wechselwirkungen und Beziehungen gibt. Der Magen als Organ besteht z. B. aus verschiedenen Gewebetypen, die gemeinsam die Aufgabe der Verdauung erfüllen. Bei der Verdauung spielen zudem noch andere Organe eine Rolle, wie z. B. der Mund mit Zähnen und Speicheldrüsen sowie der Dünn- und Dickdarm. Die Verdauungsorgane ergänzen sich mit ihren einzelnen Aufgaben. So wird die Verdauung gewährleistet und der Organismus mit energiereichen Nährstoffen versorgt.

1.28 Fotosynthese

Licht und Pflanzenwachstum am Beispiel der Deer-Höhle	Abb. 1
Einfluss der Lichtstärke auf die Fotosynthese	**2.** Abb. 5
Fotosynthese – Ort, Ausgangsstoffe, Endprodukte, Energieumwandlung	**1.** Abb. 2-4
Mikroskopieren: Chloroplasten im Sternmoos	**3.** Abb. 2
Das Blatt als Glucosefabrik	**4.**

2.

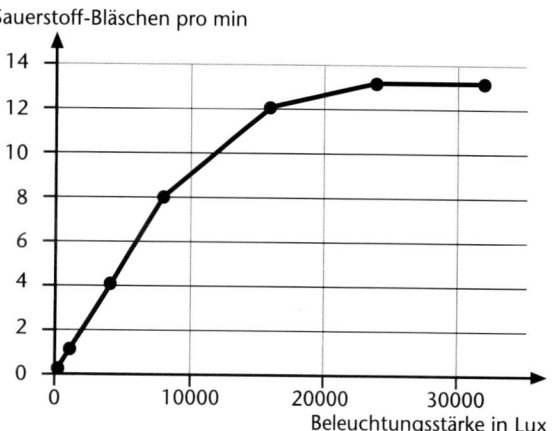

Sauerstoff-Bläschen pro min

Beleuchtungsstärke in Lux

Mit zunehmender Beleuchtungsstärke nimmt auch die Fotosyntheseleistung zunächst zu. Wenn die Beleuchtungsstärke ungefähr 10 000 lux überschreitet, wird die Zunahme der Fotosyntheseleistung aber immer geringer und bleibt ab ca. 20 000 lux gleich. Offenbar kann die Pflanze dann auch bei zunehmender Beleuchtung nicht mehr Fotosynthese betreiben, das Maximum ist erreicht.

Experiment in Abbildung 4:
a) Im Gemisch aus Leitungswasser und sprudelndem Mineralwasser ist die Bläschenzahl pro Minute größer als in reinem Leitungswasser. Das zeigt, dass die Fotosyntheseleistung hier größer ist. Deutung: sprudelndes Mineralwasser enthält Kohlenstoffdioxid. Die Pflanze hat damit hier mehr Ausgangsstoff für die Fotosynthese zur Verfügung.
b) Die Fotosyntheseleistung ist bei 30 °C am größten. Bei 15 °C ist sie geringer und bei 45 °C findet keine Fotosynthese statt. Deutung: Bei 15 °C ist es noch zu kalt für den optimalen Ablauf der Fotosynthese und bei 45 °C ist es schon viel zu warm. Da die Fotosynthese bei 45 °C ganz zum Erliegen kommt, liegt die Vermutung nahe, dass Schäden aufgetreten sind.

3.
Individuelle Lösung.

1.

a) Pflanzen können die Lichtenergie des Sonnenlichts in eine andere Energieform nämlich in chemische Energie umwandeln. In den Chloroplasten nimmt der grüne Blattfarbstoff Chlorophyll die Lichtenergie auf. Mithilfe dieser Energie stellen die Pflanzen aus Wasser und Kohlenstoffdioxid Traubenzucker (Glucose) her und setzen Sauerstoff frei. Die chemische Energie in der Glucose steht nun für andere Prozesse zur Verfügung. Energie- und Stoffumwandlung sind bei der Fotosynthese gekoppelt.
b) Über die Wurzeln und die Leitungsbahnen in Stängel und Blatt gelangt Wasser in die Blätter. Durch die Spaltöffnungen gelangt Kohlenstoffdioxid aus der Luft in die Blätter. Die Fotosynthese geschieht in den Chloroplasten der Blattzellen. Die gebildete Glucose wird über Leitungsbahnen in die gesamte Pflanze verteilt. Der gebildete Sauerstoff wird über die Spaltöffnungen an die Luft abgegeben.

4.

Fabrik	Blatt
Betriebsgelände	Blattgewebe mit chloro-plastenhaltigen Zellen
Anlieferung durch Werks-tore	Wasser über Leitungsbah-nen, Kohlenstoffdioxid über Spaltöffnungen
Umwandlung	Fotosynthese: Umwand-lung von Kohlenstoffdi-oxid und Wasser in Gluco-se und Sauerstoff.
Abtransport durch Werks-tore	Glucose über Leitungs-bahnen, Sauerstoff über Spaltöffnungen
Energiebedarf (z.B. elekt-rische Energie)	Sonnenlicht
Zusammenarbeit der Abteilungen	Zusammenarbeit der Or-gane und Strukturen

M   Abhängigkeit der Fotosynthese von verschiedenen Faktoren

1.

a)

Versuch a, c, f: Einflussfaktor „Temperatur"

Versuch a, b: Einflussfaktor „Mineralgehalt"

(*Hinweis:* destilliertes Wasser ist besonders arm an Mineralien")

Versuch a, e: Einflussfaktor: „gelöstes Kohlenstoff-dioxid" in Wasser

Versuch a, d: Einflussfaktor „Licht"

Begründung: Es lassen sich immer diejenigen Ver-suchsansätze kombinieren, die sich nur in einem einzigen Faktor unterscheiden. Versuchsansatz a kann immer als Kontrollversuch angesehen werden.

b) -g)

Individuelle Lösung.

2.

Das Experiment von van Helmont beweist, dass die Masse von Baum plus Kübelerde im Laufe der 5 Jahre zugenommen hat. Zu Beginn war die Masse 2,3 kg + 90,7 kg = 93 kg. Nach 5 Jahren war die Masse 76,7 kg + 90,1 = 166,8 kg. Der Baum hat irgendwoher die Substanz für diesen Massezuwachs erhalten. Da der Boden kaum weniger geworden war, konnte van Helmont schlussfolgern, dass es eine andere Quelle für diesen Massezuwachs geben muss.

Heute weiß man, dass ein Baum Fotosynthese be-treibt und dadurch energiereiche Stoffe produziert, die er für das Wachstum benötigt. Zusätzlich benö-tigt er Nährstoffe aus dem Boden oder aus Dünger. Die wichtigsten Nährstoffe für Pflanzen sind Stick-stoffverbindungen, Phosphat und Kalium.

3.

Maßnahmen zur Fotosynthesesteigerung könnten neben einer Bewässerungsanlage, die den Gemüse-pflanzen regelmäßig Wasser zuführt, auch eine Be-gasung mit Kohlenstoffdioxid sowie eine angemes-sene Düngung bestehend aus Stickstoff, Phosphat und Kalium sein (Vgl. Abb. 4). Auch eine kontrollier-te Beleuchtung kann die Bedingungen verbessern.

1.29 Ohne Energie geht nichts

Wichtige Energie-Begriffe	Grundwissen
Energieformen, Energiewandlungen	**2.** Abb. 2 (1)
Energiefluss	**1., 4.** Abb. 1
Energiewandlungen und Energiefluss	**3.** Abb. 1, 2

1.

Im Laufe des Energieflusses folgen verschiedene Energieumwandlungen aufeinander. Energiewandler wandeln eine Energieform in andere Energieformen um. Die Lichtenergie der Sonne wird in den grünen Blättern der Pflanzen in chemische Energie (Nährstoffe) und Wärme umgewandelt. Biomasse zählt zu den erneuerbaren Energien. Der Mensch isst die Pflanze und kann die darin gespeicherte Energie durch Zellatmung nutzbar machen. Beim Fahrrad fahren wird die chemische Energie der Nährstoffe der Pflanze in Bewegungsenergie und in Wärme gewandelt. Wenn der Dynamo am Fahrrad eingeschaltet ist, wandelt dieser einen Teil der Bewegungsenergie in elektrische Energie um, mit der eine Lampe betrieben werden kann, die die elektrische Energie wiederum in Strahlungsenergie (Licht) und Wärme umwandelt.

Bei jeder Energiewandlung wird Wärme abgegeben, die nicht weiter genutzt werden kann (Energieentwertung). Dadurch wird der Wirkungsgrad gemindert.

2.

a) Der Ventilator wandelt elektrische Energie in Bewegungsenergie / Ein Gasbrenner wandelt chemische Energie in Wärmeenergie / In einer Leuchtdiode wird elektrische Energie in Lichtenergie gewandelt / Beim Reiben der Hände wird Bewegungsenergie in Wärmeenergie gewandelt / Solarzellen wandeln Lichtenergie in elektrische Energie.

b) Beispiele für Energiewandlungen des Menschen:
Verdauung (Zellatmung): chemische Energie in chemische Energie und Wärme
Muskelbewegung: chemische Energie in Bewegungsenergie und Wärme
Hände reiben: Bewegungsenergie in Wärmeenergie

c) Lichtenergie wird von der Sonne in das System der Erde von außen zugeführt. Pflanzen können in der Fotosynthese Lichtenergie in chemische Energie umwandeln, die so für alle Lebewesen auf der Erde nutzbar wird, für die Pflanzen selbst und für Tiere und Menschen, deren Nahrungsgrundlage Pflanzen sind (für Pflanzenfresser direkt, für Fleischfresser indirekt). Die meisten Energieträger beruhen auf der durch Fotosynthese genutzten Energiezufuhr durch die Sonne, z.B. nachwachsende Energieträger wie Brennholz und Pflanzenöle, aber auch fossile Energieträger wie z.B. Erdöl und Kohle, die aus organischen Substanzen früherer Lebewesen entstanden sind. Wichtig für das Leben auf der Erde ist auch der Umstand, dass Sonnenlicht an der Erdoberfläche zum Teil in Wärme gewandelt wird.

3.

Beispiele für Energieflussdiagramme:
Sonne (Lichtenergie) → Pflanze (chemische Energie) → Mensch (chemische Energie)
Sonne (Lichtenergie) → Pflanze (chemische Energie) → Holzverbrennung (Wärme)
Sonne (Lichtenergie) → Pflanze (chemische Energie) → Kuh (chemische Energie) → Mensch (chemische Energie) → Mensch (Bewegungsenergie)

4.

Bei jeder Energiewandlung wird Wärme abgegeben, die nicht weiter genutzt werden kann. Diese Energieentwertung führt dazu, dass immer weniger Energie nutzbar bleibt. Die horizontalen Pfeile sind jedoch von Schritt zu Schritt gleich groß gezeichnet. Die Energieentwertung wäre im Diagramm darstellbar, indem man die horizontalen Pfeile mit jedem Schritt kleiner werden ließe.

1.30 Die Zellatmung – ein Prozess der Energieumwandlung

Zellatmung und Stofftransport	**1.** Abb. 1

Diagramm zur Zellatmung	**2.** Abb. 2

Zellatmung bei körperlichen Anstrengungen	**3.**

Auswirkungen von Sauerstoffmangel im Gehirn	**4.** Abb. 4

Vergleich: Zellatmung und Kerzenflamme	**5.** Abb. 3

1.

Luft gelangt beim Einatmen in die Bronchien. Sauerstoff wird in den Lungenbläschen ins Blut aufgenommen. Der Sauerstoff wird durch das Blut zu allen Körperzellen transportiert und in die Zellen aufgenommen. In der Zelle wird mithilfe des Sauerstoffs Glucose zu CO_2 und Wasser abgebaut. Dabei wird die chemische Energie der Glucose in Energie umgewandelt, die die Zelle nutzen kann, und Wärme wird frei.

2.

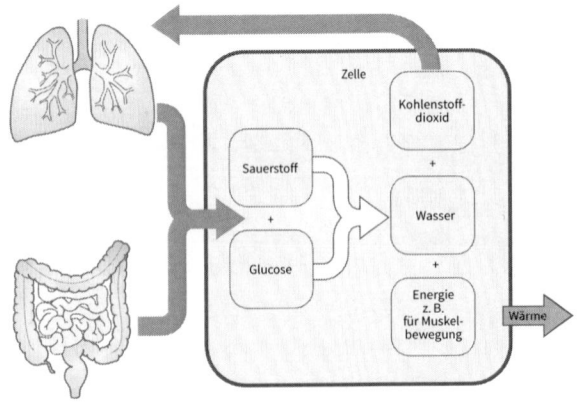

3.

Körperliche Anstrengung führt zu einem hohen Energiebedarf, da Muskeln zur Bewegung Energie brauchen. Es muss viel Zellatmung in den Muskelzellen betrieben werden, um diese Energie bereit-zustellen. Für die Zellatmung werden Glucose und Sauerstoff benötigt. Aus dem Blut wird viel Glucose und Sauerstoff aufgenommen. Die Durchblutung wird erhöht. Die Atemfrequenz steigt.

4.

Schon nach 5 Sek. Sauerstoffmangel treten im Gehirn erste Störungen auf. Nach 15 Sek. ohne Sauerstoff wird man bewusstlos. Nach 3 Min. Sauerstoffmangel treten Teilstörungen auf, die nicht mehr rückgängig zu machen sind. Bekommt das Gehirn 5 Min. lang keinen Sauerstoff, stirbt es.

Die Gehirnzellen brauchen viel Sauerstoff, um Zellatmung betreiben zu können und aus dieser Energie zu erhalten. Ohne diese Energie kann das Gehirn seine Funktionen, Informationen zu verarbeiten, zu denken und zu erinnern, nicht leisten. Daher treten schon bei kurzem Sauerstoffmangel erste Störungen auf. Auch das Bewusstsein ist eine Leistung des Gehirns. Wenn die Zellen des Gehirns durch Sauerstoffmangel keine Energie haben, wird man bewusstlos. Bei längerem Sauerstoffmangel (3 Min) sterben die Zellen, denn sie brauchen die Energie aus der Zellatmung zum Leben. Wenn Zellen des Gehirns absterben, kommt es zu Störungen, die auch bei anschließender Sauerstoffzufuhr nicht rückgängig zu machen sind. Sind zu viele Zellen des Gehirns abgestorben, was passiert, wenn 5 Minuten lang kein Sauerstoff zur Verfügung ist, funktioniert das Gehirn als ganzes nicht mehr und man spricht vom Gehirntod.

5.

Gemeinsamkeiten: Es wird Sauerstoff benötigt. Chemische Energie wird umgewandelt, der Ausgangsstoff enthält Kohlenstoff. Es wird Kohlenstoffdioxid frei. Es wird Wasser frei. Es wird Wärme frei.

Unterschiede: Bei der brennenden Kerze wird die Energie fast vollständig als Wärme und Licht frei, bei der Zellatmung wird keine Lichtenergie frei.

1.31 Fotosynthese und Zellatmung

Fotosynthese und Atmung, Wechselwirkungen	**1.** Abb. 1-2

Auch Pflanzen atmen	**2.** Abb. 3

Wechselwirkungen von Fotosynthese und Atmung in einem Modellgewässer	**3.** Abb. 4

1.

Alle Lebewesen, die Zellatmung betreiben, benötigen Sauerstoff. Pflanzen, die Fotosynthese betreiben, nutzen einen Teil des frei werdenden Sauerstoffs für die eigene Zellatmung, ein anderer Teil steht anderen atmenden Lebewesen, z. B. Tieren, zur Verfügung. Zur Fotosynthese benötigen Pflanzen neben Licht und Wasser auch Kohlenstoffdioxid, das von atmenden Lebewesen als Produkt der Zellatmung in die Luft abgegeben wird. Zellatmung und Fotosynthese der Pflanzen sind daher zwei Vorgänge, die in Wechselwirkung stehen. Gleichzeitig wird durch die Fotosynthese Sonnenenergie zur Umwandlung von energiearmen Stoffen in energiereiche Glucose genutzt. Von dieser in der Pflanze gespeicherten Energie hängen direkt oder indirekt alle Tiere ab.

2.

a) Beobachtung: Mit der Zeit nimmt die CO_2-Konzentration im Gefäß ab, von 630 ppm CO_2 sind nach 15 Min. nur etwa 430 ppm übrig (ppm = parts per million). Deutung: Im beleuchteten Glas betreiben die Efeublätter Fotosynthese und entziehen dem Wasser und in der Folge der über dem Wasser stehenden Luft CO_2.

b) Wenn die Blätter im Dunkeln stehen, können sie keine Fotosynthese betreiben. Demnach werden sie der Luft im Gefäß kein CO_2 entziehen. Im Gegenteil: durch die auch bei Pflanzen immer ablaufende Zellatmung wird im Dunkeln die Kohlenstoffdioxidkonzentration zunehmen.

3.

1) keine Änderung (weder Fotosynthese noch Zellatmung laufen ab); Kontrollversuch für alle beleuchteten Gefäße

2) keine Änderung (weder Fotosynthese, noch Zellatmung laufen ab); Kontrollversuch für alle unbeleuchteten Gefäße

3) Die Sauerstoffkonzentration wird zunehmen, da Pflanzen im Licht durch die Fotosynthese mehr Sauerstoff produzieren, als sie in der Zellatmung verbrauchen. Gleichzeitig wird der CO_2-Gehalt leicht abnehmen, da dem Wasser mehr CO_2 für die Fotosynthese entzogen wird, als durch Zellatmung der Pflanze hinzukommt.

4) Der Sauerstoffgehalt des Wassers wird abnehmen und der CO_2-Gehalt ansteigen, da die Pflanzen Zellatmung betreiben und im Dunkeln keine Fotosynthese möglich ist.

5) Der Sauerstoffgehalt wird abnehmen und der CO_2-Gehalt zunehmen, da die Fische dem Wasser Sauerstoff für die Zellatmung entziehen und gleichzeitig CO_2 bilden und ins Wasser abgeben.

6) Genauso wie in 5); die Zellatmung ist unabhängig vom Licht.

7) Sauerstoff- und CO_2-Gehalt des Wassers werden etwa konstant bleiben. Der von den Pflanzen produzierte Sauerstoff wird von den Fischen veratmet, das dabei frei werdende CO_2 von den Pflanzen in der Fotosynthese umgesetzt. Bei geringer Pflanzendich-

te oder vielen Fischen werden sich die Verhältnisse verschieben, da mehr Sauerstoff verbraucht wird als durch Fotosynthese frei wird und mehr CO_2 produziert wird als durch die Fotosynthese umgesetzt wird.

8) Der Sauerstoffgehalt wird stark abnehmen und der CO_2-Gehalt stark zunehmen. Sowohl Pflanzen als auch Fische brauchen Sauerstoff zur Zellatmung und geben CO_2 an das Wasser ab; Fotosynthese kann im Dunkeln nicht stattfinden.

M Über das eigene Lernen nachdenken

–

2 Treibhauseffekt – die Biosphäre verändert sich

2.1 Kohlenstoffkreislauf

Der globale Kohlenstoffkreislauf (Überblick)	**1.** Abb. 1

Die quantitativ wichtigsten Kohlenstoffflüsse	**2.** Abb. 2 (1)

Kohlenstoffdioxid und Treibhauseffekt	**3.** Abb. 3 (2, 1)

Modellversuch zum Treibhauseffekt	**4.**

1.

Kohlenstoff ist ein Element, das in allen Lebewesen enthalten ist. Grüne Pflanzen nehmen Kohlenstoffdioxid bei der Fotosynthese (6) auf und bilden mithilfe der Lichtenergie Glucose, andere Kohlenhydrate, Fette und Proteine. Weil grüne Pflanzen organische Stoffe selbst herstellen können, nennt man sie auch Produzenten.

Wenn Pflanzen gefressen werden, gelangt kohlenstoffhaltige Substanz in den Körper von Pflanzenfressern (3) und im weiteren Verlauf der Nahrungskette auch in den Körper von Fleischfressern (4). Tiere und Menschen nehmen mit der Nahrung die kohlenstoffhaltige organische Substanz auf. Sie sind die Konsumenten unter den Lebewesen. Bei der Atmung von Menschen und Tieren (5) und von Pflanzen (5) wird Kohlenstoffdioxid freigesetzt. Abgestorbene Tiere (7) und Pflanzen (7) bilden Ablagerungen.

Die organische Substanz in Ablagerungen, zum Beispiel abgefallenen Blättern, wird von Mikroorganismen zersetzt (9). Zu den Zersetzern gehören unter anderem Bakterien. Die Zersetzer geben bei ihrer Tätigkeit Kohlenstoffdioxid ab (2).

Aus sehr alten Ablagerungen, zum Beispiel von Wäldern, sind im Laufe von vielen Millionen Jahren fossile Brennstoffe wie Kohle, Erdöl, Erdgas entstanden (8). Bei ihrer Verbrennung wird Kohlenstoffdioxid freigesetzt (1). Dieses aus fossilen Brennstoffen freigesetzte Kohlenstoffdioxid trägt zur langsamen Erwärmung der Erdatmosphäre bei.

2.

Vorgang	CO_2-Umsatz in Gigatonnen	Richtung des CO_2-Flusses
Waldzerstörung	1 - 2	Abgabe in die Luft
Verbrauch fossiler Brennstoffe (Kraftwerke)	5	Abgabe in die Luft
Speicherung durch Meereslebewesen	3	Aufnahme aus dem Wasser
Zersetzung im Boden	54 - 55	Abgabe in die Luft
Pflanzenatmung an Land	55	Abgabe in die Luft
Luft-Meer-Austausch: Atmung und chemische Prozesse	90	Abgabe in die Luft
Luft-Meer-Austausch: Fotosynthese und chemische Prozesse	93	Aufnahme aus der Luft
Fotosynthese der Landpflanzen	110	Aufnahme aus der Luft
Industrielle Prozesse	740	Abgabe in die Luft

Speicherung	Ohne CO_2-Umsatz	
Speicherung im Erdreich	1720	
Speicherung in den Ozeanen	38500	
Speicherung fossiler Brennstoffe	5000 - 10000	

3.

Natürlicher Treibhauseffekt: Gase in der Atmosphäre (z. B. CO_2) bewirken, dass von der Erde abstrahlende Wärme nicht vollständig in den Weltraum entweichen kann. Da das kurzwellige Sonnenlicht aber weiter durch die Atmosphäre dringt und die Erde erwärmt, gelangt mehr Energie in die Atmosphäre als abgegeben wird, und es kommt zur Erwärmung.

Zusätzlicher Treibhauseffekt: Bei der Verbrennung fossiler Brennstoffe gelangt Kohlenstoffdioxid in die Atmosphäre und verstärkt so den natürlichen Treibhauseffekt; es kommt zu einer zunehmenden Erwärmung der Erdatmosphäre.

4.

Individuelle Lösung, z. B.:
Versuchsaufbau:

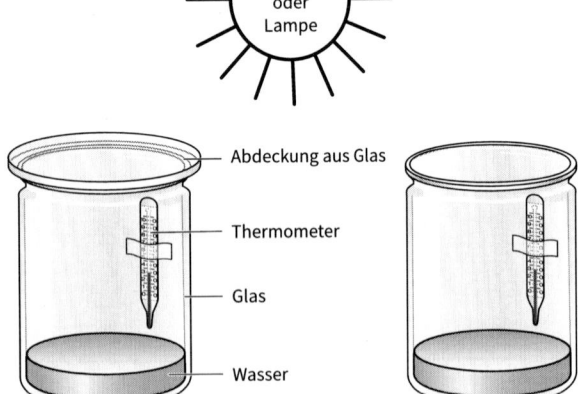

Mögliche Tabelle zum Erfassen der Versuchsergebnisse:

Zeit [min]	Lufttemperatur [°C]		Sonstige Beobachtungen
	Glas ohne Deckel	Glas mit Deckel	
0			
5			
10			
...			

Mögliche Modellkritik:

Das Modell entspricht nur in einigen Aspekten der Wirklichkeit. Die Wirklichkeit wird vereinfacht dargestellt. Nur ausgewählte Aspekte der Wirklichkeit werden modellhaft betrachtet.

Der Deckel auf dem einen Glas steht für die Bestandteile der Atmosphäre die langwellige Wärmestrahlung zur Erde zurückreflektieren. In der Wirklichkeit gibt es keinen „Deckel". Die Reflektion erfolgt durch Wolken, Wasserdampf und Gase in der ganzen Atmosphäre.

Die Lichtstrahlen werden von der Wasseroberfläche und dem Boden des Glases wie von der Erdoberfläche reflektiert. Anders als bei der Erde ist im Versuch der ganze Boden mit Wasser bedeckt.

2.2   Treibhauseffekt und Klimawandel

Modellversuch zum Treibhauseffekt	**4.**

Ursachen und Folgen des Treibhauseffektes	**1.** Abb. 2

Kohlenstoffdioxidkonzentrationen	**2.** Abb. 3, 4

Gletscher auf dem Rückzug	**3.**

1.

a) Der zusätzliche Treibhauseffekt ist der Anteil des Treibhauseffekts, der zusätzlich zum natürlichen Treibhauseffekt zur Erderwärmung beiträgt. Er ist auf die Aktivität des Menschen zurückzuführen.

b) Ursachen für den zusätzlichen Treibhauseffekt sind Veränderungen in der Zusammensetzung der Atmosphäre, sodass immer mehr Wärmestrahlung zurückgehalten wird. Besonders wirksam sind in dieser Hinsicht die Treibhausgase CO_2, CH_4, N_2O und FCKW. Verbrennungsprozesse setzten CO_2 aus fossilen Energieträgern frei (Energiegewinnung, Heizung, Verkehr). Intensive Viehwirtschaft, einige Anbaumethoden und auch die Freisetzung von Methan bei der Gewinnung von fossilen Energieträgern führen zur Anreicherung von Methan in der Atmosphäre (Rinderhaltung, Reisanbau, Erdöl- und Erdgasförderung, Kohlebergbau). Distickstoffoxid aus Verbrennungsprozessen und Landwirtschaftlicher Stickstoffdüngung kommt hinzu, ebenso wie FCKW (aus Sprühdosen, Schaum- und Dämmstoffen, Kühlgeräten, Lösungs- und Reinigungsmitteln).

c) Folgen der Erderwärmung:
- Eis an den Polen und auf Gletschern schmilzt schneller als neues gebildet wird
- Anstieg des Meeresspiegels
- Überschwemmung von Küstenregionen
- Erhöhte Verdunstungsrate -> mehr Wolken
- zusätzliche Rückhaltung der Wärme
- Wetterveränderungen - mehr extreme Wetterlagen
- mehr Stürme und Unwetter - Bodenabtrag durch Starkregen
- Ausbreitung von Dürregebieten

2.

a) In Abbildung 3 zeigt das große Diagramm die mittlere CO_2-Konzentration in der Atmosphäre über einen Zeitraum von 1000 Jahren. Das kleine Diagramm zeigt einen detaillierten Ausschnitt aus Monatsmittelwerten für die Jahre 2010 bis 2017, gemessen auf einem Berg auf Hawaii. Abbildung 4 zeigt die mittleren Temperaturen auf der Erde über einen Zeitraum von 140 Jahren.

b)

Jahr	CO_2 (ppm)	Temperatur °C
1900	305	13,8
1950	320	14,0
2000	370	14,4

c) Die CO_2-Konzentration hat sich über viele Jahrhunderte auf etwa gleichem Niveau gehalten. Erst ab 1850 begann ein deutlicher Anstieg der CO_2-Konzentration in der Atmosphäre, der seit 1950 immer steiler verläuft. Ein Zusammenhang mit der Industrialisierung liegt auf der Hand. Parallel dazu stieg in dem dargestellten Zeitraum ab 1860 auch die mittlere Temperatur, wenn auch mit großen Schwankungen. Ein Zusammenhang (mehr CO_2 -> höhere mittlere Temperaturen) ist möglich, aber mit diesen Daten allein nicht sicher zu belegen. Interessant ist das kleine Diagramm in Abbildung 3: Es zeigt, dass die CO_2-Konzentration sich mit dem Jahresgang der Nordhalbkugel verändert - im Spätherbst ist sie am niedrigsten und im späten Frühjahr am höchsten. Der jahreszeitliche CO_2-Unterschied liegt bei 6 ppm. *Hinweis:* Grund für die Zackenform ist nach wissenschaftlichen Erkenntnissen die verringerte CO_2-Aufnahme durch die Vegetation auf der Nordhalbkugel im Winter. Dies wirkt sich aus, da die weltweite Waldverteilung ihren Schwerpunkt auf der Nordhalbkugel hat. Zur Vegetationsperiode auf der Nordhalbkugel befindet sich die Erde in einem Begrünungsmaximum und demzufolge in der Optimalphase der Fotosynthese mit maximaler CO_2-Bindung. Der CO_2-Gehalt der Atmosphäre insgesamt sinkt. Während der Winterphase auf der Nordhalbkugel befindet sich die Erde in einem Begrünungsminimum mit maximaler CO_2-Freisetzung durch reduzierte Fotosynthese und verstärkte Respiration der Wälder. Demzufolge steigt die Konzentration des CO_2 in der Atmosphäre an.

3.

Die beiden Bilder zeigen einen Gletscher in den Alpen im Abstand von 72 Jahren. Der Gletscher ist in diesem Zeitraum erheblich geschrumpft. Er ist nun viel flacher und endet viel weiter oben im Tal als 1929. Auch die Eisfelder auf den Bergspitzen sind kleiner geworden, sodass mehr Felsfläche frei liegt. Die freigelegte Fläche im Tal besteht aus Geröll, das unter dem früheren Gletscher entstanden ist. Sie ist nicht sichtbar bewachsen. Im unteren Bereich fehlen heute auch die Schneefelder. All dies kommt durch höhere Durchschnittstemperaturen zustande.

Hinweis: Mit einer Internetrecherche können leicht aktuelle Bilder des Jamtalferners ergänzt werden.

4.

Erwartetes Ergebnis: Im Döschen unter dem Becherglas steigt die Temperatur schneller und höher. Das Becherglas hält die vom schwarzen Döschen wieder abgestrahlte Wärme zum Teil zurück. Im Modell übernimmt das Becherglas die Funktion der Erdatmosphäre, das Filmdöschen steht für die Erdoberfläche.

M Informationen beschaffen, gliedern und bewerten – Recherchieren

–

2.3 Energie in der Zukunft

Überblick über erneuerbare Energien	Abb. 1-4
Energiemix heute und zukünftig	**1.** Abb. 4, 5
Nutzung erneuerbarer Energien	**2., 3.** Abb. 6

1.

a) Der im Jahr 2000 prognostizierte weltweite Energiemix besteht 2017 vorwiegend aus den fossilen Energien Öl (210 EJ), Gas (170 EJ) und Kohle (100 EJ). Ergänzt werden sie durch Biomasse (80 EJ), Kernenergie (10 EJ) und Wasserkraft (10 EJ). Windkraft, Solarenergie und andere erneuerbare Energien spielen noch keine große Rolle.

b) Für das Jahr 2050 ist bei einem mehr als doppelt so hohen Energiebedarf ein Energiemix zu erwarten, der noch knapp zur Hälfte aus fossilen Energien besteht: Den größten Teil macht Erdgas aus (300 EJ), gefolgt von Solarstrom (280 EJ) und Öl (180 EJ). Weitere nennenswerte Anteile liefern Windkraft, Biomasse und Kohle. Im Jahr 2100 wird der Energiemix durch erneuerbare Energien bestimmt sein. Die Prognose zeigt, dass mehr als die Hälfte der Energie Solarstrom sein wird. Kohle und Kernenergie wird es nicht mehr geben, Öl und Gas werden deutlich weniger.

c) Gesamteinsatz: 1560 EJ; Solarstrom: 980 EJ (980/1560) • 100 => 62,8

Im Jahr 2100 wird laut der Prognose der Anteil des Solarstroms am Energiemix etwa 62,8 % betragen.

d)

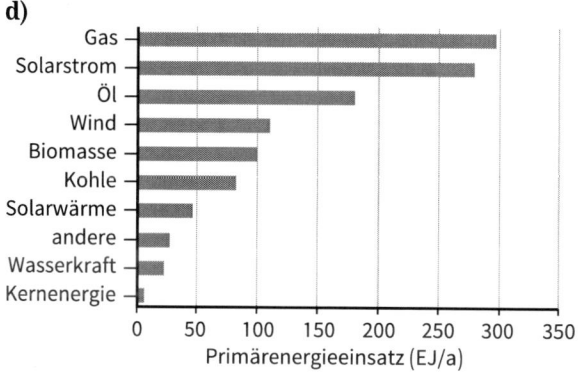

Primärenergieeinsatz (EJ/a)

2.

a)

Anteil erneuerbarer Energie in Prozent

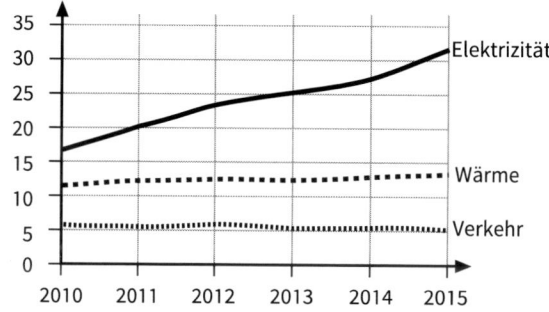

b) Im Bereich Elektrizität ist der Anteil erneuerbarer Energien von 2010 bis 2015 stark gestiegen. Er hat sich von 17 % auf 31,5 % fast verdoppelt.

Bei der Wärmeproduktion ist der Anteil erneuerbarer Energien von 2010 bis 2015 von 11,5 % auf 13,3 % nur geringfügig gestiegen.

Im Bereich Verkehr ist der Anteil erneuerbarer Energien von 2010 bis 2015 von 5,8 % auf 5,3 % zurückgegangen.

Der Anteil erneuerbarer Energien ist bei der Elektrizität mit 31,5 % am höchsten. Bei der Wärmeproduktion und beim Verkehr ist er mit 13,3 % bzw. 5,3 % erheblich geringer.

c) Individuelle Antwort, z. B.:

Es ist immer noch billiger, Energie aus fossilen Rohstoffen bereitzustellen.

Der Anteil erneuerbarer Energien im Verkehr ist noch gering, weil bisher wenig Elektroautos entwickelt wurden und diese noch teuer sind. Biodiesel und Bioethanol werden nicht häufig genutzt. Für die Wärmeproduktion wird v. a. Biogas aus Biomasse genutzt. Erdgas für Gasheizungen ist aber noch günstig. In beiden Bereichen, Verkehr und Wärmproduktion, waren die finanziellen Anreize des Staates bisher nicht hoch genug.

Für die Stromerzeugung aus erneuerbaren Quellen werden v. a. Windkraft, Wasserkraft und Solarenergie genutzt. Die Techniken sind ausgereift und weit verbreitet. Der erzeugte Strom lässt sich gut in das Stromnetz einspeisen. Die Entwicklung wurde vom Staat durch finanzielle Anreize stark gefördert.

3.

Photovoltaik hat gute Zukunftsaussichten, bei Wasserkraft bestehen dagegen kaum noch Entwicklungsmöglichkeiten. Forschungsgelder sind deshalb bei der Photovoltaik sinnvoller investiert. Je schneller die Technik hier entwickelt wird, umso eher kann das riesige Energiepotenzial richtig genutzt werden.

2.4 Nachhaltige Entwicklung

Die Heidelandschaft um 1850 – eine Umweltkatastrophe	Abb. 1
Nachhaltige Entwicklung – drei Säulen der Nachhaltigkeit	Grundwissen
Kurzreferat: CARLOWITZ und die „nachhaltende" Nutzung des Waldes	**1.** Abb. 2
Mehr „nehmen als nachwachsen kann"	**2.**

1.
Individuelle Lösung.

2.
Individuelle Lösung, z. B. Erläuterungen zu folgenden Themen:
– Nutzung fossiler Energieträger (Kohle, Erdöl, Erdgas)
– Wasserqualität
– globale Ernährungsproblematik
– Überfischung der Meere
– Regenwaldproblematik
– ...

M Mathematische Verfahren verdeutlichen ökologische Zusammenhänge

1.
Die Aussage „.... als hätten wir vier Erden" ist eine Anspielung auf den enormen Verbrauch an Ressourcen (Naturmasse, Platz, Energieträgern), der durch unsere Lebensweise entsteht. Unser „ökologischer Fußabdruck" nimmt aufgrund unseres hohen Energie- und Materialbedarfs eine unverhältnismäßig große Fläche ein, wir verhalten uns also so, als seien Platz und Ressourcen unserer Lebensgrundlage, der Erde, unbegrenzt, oder „vierfach" vorhanden.

2.
Der Faktor für den Ökologischen Rucksack je kg Material wird aus Abb. 3 entnommen.
Holzstuhl: 5 kg Masse multipliziert mit 5,5 ergibt 27,5 kg, d. h. 1,375 kg/Jahr bei einer „Lebensdauer" von 20 Jahren.
Stahlstuhl: 7 kg Masse multipliziert mit 8,1 ergibt 56,7 kg, d. h. 2,835 kg/Jahr bei einer „Lebensdauer" von 20 Jahren.
Aluminiumstuhl: 4 kg Masse multipliziert mit 19,0 ergibt 76 kg, d. h. 7,6 kg/Jahr bei einer Lebensdauer von 10 Jahren.

Plastikstuhl: 5 kg Masse multipliziert mit 2,5 ergibt 27,5 kg, d. h. 1,375 kg/Jahr bei einer Lebensdauer von 20 Jahren.
Die Lebensdauer der vier Stühle muss in die Bewertung einbezogen werden, wenn davon ausgegangen wird, dass ein defekter, unbrauchbarer Stuhl durch einen neuen ersetzt wird. Die Betrachtung des ökologischen Rucksacks der Stühle unter Berücksichtigung ihrer Lebensdauer zeigt, dass Holz- und Plastikstuhl den geringsten Bedarf an Naturmasse mit sich bringen. Für Herstellung, Transport etc. des Stahlstuhls braucht man gut doppelt so viel Naturmasse und für den Aluminiumstuhl mehr als fünfmal so viel wie für einen Holz- oder Plastikstuhl.

3.
In Indien wird sehr viel weniger Fleisch gegessen, das bedeutet weniger Flächenverbrauch für die Futtermittelproduktion. Pflanzliche Nahrung bringt einen sehr viel kleineren ökologischen Fußabdruck mit sich. Die Wohnungen und Häuser sind in Indien meist sehr viel einfacher, kleiner und weniger materialaufwendig und auch ihr Betrieb (Heizung etc.)

benötigt aufgrund der wärmeren Temperaturen weniger Energie. Auch der Gebrauch von Möbeln und Holzprodukten, Kleidung, Papier und Verpackungen ist in Indien aufgrund weit verbreiteter Armut im Durchschnitt sehr viel geringer als in Deutschland. Dies alles bewirkt, dass der ökologische Fußabdruck eines Inders im Durchschnitt so viel kleiner ist als der eines Deutschen.

4.

Dargestellt sind für die Jahre 1961 und 2005 der Pro-Kopf-Fußabdruck nach Regionen und die Bevölkerung in Millionen je Region. Nordamerika hat in beiden Fällen den höchsten Pro-Kopf-Fußabdruck. Er ist dort von 1961 bis 2005 von 5,5 auf 9 ha/Person gestiegen. Auch in Europa EU ist er deutlich gestiegen. Gesunken ist er nur ein wenig in den Regionen Lateinamerika/Karibik, Mittlerer Osten/Zentralasien und in Afrika. Die Bevölkerung ist in allen Regionen angestiegen, besonders stark aber in den Regionen Ostasien/Pazifik und Afrika.

Multipliziert man die aus der Grafik abgelesenen Pro-Kopf-Werte mit der Bevölkerungszahl, so wird deutlich, dass in fast allen Regionen 2005 mehr Fläche für das Leben der Menschen „verbraucht" wird:

	1961			2005		
	Pro-Kopf-Fußabdruck in Hektar pro/ Person	Bevölkerung in Mio.	Summe aller Fußabdrücke der Region	Pro-Kopf-Fußabdruck in Hektar pro/ Person	Bevölkerung in Mio.	Summe aller Fußabdrücke der Region
Nordamerika	5,5	207	1138,5	9	330	2970
Europa EU	5	392	1960	4,7	487	2288,9
Europa Nicht-EU	5,7	202	1151,4	3,5	240	840
Lateinamerika und Karibik	4,7	220	1034	2,5	553	1382,5
Mittlerer Osten und Zentralasien	4,6	140	644	2,4	366	878,4
Ostasien und Pazifik	1,4	1623	2272,2	1,6	3562	5699,2
Afrika	1,9	287	545,3	1,5	902	1353
Alle Regionen			8745,4			15412

2.5   Ökobilanzen von Lebensmitteln

1.

a) Die CO_2-Äquivalente zeigen, dass bei konventionellen landwirtschaftlichen Produktionsmethoden die CO_2-Emissionen etwas höher sind als bei ökologischen Verfahren. Der Unterschied liegt durchschnittlich bei etwa 10 %. Das deutet darauf hin, dass die Klimabelastungen bei ökologischen Verfahren etwas geringer sind.

b) Die CO_2-Äquivalente sind bei Fleisch und anderen tierischen Produkten wie Sahne, Butter, Milch, Joghurt, Käse, Quark und Eiern deutlich höher als bei pflanzlichen Produkten mit Ausnahme der Tiefkühl-Pommes-frites. Sie betragen teilweise ein Vielfaches der Werte für die Produktion pflanzlicher Produkte.

c) Frischware hat ausnahmslos eine günstigere CO_2-Bilanz als die entsprechende Tiefkühlware oder Konserven. Stärker verarbeitete Lebensmittel haben eine ungünstigere CO_2-Bilanz. Das zeigt z. B. der Vergleich von Milch mit Butter, Käse und Sahne.

2.

Aus Abb. 1 ist zu entnehmen, dass der Ressourcenverbrauch (Landfläche, Wasser, Nahrung) bei der Produktion von Rindfleisch sehr hoch ist. Abb. 3 zeigt, dass die Schweinefleischproduktion zu einem größeren ökologischen Rucksack führt als die Produktion von Pflanzen. Der Wasserverbrauch ist bei der Fleischproduktion ebenfalls höher als bei der Pflanzenproduktion (Abb. 4). Zusammenfassend kann man feststellen, dass für die Fleischproduktion im Vergleich zu pflanzlichen Nahrungsmitteln ein deutlich erhöhter Ressourcenverbrauch und deutlich höhere ökologische Belastungen zu Buche schlagen. Diese ungünstige Bilanz wird auch durch Abb. 2 bestätigt, der jeweils höhere Kohlenstoffdioxidemissionen für tierische Produkte zu entnehmen sind.

3.

- Vermehrt pflanzliche Nahrungsmittel und weniger Fleisch essen: Die Umweltbelastungen sind bei der Produktion von pflanzlichen Nahrungsmitteln deutlich geringer als bei der Fleischproduktion.
- Regionale Produkte bevorzugen: Dadurch entfallen Emissionen beim Transport der Nahrungsmittel.
- Saisonale Produkte bevorzugen: Dadurch entfallen Umweltbelastungen durch Kühlen oder Konservieren der Nahrungsmittel.

4.

Individuelle Lösung, z.B.:
Möglichkeiten zur Minderung der Freisetzung von Treibhausgasen könnten z.B. sein:
- Konsum einschränken, Materialien länger nutzen
- Ernährung auf mehr pflanzliche, regionale und saisonale Produkte umstellen
- Bahnfahrten gegenüber Flügen bevorzugen, z.B. bei Inlandsflügen
- Pkw häufiger stehen lassen und öffentliche Verkehrsmittel nutzen, Fahrgemeinschaften bilden
- Moderat heizen, Heizen auf weniger Räume beschränken
- Strom: Geräte nach Nutzung ausschalten, nicht unnötig laufen lassen

5.

Individuelle Lösung und Gestaltung des Posters
Es bietet sich an, Lebensmittel zu wählen, für die möglichst viele Daten auf dieser Buchdoppelseite verfügbar sind, z.B. Kartoffeln, Schweinefleisch. Restliche Daten müssen recherchiert werden.

2.6 Bevölkerungsentwicklung und Nachhaltigkeit

Globale Bevölkerungsentwicklung – Rückblick und Prognose	**1.** Abb. 1
Nachhaltige Entwicklung (Drei-Säulen-Modell)	Grundwissen
Gesundheit als Säule der Nachhaltigkeit	Grundwissen
Todesursachen weltweit	**2.** Abb. 2

1.

Unten und rechts: Dargestellt ist die Bevölkerungsentwicklung von 6000 v. Chr. bis zum Jahr 2000. Über sieben Jahrtausende hat sich die Bevölkerungszahl der Erde von 0,25 auf 0,5 Mrd. lediglich verdoppelt. Seit ca. 1750 ist ein drastischer Anstieg der Bevölkerungsdichte zu sehen. 2000 waren es bereits 6000 Milliarden Menschen.
Diagramms links oben: Dargestellt ist die Bevölkerungszahl (Mrd.) von 2000 bis 2050 in drei Kurven (niedrige, mittlere und hohe Entwicklungsprognose). Ein Säulendiagramm zeigt die durchschnittliche Wachstumsrate der Weltbevölkerung in %.
Die drei Kurven verlaufen von ca. 6 Milliarden im Jahr 2000 bis zu einem Wert von etwa 7 Milliarden bis zum Jahr 2015 deckungsgleich, denn hier gibt

es bereits genaue Zahlen. Danach beginnt der Zeitraum für den die Prognosen gemacht werden. Die Kurve der niedrigen Entwicklungsprognose steigt bis etwa 2040 gleichmäßig und bleibt bis 2050 bei einem Wert von 7,96 Milliarden Menschen. Bei der mittleren Entwicklungsprognose steigt die Kurve fast gleichmäßig bis auf einen Wert von 9,15 Milliarden Menschen 2050. Die Kurve der hohen Entwicklungsprognose erreicht bereits ab etwa 2020 kontinuierlich höhere Werte, bis 2050 die Bevölkerungszahl von 10,46 Milliarden Menschen erreicht wird. Im Gegensatz zu den beiden anderen Prognosen verlangsamt sich das Bevölkerungswachstum ab dann nicht, es wird weiter ansteigen.

Mögliche Gründe für den Anstieg der Bevölkerung im letzten Jahrhundert:
– medizinischer Fortschritt
– geringere Kindersterblichkeit
– mehr Menschen erreichen das fortpflanzungsfähige Alter → mehr Kinder
– mehr Nahrung durch Ackerbau, Viehzucht und Fischerei → weltweiter Handel
– Erschließung neuer Lebensgebiete
– Bevölkerungswachstum nicht linear sondern exponentiell

2.

In der Grafik sind die weltweiten Todesfälle im Jahr 2010 mit 52,77 Millionen Menschen, aufgeschlüsselt nach 20 unterschiedlichen Todesursachen genannt. Diese Zahlen werden mit den jeweiligen Todesfällen im Jahr 1992 als Zu- oder Abnahme mit Prozentangaben verglichen.

Die weltweiten Todesursachen sind grafisch strahlenförmig um einen zentralen Kreis mit der Angabe der Summe aller Todesursachen angeordnet. Unterschiedlich große Kreise und unterschiedliche Entfernungen vom zentralen Kreis symbolisieren die unterschiedlichen Häufigkeiten der einzelnen Todesursachen.

Angaben aus der Grafik, sortiert nach der Veränderung (Zunahme/Abnahme) in Prozent:

Todesursache	Summe 2010 in Mio.	Veränderung von 1992 bis 2010
Naturkatastrophen, Krieg	0,21	+125,2%
Muskel-/Skeletterkrankungen	0,15	+121,0%
Neurologische Störungen	1,27	+114,3%
Diabetes, Harnwegs-/Hormonerkrankungen	2,73	+ 76,5%
Psychische Erkrankungen	0,23	+ 68,0%
Aids und Tuberkulose	2,66	+ 50,3%
Verkehrsunfälle	1,33	+ 46,3%
Krebs	7,98	+ 38,0%
Tötungen/Selbsttötungen	1,34	+ 32,9%
Leberzirrhose	1,03	+ 32,5%
Herz-Kreislauf-Erkrankungen	15,62	+ 31,2%
Krankheiten des Verdauungssystems (außer Zirrhose)	1,11	+ 14,2%
Tropenkrankheiten und Malaria	1,32	+ 9,2%
Andere Infektionen von Mutter und Neugeborenem	0,72	+ 4,6%
Unfälle ohne Verkehrsunfälle	2,12	+ 4,6%
Chronische Atemwegserkrankungen	3,78	– 5,3%
Neugeborenenerkrankungen	2,23	– 27,4%
Schwangerschaftskomplikationen	0,25	– 29,0%
Unterernährung	0,68	– 30,0%
Durchfall-/Atemwegserkrankungen, Meningitis und andere verbreitete Infektionskrankheiten	5,28	– 32,1%

3 Den Fossilien auf der Spur

3.1 Die Geschichte des Lebens auf der Erde

Entwicklung eines Gefühls für verschiedene Zeiträume	**2.** Abb. 3
Stationen der Entwicklung des Lebens auf der Erde	**1., 5.** Abb. 1, 2
Auch der Planet Erde verändert sich	**3.** Abb. 4
Blick in die Zukunft	**4.**

1.

a) Zeitleiste: 28,5 cm

Kambrium: Dauer 60 Mio. Jahre = 30 mm = 3 cm
Ordovizium: Dauer 75 Mio. Jahre = 37,5 mm ≈ 3,8 cm
Silur: Dauer 25 Mio. Jahre = 12,5 mm ≈ 1,2 cm
Devon: Dauer 55 Mio. Jahre = 27,5 mm ≈ 2,8 cm
Karbon: Dauer 65 Mio. Jahre = 32,5 mm ≈ 3,2 cm
Perm: Dauer 40 Mio. Jahre = 20 mm = 2 cm
Trias: Dauer 45 Mio. Jahre = 22,5 mm ≈ 2,2 cm
Jura: Dauer 70 Mio. Jahre = 35 mm = 3,5 cm
Kreide: Dauer 70 Mio. Jahre = 35 mm = 3,5 cm
Tertiär: Dauer 63,4 Mio. Jahre = 31,7 mm ≈ 3,2 cm
Quartär: Dauer 1,6 Mio. Jahre = 0,8 mm ≈ 0,1 cm

b)
Erste Wirbeltiere im Meer: vor 570–510 Mio. Jahren im Kambrium, d. h. bei etwa 25–28 cm vom Ende des Quartärs gemessen.
Erste Pflanzen und Tiere auf dem Festland: vor 410 Mio. Jahren, gegen Ende des Silurs, d. h. bei 20,5 cm vom Ende des Quartärs gemessen.
Steinkohlewälder: vor 355–290 Mio. Jahren im Karbon, d. h. bei 17,8–14,5 cm vom Ende des Quartärs gemessen.
Erste Säugetiere: vor 200 Mio. Jahren im Jura, d. h. bei 10 cm vom Ende des Quartärs gemessen.

Erste Blütenpflanzen: vor 135 Mio. Jahren in der Kreide, d. h. bei etwa 6,7 cm vom Ende des Quartärs gemessen.
Aussterben der Dinosaurier: vor 65 Mio. Jahren in der Kreide, d. h. bei ca. 3,3 cm vom Ende des Quartärs gemessen.
Erste Menschen: vor ca. 3 Mio. Jahren im Quartär, d. h. bei 1,5 mm vom Ende des Quartärs gemessen.
c) Das Präkambrium begann vor 4,8 Milliarden Jahren, d. h. 4800 Mio. Jahre entsprechen 2400 mm = 240 cm = 2,4 m.
d) Individuelle Lösung.

2.

4,8 Mrd. Jahre – Alter der Erde
2 Mio. Jahre – so lange gibt es den Menschen
500 Mio. Jahre – so lange gibt es Wirbeltiere
1300 Jahre – Höchstalter einer Eiche
3,8 Mrd. Jahre – Alter des Lebens auf der Erde
1 Jahr – Dauer eines Erdumlaufs um die Sonne
1 Tag – Dauer einer Erdumdrehung
1 Sekunde – so lange braucht das Licht für 300 000 km
100 Jahre – Höchstalter eines Wals
Hinweis: Die Angabe von 2 Mio. Jahren bezieht sich auf die Frühmenschen (*Homo habilis* und *erectus*), die sich aus den Vormenschen (*Australopithecinen*) entwickelt haben.

3.

Vor 250 Millionen Jahren bildeten die heutigen Kontinente zwei riesige zusammenhängende Kontinente: Laurasia (Nordamerika und Eurasien) nördlich des Äquators und südlich des Äquators Gondwana (Südamerika, Afrika, Asien, Australien, Antarktis). China und Indien waren vorgelagerte Inseln. Beide Riesenkontinente lagen eng beieinander, die restliche Erdoberfläche war von Wasser bedeckt. Heute liegt die Landmasse hauptsächlich auf der Nordhalbkugel. Nordamerika und Südamerika hängen nur locker zusammen. Europa, Asien, Indien, Arabien und Afrika bilden eine zusammenhängende Landmasse, die Antarktis liegt isoliert am Südpol.

4.

Eine weitere Veränderung bei den Lebewesen ist wahrscheinlich, da die Bedingungen auf der Erde sich im Laufe der Zeiträume ändern. *Mögliche Diskussionsstichworte:* Veränderte Umweltbedingungen: Klimaänderung, Schmelzen der Pole; Vulkanausbrüche verändern Landschaft und Atmosphäre; Aussterben von Arten durch den Einfluss des Menschen, Entstehung neuer Tierarten.

5.

Die Stammesgeschichte beschreibt, wie die heute vorkommenden Lebewesen aus anderen Lebensformen hervorgegangen sind. Unter der Stammesgeschichte versteht man daher die Entwicklungsgeschichte der Lebewesen im Laufe der Erdgeschichte. Das Leben auf der Erde hat sich ausgehend von den ersten Lebewesen, die vor 3,8 Milliarden Jahren auftraten, entwickelt. Die heute lebenden Arten stammen jeweils von Arten ab, die vor längerer Zeit gelebt haben. Wenn man diese Abstammungslinien immer weiter zurückverfolgt, gelangt man zu den ersten Lebewesen, die die Erde bevölkerten. Deshalb kann man sagen, dass jeder heute lebende Organismus eine sehr lange Stammesgeschichte hat.

3.2 Fossilien als Belege der Evolution

Es gibt unterschiedliche Fossilien – Vom lebenden Tier zum Fossil	**1.** Abb. 1, 3

Modellversuch zur Entstehung von Fossilien	Experiment Abb. 3

Fossilien geben Auskunft über das Leben in der Vergangenheit	**2., 3.** Abb. 1, 2, 4

Experiment:

Modellversuch	Entstehung von Fossilien
Gipsbrei unter dem Knochen	Schlamm am Seegrund
Hühnerknochen	erhalten gebliebenes Skelett
Nachgießen von Gips	Ablagerungen am Seegrund, die das Skelett überdecken
Hartwerden des Gipses	Zusammenpressen der Ablagerungen zu Gestein
Trennen des Gipsblocks	Ausgraben des Fossils
freigelegter Hühnerknochen	freigelegtes Fossil

1.

d: Lebendiges Tier in der Vorzeit

b: Totes, verwesendes Tier am Seegrund

e: Von dünner Ablagerungsschicht bedecktes Skelett

a: Versteinertes Skelett (Fossil) im Gestein eingebettet

c: Aus der Gesteinsschicht ausgegrabenes Fossil

2.

Individuelle Lösungen. Beispielfragen: Wie alt ist das Fossil? Wie bestimmt man das Alter des Fossils? Wie ist das Fossil entstanden? Welchem heute lebenden Tier war es ähnlich? Wo hat das Tier gelebt? Was kann man über die Lebensweise des Tieres sagen? In welchem Lebensraum hat es gelebt? Wie rekonstruiert man Aussehen und Lebensweise aus einem Fossil?

3.

Aussagen über die Nahrung fossiler Tiere lassen sich treffen durch Rückschlüsse aus dem versteinerten Skelett (z. B. Gebiss), den Zähnen oder durch eine genaue Untersuchung des versteinerten Mageninhaltes. Aussagen über das Verhalten fossiler Tiere werden ermöglicht durch Rückschlüsse aus dem Körperbau (z. B. Sprungbeine, Laufbeine) und durch Kenntnis der Nahrung. Können die Umweltbedingungen rekonstruiert werden, die zu Lebzeiten des Fossils herrschten, z. B. welche Pflanzen und Tiere verbreitet waren, welche Temperaturen herrschten oder, ob der Lebensraum trocken oder sumpfig war, dann können auch diese Kenntnisse Hinweise auf Nahrung und Lebensweise geben.

3.3 Vom Wasser zum Land

| Das Devon - Erdzeitalter des Übergangs vom Wasser zum Land | **1.**
Abb. 1, 2 |

| Cheirolepis, Dipterus, Ichthyostega: Angepasstheiten an verschiedene Lebensräume | **2.**
Abb. 3, 4 |

| Entwicklung der Gliedmaßen beim Übergang vorm Wasser zum Land | **3.**
Abb. 2 |

1.

a) Tiktaalik lebte im Flachwasser, dem Übergangsbereich vom Wasser zum Land, und zeigte neben Fischmerkmalen auch einige Merkmale, die Angepasstheiten für ein Leben an Land darstellen.

Mit seinem länglichen, mit Schuppen bedeckten Körper und dem Schwanz, der noch mit einem schmalen Flossensaum umgeben war, weist er Merkmale der damals lebenden Lungenfische auf. Allerdings war sein Körper abgeflacht und es fehlten bereits die unpaarigen Rückenflossen und die Afterflosse. Sie waren im Flachwasser wohl eher störend. Dagegen hatten sich die Brust- und Bauchflossen verstärkt. Bei Tiktaalik ist in der Brustflosse bereits die Grundstruktur einer Vorderextremität zu erkennen, wie man sie von landlebenden Amphibien kennt: ein starker Oberarmknochen mit nebeneinander liegender Elle und Speiche bilden ein Ellenbogengelenk, dazu liegen einige Handwurzel- und Fingerknochen vor. Er weist allerdings keine eindeutigen Finger auf, sondern fischartige Flossenstrahlen. Zudem hatte er bereits einen Schultergürtel. Ellenbogengelenk und Schultergürtel machten es ihm möglich, sich auf den Brustflossen aufzustellen und zu laufen. Dies ist eine Angepasstheit an den Flachwasser-Lebensraum, so konnte sich Tiktaalik bei geringer Wassertiefe auch über den Boden laufend fortbewegen.

Tiktaalik besaß im Gegensatz zu Fischen eine verstärkte Wirbelsäule mit Rippen. Da an Land die Schwerkraft größer als im Wasser ist, waren die verstärkten Brustflossen und die Wirbelsäule mit Rippen bei einem Landgang von Vorteil. Neben Kiemen besaß Tiktaalik eine Lunge und konnte daher den Sauerstoff der Luft nutzen. Hilfreich für die Lungenatmung waren die vorhandenen Rippen.

Eine weitere Angepasstheit an den Übergang vom Wasser zum Land ist, das Tiktaalik im Gegensatz zu Fischen den Kopf drehen konnte. Da der Körper auf den vier Füßen am Boden starr steht, war es von Vorteil, wenn er seinen Kopf bewegen konnte, um seine Umgebung zu überblicken, z. B. um Gefahren zu erkennen oder Beute aufzuspüren.

b) In der Uratmosphäre befand sich viel Kohlenstoffdioxid, das die Pflanzen nutzen konnten. Die Pflanzen wiederum setzten Sauerstoff frei, den die Tiere zum Leben nutzen konnten. Außerdem dienten die Pflanzen als Nahrung für die Pflanzenfresser und diese waren die Nahrungsgrundlage der Fleischfresser.

2.

	Cheirolepis	Dipterus (Lungenfisch)	Ichthyostega
Lebensraum	im Freiwasser	flacher Uferbereich Übergangszone zwischen Wasser und Land	Wasser und Land
Atmung	Kiemen	Kiemen und Lungen	Lungen
Gliedmaßen	Flossen	Flossen in Form von Stummelbeinen mit kräftigen Muskeln	vier Beine sowie ein Flossenschwanz
Fortbewegung	Schwimmen und Schweben (Schwimmblase) im Wasser	Schwimmen und schwerfällige Fortbewegung an Land	Laufen und schwerfälliges Schwimmen

3.

Eusthenopteron: Die Brustflosse zeigt noch deutliche Struktur von Flossen, die für Fische typisch sind. Doch ist in der Brustflosse bereits die Grundstruktur einer Vorderextremität zu erkennen, wie man sie von landlebenden Amphibien kennt: rudimentärer Oberarmknochen, rudimentärer Unterarmknochen, rudimentäre Handwurzelknochen. Fingerknochen fehlen noch.

Tiktaalik: Hier wird die Grundstruktur der Extremitäten von landlebenden Amphibien noch deutlicher: Tiktaalik besitzt einen starker Oberarmknochen. Die nebeneinander liegende Elle und Speiche bilden die Urform eines Unterarms, dazu liegen einige Handwurzel- und Fingerknochen vor. Er weist allerdings keine eindeutigen Finger auf, sondern besitzt noch fischartige Flossenstrahlen.

Ichthyostega: Hier lassen die Extremitäten den typischen Bau der landlebenden Amphibien bereits deutlich erkennen: Der Oberarm ist jetzt deutlich ausgebildet, ebenso Elle und Speiche. Es liegen ausgebildete Handwurzel- und Fingerknochen vor. Weiterhin sind fünf eindeutige Finger ausgebildet. Flossenstrahlen fehlen.

Basiskonzept „Struktur und Funktion": Mit einem länglichen Körper mit vier ausgebildeten Extremitäten ist es möglich, sich in sehr flachem Wasser oder an Land fortzubewegen. Im Wasser schwimmt der Körper. An Land müssen die Extremitäten jedoch in der Lage sein, das Körpergewicht zu tragen. Deshalb sind hier verstärkte Knochen nützlich. Die Verbindung der Extremitäten mit der Wirbelsäule macht das Skelett zusätzlich stabil.

Basiskonzept „Vielfalt und Angepasstheit": Man kann aus der Anatomie der Brustflossen schließen, dass sie ähnlich gebeugt und gestreckt werden konnten wie die Gliedmaßen der Landwirbeltiere. Damit war beim Übergang vom Wasser zum Land wahrscheinlich ein Kriechen auf dem Grund des Gewässers möglich, vermutlich auch ein Sich-Hochstemmen im Uferbereich und möglicherweise auch kurze Landgänge. Tiktaalik besaß ein Merkmalsmosaik, das gut in einen Übergangsbereich zwischen Fischen und Vierbeinern passt.

Zudem hatte Tiktaalik bereits einen Schultergürtel. Ellenbogengelenk und Schultergürtel machten es ihm möglich, sich auf den Brustflossen aufzustellen und zu laufen. Dies ist eine Angepasstheit an den Flachwasser-Lebensraum, so konnte sich Tiktaalik bei geringer Wassertiefe auch über den Boden laufend fortbewegen.

Tiktaalik besaß im Gegensatz zu Fischen eine verstärkte Wirbelsäule mit Rippen. Da an Land die Schwerkraft größer als im Wasser ist, waren die verstärkten Brustflossen und die Wirbelsäule mit Rippen bei einem Landgang von Vorteil.

Eine weitere Angepasstheit an den Übergang vom Wasser zum Land ist, dass Tiktaalik im Gegensatz zu Fischen den Kopf drehen konnte. Da der Körper auf den vier Füßen am Boden starr steht, war es von Vorteil, wenn er seinen Kopf bewegen konnte, um seine Umgebung zu überblicken, z. B. um Gefahren zu erkennen oder Beute aufzuspüren.

3.4 Das Zeitalter der Reptilien

Erdzeitalter der Dinosaurier: vor 250 bis 65 Mio. Jahren - Trias, Jura, Kreide	Grundwissen, vorherige Kapitel
Merkmale von Dinosauriern	**1.** Abb. 1
Bestimmen von Sauriern	**3.** Abb. 1, Tab.
Einige Steckbriefe zu Dinosauriern	**2.** Abb. 1, 2

1.

Dinosaurier lebten auf dem Festland. Ihre vier Beine befanden sich senkrecht unter dem Körper, sie standen nicht zur Seite ab wie bei den meisten heutigen Reptilien. Diese Beinstellung ermöglichte es, die bei einigen Arten enorme Masse zu tragen. Wie alle Reptilien besaßen sie eine Lunge. Dinosaurier legten Eier.

2.

1: rechts mitte (rechts oben)
2: rechts oben (Brontosaurus)
3: unten mitte (Stegosaurus)
4: links (Pteranodon)

3.

fliegende Saurier, links: Pteranodon
fliegende Saurier, oben: Rhamphorhynchus
auf zwei Beinen laufend, Bildmitte: Anatosaurus
unten links (mit Kopfschild): Triceratops
unten mitte: Stegosaurus
rechts oben: Brontosaurus
rechts mitte: Tyrannosaurus
rechts unten: Ankylosaurus

Hinweis: der im Wasser lebende Saurier, (links) kommt im Bestimmungsschlüssel nicht vor. Es handelt sich vermutlich um einen Plesiosaurier.

3.5 Archaeopteryx – ein Brückentier

Ein Fossil gibt Hinweise	Grundwissen Abb. 1
Einordnung des Fossils durch Skelettvergleich	**2.** Abb. 3
Aussehen und Lebensweise von Archaeopteryx	**3.** Abb. 2, 4

1.

In der Abbildung vom Fossilfund des Archaeopteryx ist ein bräunlicher flacher Stein zu sehen, der Reste von aufliegenden, dünnen Gesteinsschichten aufweist. In der unteren, sichtbaren Gesteinsschicht liegt das freigestellte Skelett des Archaeopteryx, das aus versteinerten Knochen besteht. Das Skelett scheint nahezu vollständig zu sein. Die Lage der einzelnen Knochen zueinander entspricht in etwa den Positionen, die sie im lebenden Tier eingenommen haben. Allerdings liegt das komplette Skelett hier flachgedrückt innerhalb einer Gesteinsschicht vor. Deutlich erkennt man den Schädel, die Wirbelsäule mit den Rippen, das Becken, die Vorder- und Hinterextremitäten mit den Krallen an Fingern und

Zehen. Der Kiefer ist schnabelförmig zugespitzt. Die Vorderextremitäten sind durch die drei langen Fingerknochen, von denen je zwei gut sichtbar sind, flügelartig ausgebildet. Auch Oberarmknochen, Elle und Speiche sind gut zu erkennen. Von den Hinterextremitäten sind Ober- und Unterschenkelknochen sowie die Fußknochen mit je einer nach hinten stehenden Zehe vorhanden.

Entlang der Armknochen und entlang der langen Schwanzwirbelsäule erkennt man deutlich Federn. Allerdings sind nicht die Federn selbst zu sehen, sondern die Abdrücke ihrer Fahnen und zum Teil ihrer Schäfte im Gestein. Große Federn, ähnlich wie Schwungfedern, befinden sich an den Armen, etwas kleinere Federn entlang des Schwanzes.

2.

Merkmal	Zwergdinosaurier	Archaeopteryx	Haushuhn
Kiefer	mit Zähnen	mit Zähnen	ohne Zähne
Finger	Finger mit Krallen	Finger mit Krallen	Finger ohne Krallen
Gabelbein	kein Gabelbein	kleines Gabelbein	Gabelbein
Brustkorb	Bauchrippen	Bauchrippen	Brustbein
Becken	Saurierbecken	Saurierbecken	Vogelbecken
Schwanzwirbelsäule	lang	lang	verkürzt
Federn	nicht vorhanden	vorhanden	vorhanden

3.

Rekonstruktion in Abb. 2: Der grün-braun gefiederte Archaeopteryx klettert mithilfe der Krallen an Fingern und Zehen an einem Baumstamm hoch, stößt sich von da ab und nutzt seine Flügel zum Gleitflug. Beim Herabgleiten fängt er mit dem Maul Insekten. Archaeopteryx lebte demnach in Landschaften mit hohen Bäumen und ernährte sich von Fluginsekten. Mit seinen Krallen an Fingern und Zehen konnte er, ähnlich einem Eichhörnchen, an den Baumstämmen hoch klettern. Seine Flügel mit den großen Schwungfedern ermöglichten ihm das Gleiten in der Luft, wenn er sich aus der Höhe von einem Baume abstieß. Beim Gleitflug fing er mit seinem Maul Insekten aus der Luft, der lange Schwanz mit den Federn diente der Steuerung. Beim Gleiten von Baum zu Baum konnte er sich mit seinen Krallen bei der Landung am nächsten Baumstamm gut festhalten. Mit seinem grün-braunen Gefieder war er in den Bäumen gut getarnt. Möglicherweise verlebte er sein ganzes Leben im Baum, hatte dort sein Nest, indem er seine Jungen mit seinen Federn wärmte, und kam nur selten auf den Boden. Gegen Angreifer konnte er sich mit seinen spitzen Zähnen und seinen Krallen zur Wehr setzen.

Rekonstruktion in Abb. 4: Der grün-braun gefiederte Archaeopteryx läuft und hüpft am Boden. Dabei fängt er mit seinen Flügeln nach Insekten in der Luft, indem er die ausgebreiteten Flügel vor sich zusammenklappt.
Archaeopteryx lebte demnach am Boden in eher offenen Landschaften und ernährte sich von Insekten. Mit seinen kräftigen Hinterbeinen konnte er gut laufen, die Krallen an den Zehen gaben ihm Halt am Boden, der lange Schwanz mit den Schwanzfedern Stabilität. Seine Flügel waren zum Fliegen ungeeignet, er nutzte sie zum Nahrungserwerb. Fluginsekten fing er im Laufen zwischen seinen Flügelflächen ein, indem er die ausgebreiteten Flügel vor sich zusammenklappte. Mit den Krallen an den Fingern konnte er die Beute dann ergreifen. Beim hüpfenden Laufen und dem gleichzeitigen Auf- und Zuklappen der Flügel könnte Archaeopteryx kurzzeitig auch vom Boden abgehoben sein. Mit seinem grün-braunen Gefieder war er am Boden zwischen den Pflanzen gut getarnt. Möglicherweise hatte er sein Nest am Boden oder in kleinen Höhlen und wärmte seine Jungen mit seinen Federn. Gegen Angreifer konnte er sich mit seinen spitzen Zähnen und seinen Krallen zur Wehr setzen.

3.6　Stammbaum der Wirbeltiere

Verwandtschaft der Wirbeltiere	**1.** Abb. 1

„Brückentiere"	**2.** Abb. 1, 3, 4

Quastenflosser – ein lebendes Fossil?	**3.** Abb. 2, 3

Vom Wasser zum Land	**4.** Abb. 2

1.

Die Abbildung zeigt die Entstehung der Wirbeltiere in einem Zeitraum von vor 500 Mio. Jahren bis heute. Vor 500 Mio. Jahren gab es nur sehr ursprüngliche Fische. Aus ihnen entstanden unterschiedliche Fischarten, darunter ursprüngliche Lungenfische (ca. vor 400 Mio. Jahren). Diese Lungenfische hatten vier Gliedmaßen. Man nimmt an, dass sich aus ihnen alle heutigen Wirbeltiere, die an Land leben, entwickelt haben. (Eine heute lebende verwandte Art ist der Quastenflosser). Vor 350 Mio. Jahren hatte sich aus diesen Vorfahren ein „Urlurch" entwickelt. Er wird als Übergangsform von Fischen zu Amphibien angesehen und deshalb als Brückentier bezeichnet. Vermutlich konnte er sich auf vier Beinen an Land bewegen und Luft atmen. Aus dieser Vorform entstanden vor ca. 300 Mio. Jahren die ersten Amphibien und ein weiterer Zweig von Landlebewesen, aus denen sich später Reptilien, und vor ca. 200 Mio. Jahren die ersten Vögel und Säugetiere entwickelten.

2.

a) Als Brückentiere werden Übergangsformen zwischen zwei Tiergruppen bezeichnet. Das „Uramphib" Ichtyostega ist eine Übergangsform zwischen Fischen und Amphibien. Es hatte Merkmale aus beiden Tiergruppen: länglicher, fischähnlicher Körper, Schädelknochen wie beim Lungenfisch, keine Kiemen, verstärkte Knochen, Beine, die mit der Wirbelsäule verbunden waren.
b) Ichtyostega lebte vor ca. 350 Mio. Jahren. Es gibt nur einige wenige Fossilien aus dieser Zeit, die einen Ichtyostega oder Teile davon zeigen. Diese Fossilien sind die Grundlage der Rekonstruktionen. Fachleute rekonstruieren daraus das wahrscheinlichste Aussehen des Tieres, indem sie nicht konservierte Partien ergänzen. Ganz genau kann jedoch niemand wissen, wie das Tier mit allen Merkmalen ausgesehen hat.

3.

Das Fossil und der lebendige Quastenflosser sehen sich ähnlich. Andere heute lebende Fische haben oft ein viel weiter abweichendes Aussehen. Man kann den Quastenflosser als lebendes Fossil bezeichnen, muss sich aber darüber klar sein, dass auch er sich in den 400 Mio. Jahren weiter entwickelt hat und nicht mehr genau die Form ist, aus der in der Evolution die Landwirbeltiere entstanden sind.

4.

Länglicher Körper mit vier Extremitäten: Damit ist es möglich, sich in sehr flachem Wasser oder an Land fortzubewegen.
Verstärkte Knochen; Beine und Arme, die mit der Wirbelsäule fest verbunden waren: Im Wasser schwimmt der Körper. An Land müssen die Extremitäten jedoch in der Lage sein, das Körpergewicht zu tragen. Deshalb sind hier verstärkte Knochen ein Vorteil. Die Verbindung der Extremitäten mit der Wirbelsäule macht das Skelett zusätzlich stabil.
Fehlen der Kiemen: Kiemen wären an Land nicht funktionsfähig und würden außerdem Feuchtigkeit an die trockene Luft verlieren.
Lungen: Anders als Kiemen, die nur im Wasser funktionieren, ermöglichen Lungen das Atmen von Luft. Damit konnte Ichtyostega längere Zeit an Land sein.
Schädelknochen mit Kiefer: Ein Kiefer ermöglicht es, Nahrung zu fassen und zu zerkleinern. Dadurch stand dem Ichtyostega ein viel breiteres Nahrungsspektrum offen.

3.7 Homologien und Analogien

Der Begriff der Analogie	Abb. 1, 2

Der Begriff der Homologie	Abb. 3

Unterscheiden zwischen Analogie und Homologie	**1.** Abb. 1–3

Das Problem, Homologien zu erkennen	**2. – 4.** Abb. 4-7

1.

Analoge Merkmale sind Ähnlichkeiten, die auf Angepasstheiten verschiedener Tier- oder Pflanzenarten an gleiche oder ähnliche Umweltbedingungen zurückzuführen sind. Homologe Merkmale sind dagegen Ähnlichkeiten, die auf eine gemeinsame Erbinformation durch gemeinsame Vorfahren zurückgehen. Die Abbildungen 1 und 2 zeigen Beispiele für analoge Merkmale: Die spitzen Schnauzen von Maulwurf und Maulwurfsgrille, der gedrungene Körperbau und das Vorhandensein von Grabschaufeln sind Angepasstheiten an das Leben im Boden. Die Abbildung 3 zeigt dagegen Beispiele für homologe Merkmale. Obwohl die Vorderextremitäten der fünf Wirbeltiere auf den ersten Blick unterschiedlich aussehen, haben sie doch alle den gleichen inneren Aufbau.

2.

a) Die Ähnlichkeiten im Aussehen könnten sowohl auf Homologien als auch auf Analogien zurückzuführen sein. Allerdings wird das Wasser bei Wolfsmilchgewächsen im Mark gespeichert, bei Kakteen dagegen in der Rinde. Dieser unterschiedliche Aufbau spricht dafür, dass die Pflanzen nicht von gemeinsamen Vorfahren abstammen. Bei den Ähnlichkeiten im Aussehen handelt es sich um Angepasstheiten an die gleiche extrem trockene Umwelt, um Analogien.

b) Die Vorfahren sowohl der Kakteen als auch der Wolfsmilchgewächse lebten wahrscheinlich zunächst in normalen, nicht allzu trockenen Biotopen. Vermutlich sahen sie völlig unterschiedlich aus. In Afrika und Südamerika wurde es dann immer dürrer, die meisten Pflanzen vertrockneten. Es kam zu einer natürlichen Auslese. Sowohl bei den Kakteen als auch bei den Wolfsmilchgewächsen überlebten die Pflanzen mit einem dickeren Spross und kleinen, stachelförmigen Blättern. Sie konnten mehr Wasser speichern und verloren weniger Wasser durch Verdunstung. So wurden sich die beiden Pflanzengruppen im Laufe der Zeit im Aussehen immer ähnlicher.

3.

Die Schuppen der Haie und die Zähne der Säugetiere sehen nur auf den ersten Blick unähnlich aus. Schaut man sich aber den Aufbau an, kann man recht viele Ähnlichkeiten entdecken. So bestehen sowohl Schuppen als auch Zähne aus Dentin (Zahnbein). Diese Substanz ist in beiden Fällen von Schmelz umhüllt. Außerdem enthält das Dentin einen Hohlraum (eine Zahnhöhle), der von Blutgefäßen durchzogen wird. Auch der Aufbau der Haut, in dem die Schuppen und die Zähne verankert sind, ist völlig gleich: innen die Lederhaut, außen die Oberhaut.

4.

Wenn es sich bei Stacheln und Dornen um homologe Bildungen handeln würde, dann müsste der Aufbau der Stacheln und Dornen gleich sein. Dies ist aber nicht der Fall. Bei der Rose sind die Stacheln sehr einfach aufgebaut, sie sind lediglich Ausstülpungen der Rinde. Bei der Weißdornpflanze haben die Dornen einen komplizierteren Aufbau. Sie enthalten im Innern Holz und Mark, es sind sozusagen Ausstülpungen des ganzen Stängels. Es handelt sich also um analoge Organe.

4 Lebewesen und Lebensräume – dauernd in Veränderung

4.1 Modelle zur natürlichen Auslese

Tarnung im Katze-Maus-Modell	**1.** Abb. 1

Modellversuch zur Selektion	**2.** Abb. 2

Modelle zur Auswirkung von Beute-greifern	**3. a, b** Abb. 3

Modell und Wirklichkeit, Modellkritik	**3.c** Abb. 3

Spielzeug aus Kinderzeiten	**4.** Abb. 4

1.

Das Katze-Maus-Modell zeigt eine Katze, die offenbar in einem plötzlichen Moment auf zwei Mäuse trifft. Die Mäuse unterscheiden sich in der Fellfarbe. Eine Maus ist hell, die andere dunkel gefärbt. Auf dem dunklen Untergrund in diesem Modell ist die Maus mit der hellen Fellfarbe nicht getarnt, sie wird von der Katze sofort wahrgenommen. Die Maus mit der dunklen Fellfarbe ist dagegen gut getarnt. Beide Mäuse reagieren auf das Erscheinen der Katze als Beutegreifer spontan und gleichzeitig mit einer Fluchtreaktion, die die Mäuse in diesem Modell verschiedene Richtungen einschlagen lässt. Die Katze muss sehr schnell reagieren und kann dadurch nur eine der beiden Mäuse fangen. Diejenige Maus, die von der Katze am schnellsten gesehen wird, wird mit der größeren Wahrscheinlichkeit von der Maus gefangen werden.

Die beiden Mäuse in diesem Modell gehören zu einer Art, bei der das Merkmal Fellfarbe von hell bis dunkel mit einer gewissen Variabilität auftritt. Diese Vielfalt ist auf Unterschiede in den Erbanlagen zurückzuführen. Die Maus mit der hellen Fellfarbe wird in dem Modell zur Beute, während die Maus mit der dunklen Fellfarbe entkommen kann. In ihrem weiteren Leben kann sich die dunkler gefärbte Maus mit einer ebenfalls dunklen Maus paaren und geschlechtlich fortpflanzen. Die helle

Maus kann sich nicht fortpflanzen. Die erbliche Vielfalt ist Grundlage der natürlichen Auslese (Selektion). Lebewesen mit vorteilhaften Merkmalen haben eine höhere Wahrscheinlichkeit, sich fortzupflanzen und ihre Erbanlagen an die Nachkommen weiterzugeben als Lebewesen mit weniger vorteilhaften Merkmalen. In dem Katze- Maus-Modell hat die Maus mit der dunklen Fellfärbung den größeren Fortpflanzungserfolg.

Wäre in diesem Modell der Untergrund nicht dunkel, sondern hell gestaltet, wäre das Ergebnis der Selektion genau entgegengesetzt. Dabei wird der Zusammenhang von Selektion und Umwelt deutlich.

2.

Grundlage der natürlichen Auslese (Selektion) ist die erbliche Vielfalt. Lebewesen mit vorteilhaften Merkmalen haben eine höhere Wahrscheinlichkeit, sich fortzupflanzen und ihre Erbanlagen an die Nachkommen weiterzugeben.

In dem Modellversuch zur Selektion (Modell II) ist die Variabilität auf zwei Merkmale (rot/grün) begrenzt. Die zufällige Verteilung der roten und der grünen Papierscheibchen auf einem Untergrund mit bestimmten roten und grünen Bereichen simuliert die Angepasstheit als Beutetiere. Die roten Exemplare werden auf rotem Untergrund, die grünen auf grünem Untergrund von den Beutegreifern später wahrgenommen.

Der Fortpflanzungserfolg durch Selektion wird deutlich, wenn der Modellversuch derart wiederholt wird, dass nur die nicht erkannten Papierscheibchen auf dem Untergrund verbleiben und entsprechend dem Verhältnis Rot/Grün auf die ursprüngliche Größe einer Ausgangspopulation vermehrt werden. Der Versuch wird mit der jeweils „neuen" Generation wiederholt.

3.

a) Abbildung 3a zeigt die Ausgangssituation in einem kleinen See mit nur einer Fischart. Gegeben ist die Variabilität von klein bis groß in einer Normalverteilungskurve mit geringer Häufigkeit kleiner, einer größten Häufigkeit mittelgroßer und geringer Häufigkeit großer Fische.

In Abbildung 3b wird der Einfluss von Fischottern als alleinige Beutegreifer auf die Ausgangssituation in 3a gezeigt: Fischotter fressen hauptsächlich große Fische. Die Normalverteilung verschiebt sich durch die Selektion zugunsten der Häufigkeit kleiner bis mittelgroßer Fische. Da alle Fische zu einer Art gehören, besitzen alle Nachkommen die erblich festgelegte Variationsbreite von klein bis groß. Erreichen genügend Fische kleiner oder mittlerer Größe ein fortpflanzungsfähiges Alter und einen entsprechend guten Fortpflanzungserfolg, ist ohne Fischotter wieder eine Normalverteilung wie in 3a in der Nachfolgegeneration zu erwarten.

In Abbildung 3c wird der Einfluss von Fischottern und Eisvögeln auf die Ausgangssituation in 3a gezeigt: Fischotter fressen hauptsächlich große Fische, Eisvögel hauptsächlich kleine. Daraus resultiert eine Normalverteilungskurve mit einem Maximum wie in 3a, allerdings mit deutlich weniger kleinen und großen Variationen.

b)

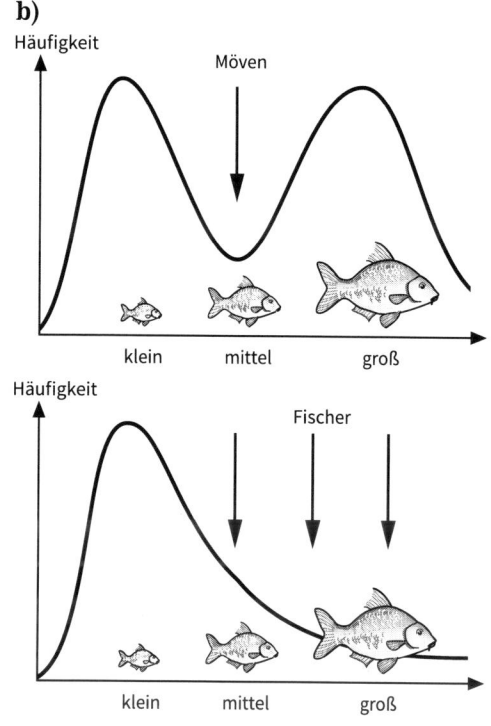

c) Eine Modellkritik kann z. B. durch eine tabellarische Gegenüberstellung von Modell und Realität erfolgen.

Modell	Realität
Statistische Daten und Normalverteilung	Reale quantitative Daten weichen ab und nähern sich einer Normalverteilung nur bei sehr großen Datenmengen an.
Größenklassen klein, mittel, groß	Die Variationsbreite der Körpergröße umfasst kontinuierliche Unterschiede von klein bis groß.
Äußere Einflüsse durch Beutegreifer ohne quantitative Angaben	Für eine realistische Einschätzung des Fortpflanzungserfolges sind quantitative Daten über die Entnahme von Beutetieren durch die Beutegreifer erforderlich.
Das Modellgewässer betrachtet nur Individuen einer Art	In natürlichen Gewässern gibt es Wechselwirkungen zwischen mehreren Arten.
....	....

4.

Folgende Teile des Modells entsprechen der Wirklichkeit:

Spielzeug als Modell	Natürliche Auslese
Kasten (Regalwände)	Lebensraum/Umwelt
Ein Regalboden	Population von Individuen
Löcher in den Regalböden	Selektionsvorgänge bzw. Selektionsdrücke
Kugeln einer Größe	Individuen einer Population
Kugeln unterschiedlicher Größe	Individuen unterschiedlicher Populationen
„Von oben nach unten"	Zeitachse

Das Modell ist gut als Modell für natürliche Auslese geeignet. Der Kasten ist vergleichbar mit dem Lebensraum, in dem die Individuen vorkommen, wie die Kugeln in dem Regal. In dem Modell ist die Farbe der Kugeln ohne Bedeutung für die Tatsache, dass diese auf die nächste Ebene durchfallen. Entscheidend ist nur die Größe der Kugeln. Die Farbe entspräche daher einer Merkmalsveränderung, von der ein Individuum weder einen Vor- noch einen Nachteil hat. Die Größe der Kugeln ist ein Merkmal, das durchaus für das Durchfallen auf die nächste Ebene entscheidend ist, denn die Lochgröße wirkt als Selektionsvorgang. Dass natürliche Auslese an eine lange Zeit gebunden ist, wird auch durch die zeitliche Abfolge mehrerer Selektionsvorgänge von oben nach unten im Modell deutlich.

4.2   Angepasstheit, Variabilität und Selektion

Erblich bedingte Unterschiede in der Halslänge erwachsener Giraffen	Abb. 1
Variabilität, Population, natürliche Auslese, Angepasstheiten	**1.** Abb. 1
Unterschiede in der Selektion	**2.** Abb. 2a, b
Züchtung: Vergleich zwischen künstlicher und natürlicher Auslese	**3.** Abb. 3
Concept-Map zur Evolution des langen Giraffenhalses	**4.**

1.

Individuelle Lösung.

2.

Selektion in Abbildung 2a: Der lange Hals der Giraffen ist ein vorteilhaftes Merkmal bei der Konkurrenz um Nahrung. Die Giraffen mit den langen Hälsen lebten durchschnittlich länger und hatten mehr Nachkommen als die Artgenossen mit kürzeren Hälsen. Diese natürliche Selektion führte über sehr viele Generationen zu einem deutlich längeren Hals der Giraffen.

Selektion in Abbildung 2b: Der lange Hals der Giraffen ist ein vorteilhaftes Merkmal bei der Konkurrenz der Männchen um ein Weibchen. Häufig gewinnen Männchen mit einem längeren und kräftigeren Hals Rivalenkämpfe um ein Weibchen. Auch bei der Konkurrenz um Nahrung ist der lange Hals der männlichen Giraffen ein vorteilhaftes Merkmal, da der Nahrungsbedarf der männlichen Giraffe täglich durchschnittlich 80 kg beträgt. Die Hälse der ausgewachsenen männlichen Giraffen sind durchschnittlich einen Meter länger als die der ausgewachsenen weiblichen Giraffen. Der durchschnittliche tägliche Nahrungsbedarf eines Giraffenweibchens beträgt 50 kg. Durch diese Angepasstheit sind die weiblichen Giraffen mit den kürzeren Hälsen bei der Nahrungsbeschaffung offenbar nicht oder nur wenig benachteiligt.

3.

Für alle Individuen einer Population, die vorteilhafte Merkmale und Verhaltensweise aufweisen, ist die Wahrscheinlichkeit groß, ihre Erbanlagen durch Fortpflanzung an die Nachkommen weiterzugeben. Man spricht von einer natürlichen Auslese.

Bei Züchtungen handelt es sich nicht um eine natürliche, sondern um eine künstliche Auslese. Dabei bestimmt der Züchter nach selbst gewählten Kriterien Merkmale oder Verhaltensweisen, die an die nächsten Generationen weitergegeben werden. Bei diesen Merkmalen entscheidet nicht die jeweilige Umwelt über vorteilhafte Angepasstheiten. Die ausgewählten Merkmale können für die Lebewesen sogar nachteilig sein, dem Züchter jedoch einen Nutzen bringen.

4.

Individuelle Lösung.

Hinweis: Die Methode „Concept-Map" ist auf den Seiten 272-273 beschrieben.

4.3 Artbildung

Grundbegriffe	**1.** Grundwissen

Artbildung am Beispiel der Goldhähnchen	**2.** Abb. 1

Weitere Beispiele für Artbildung	**3., 4.** Abb. 2–3

1.

Eine *Population* ist eine Gruppe von Lebewesen der gleichen Art, die zusammen leben und untereinander Erbinformationen austauschen. Beispiele für solche Populationen sind die Erdhörnchen, die am Nordrand des Grand Canyons leben oder die Grünspechte, die in einem Waldgebiet leben.

Unter einer *Mutation* versteht man eine plötzliche und zufällige Veränderung der Erbinformation. Die veränderte Erbinformation kann eine Veränderung des Aussehens zur Folge haben. Die Nebelkrähe hat an einigen Stellen weiße Federn, die Rabenkrähe ist überall schwarz. Es ist durchaus möglich, dass die weißen Stellen durch eine Mutation entstanden sind. Eine Mutation kann aber auch das Verhalten von Tieren betreffen. So könnten zum Beispiel aus tagaktiven Tieren nachtaktive werden.

Innerhalb einer Population unterscheiden sich die Individuen zum Teil recht stark. Dies bezeichnet man als *genetische Variabilität*. Bei den Grünspechten ist zum Beispiel vorstellbar, dass sich ihre Schnabellängen und -dicken voneinander unterscheiden. Manche Tiere haben vielleicht einen langen und dünnen Schnabel, bei anderen Tieren sind die Schnäbel etwas kürzer und dicker. Auch der Grünton der Federn unterscheidet sich sicherlich von Tier zu Tier.

Unter *Selektion* versteht man natürliche Auslese. Bei manchen Vögeln haben diejenigen Tiere einen Überlebensvorteil, die besonders gut getarnt sind. Tiere mit einem abweichenden Farbton sind auffälliger und werden eher von Fressfeinden entdeckt.

Angepasstheiten sind körperliche Merkmale oder Verhaltensmerkmale, die in einer bestimmten Umwelt die Überlebenschancen des Tieres oder der Pflanze erhöhen. Ein Erdhörnchen, dessen Fell genauso gefärbt ist wie der Untergrund, auf dem die Tiere leben, hat gute Chancen, von Fressfeinden nicht entdeckt zu werden. Erdhörnchen mit auffälliger Färbung werden dagegen leichter gefressen. Ein Specht mit einem besonders harten Schnabel kann besser Nahrung in der Rinde von Bäumen suchen als Tiere mit weicherem Schnabel.

Separation ist die räumliche Auftrennung einer Population in zwei Tochterpopulationen. Beispiele hierfür sind die Goldhähnchen, die durch Gletscher und Kältegebiete während der Eiszeit getrennt wurden oder die Erdhörnchen vom Nord- und Südrand des Grand Canyons. *Isolationsmechanismen* bilden sich, wenn zwei Populationen lange Zeit getrennt waren. Bei den beiden Goldhähnchen-Populationen könnte sich zum Beispiel ein unterschiedliches Balzverhalten entwickelt haben. Kommen die beiden Populationen aus irgendeinem Grund wieder zusammen, so findet dennoch keine Fortpflanzung zwischen Tieren der beiden Populationen statt, weil die Weibchen der einen Population vom Balzverhalten der Männchen der anderen Population nicht beeindruckt werden.

Artbildung und Artaufspaltung sind die Folgen einer längeren Separation. Nach einigen Tausend oder Millionen Jahren haben sich Isolationsmechanismen entwickelt, die eine Paarung zwischen Individuen der beiden getrennten Populationen verhindern. Dies hat zum Beispiel zur Entwicklung von zwei verschiedenen Erdhörnchenarten am Grand Canyon geführt. Auch Grün- und Grauspecht sowie Raben- und Nebelkrähe sind Beispiele für solche Artaufspaltungen.

2.

Am Anfang gab es nur eine Population von Goldhähnchen. Die Vögel lebten in einem Gebiet und konnten sich innerhalb der Population fortpflanzen. Es herrschte ein Genfluss zwischen den Tieren. Während der letzten Eiszeit kam es dann zur Bildung großer Gletscher und Kältegebiete. Der Lebensraum der Goldhähnchen wurde in zwei Gebiete getrennt. Die Vögel konnten die Gletscher oder Kältegebiete nicht überfliegen, weil diese zu ausgedehnt waren. So entstanden zwei Tochterpopulationen, zwischen denen kein Genfluss mehr stattfinden konnte. Jede Tochterpopulation war jetzt auf sich allein gestellt. Im Laufe der Zeit kam es immer wieder zu zufälligen Mutationen in den einzelnen Populationen. Viele Mutationen waren nachteilig und verschwanden mit ihren Trägern schnell wieder. Einige wenige Mutationen waren aber nicht nachteilig oder sogar vorteilhaft und blieben in der Population bestehen. In der anderen Population kam es ebenfalls zu Mutationen. Weil Mutationen aber zufällig sind, traten dort völlig andere Merkmale auf. Auf diese Weise wurden die Tochterpopulationen immer unähnlicher. Mit der Zeit änderte

sich auch das Verhalten der Tiere. Wenn die Populationen in verschiedenen Umwelten lebten, verliefen diese Veränderungen noch schneller, weil jetzt die Selektion zu unterschiedlichen Angepasstheiten führte. Nach einigen Tausend oder Millionen Jahren hatten sich die Tochterpopulationen so weit auseinander entwickelt, dass die Tiere nicht mehr in der Lage waren, sich untereinander fortzupflanzen. Es hatten sich inzwischen Isolationsmechanismen entwickelt. Aus einer Art sind zwei Arten geworden, es hat eine Artaufspaltung stattgefunden.

3.

a) Vor langer Zeit war der Grand Canyon noch nicht so tief wie heute. Die Erdhörnchen, die am Grand Canyon lebten, konnten den Canyon durchqueren. Auf den beiden Seiten des Canyons lebte also ein und dieselbe Population von Erdhörnchen, innerhalb dieser Population herrschte Genfluss. Als der Canyon mit der Zeit immer tiefer wurde, fiel es den Tieren immer schwerer, auf die andere Seite zu gelangen. Schließlich kam der Genfluss ganz zum Erliegen. Es waren zwei Tochterpopulationen entstanden, die sich unabhängig voneinander entwickelten. Ähnlich wie bei den Goldhähnchen kam es im Laufe der Zeit durch Isolationsmechanismen zur Artaufspaltung, weil sich die beiden Populationen durch Mutation und Selektion unterschiedlich entwickelten.

b) Vögel können fliegen und dadurch leicht von der Nord- zur Südseite des Canyons gelangen. Der Genfluss bei Vogelpopulationen war also nie unterbrochen. Daher konnten vorteilhafte Mutationen, die bei Tieren der Südseite entstanden, auch auf der Nordseite verbreitet werden und umgekehrt.

4.

Rabenkrähe und Nebelkrähe: Vor der letzten Eiszeit lebte eine Population von Krähen in Europa. Durch die vorrückenden Gletscher und die sich ausbreitenden Kältegebiete fand eine Separation statt. Die Population wurde in eine westliche und eine östliche Population gespalten. Nach der Eiszeit und dem Rückgang der Gletscher lebten beide Populationen geographisch voneinander isoliert in verschiedenen Klimazonen. Die Ostpopulation lebte in einem Gebiet mit kontinentalem Klima (trockene Sommer, sehr kalte Winter), die Westpopulation in einem eher gemäßigten Gebiet. Es fanden in beiden Populationen Mutationen und Selektionsprozesse statt. Die natürliche Auslese führte so zu unterschiedlichen Angepasstheiten in der westlichen und östlichen Population. Es entstanden die Rabenkrähe im östlichen Teil Europas und die Nebelkrähe im westlichen Teil. Sie breiteten sich im Laufe der Zeit aus und trafen schließlich im mittleren Teil Europas wieder aufeinander, wo sie heute zusammen vorkommen. Die Artbildung ist bei den beiden Krähen noch nicht abgeschlossen, denn sie können fruchtbare Nachkommen untereinander haben.

Grünspecht und Grauspecht: Die Artaufspaltung bei den Spechten fand im Prinzip genauso wie bei den Krähen statt. Vor der letzten Eiszeit lebte eine Population von Spechten in Europa. Durch die vorrückenden Gletscher und die sich ausbreitenden Kältegebiete fand eine Separation statt. Die Population wurde in eine südwestliche und eine nordöstliche Population gespalten. Nach der Eiszeit und dem Rückgang der Gletscher lebten beide Populationen in verschiedenen Klimazonen. Die nordöstliche Po-

pulation lebte in einem vergleichsweise kalten Gebiet, die Südwestpopulation in einem eher warmen Gebiet. Die natürliche Auslese führte so zu unterschiedlichen Angepasstheiten in der südwestlichen und nordöstlichen Population und schließlich zur Bildung von zwei Arten, dem Grauspecht im östlichen Teil Europas und der Grünspecht im westlichen Teil. Beide Arten breiteten sich im Laufe der Zeit aus und trafen schließlich im mittleren Teil Europas wieder aufeinander, wo sie heute zusammen vorkommen. In den kälteren Gebieten, also in den Alpen sowie in Osteuropa, kommen beide Spechtarten nebeneinander vor. Im Vergleich zu den Krähen ist diese Zone der gemeinsamen Verbreitung sehr viel größer. Bei den Spechten ist die Artbildung bereits abgeschlossen; Bastarde treten nicht auf.

Im Vergleich zu den Krähen ist die Zone der gemeinsamen Verbreitung bei den Spechten sehr viel größer. Die Artbildung ist bei den Krähen nicht abgeschlossen, sie können untereinander Nachkommen haben. Bei den Spechten ist die Artbildung bereits abgeschlossen, denn Bastarde treten nicht auf.

4.4 Lebensräume verändern sich – Stammesentwicklung der Pferde

Stammbaum der Pferde – Zeitraum, Kontinente, Art der Nahrung	Grundwissen Abb. 1
Probleme bei der Stammbaumerstellung	**2.** Abb. 2
Evolution der Pferde: Lebensraum, Körperbau, Ernährungsweise	**1.** Abb. 1
Evolution der Meeressäugetiere	**3., 4.** Abb. 3

1.
a)

Gattung	Fußskelett	Backenzähne	Schulterhöhe
Hyracotherium	vier abspreizbare Zehen	schmal, eher stumpf	30 cm
Mesohippus	drei abspreizbare Zehen	schmal, eher stumpf	60 cm
Meryhippus	drei Zehen, davon zwei sehr klein	breit, scharfkantig	100 cm
Pliohippus	eine große Zehe	sehr breit, scharfkantig	125 cm
Equus	eine große Zehe	sehr breit, scharfkantig	180 cm

b) Die Evolution der Pferde wurde vermutlich durch eine Veränderung der Umweltbedingungen bestimmt. Die Urpferde lebten in Wäldern. In diesem Lebensraum waren die Tiere sehr klein, konnten sich gut verstecken, fraßen Laub, und die abspreizbaren Zehen verhinderten ein Einsinken in den Waldboden.

Im Laufe der 30 Millionen Jahre gingen die Waldgebiete immer stärker zurück und wurden durch Steppen ersetzt. In diesem Lebensraum herrschten völlig andere Umweltbedingungen als in den Wäldern. Der Boden war sehr hart, statt saftiger Blätter gab es nur hartes Gras zu fressen, und die Pferde konnten von Räubern sehr leicht erkannt werden, weil es kein Gebüsch mehr zum Verstecken gab. Die Pferde, deren Backenzähne breiter und scharfkantiger waren, konnten die neue Nahrungsquelle Gras besser verwerten und hatten damit einen Überlebensvorteil gegenüber Tieren mit schmalen und eher stumpfen Zähnen. Pferde mit einer kräftiger entwickelten Mittelzehe konnten auf dem harten Steppenboden besser laufen als Tiere mit vier oder drei abspreizbaren Zehen. Pferde mit einer größeren Schulterhöhe wurden nicht so leicht Beute für Räuber, weil diese eher kleine Tiere bevorzugen, und sie konnten den Räubern schneller entkommen. So kann man das heutige Aussehen des Pferdes als Angepasstheit an den neuen Lebensraum Steppe erklären.

2.

a) Die Evolution des Pferdes fand hauptsächlich in Nordamerika statt. Gelegentlich wanderten aber einzelne Gruppen von Pferden über Landbrücken nach Eurasien ein und entwickelten sich dort für mehrere Millionen Jahre weiter. Bei Mesohippus war das der Fall, von dem dann Anchitherium und später Hypohippus abstammten. Nach einiger Zeit starben diese Arten dann wieder aus.

Einige Millionen Jahre später wanderte eine Gruppe von Meryhippus-Vertretern nach Eurasien ein, aus der sich Hipparion entwickelte. Diese Gattung starb nach wenigen Millionen Jahren aber ebenfalls wieder aus. Allein die Gattung Equus, die sich später aus einigen vor ca. 3 Millionen Jahren nach Europa eingewanderten Vertretern von Pliohippus entwickelte, ist in Europa bis heute vorhanden, während alle Pferde in Amerika inzwischen ausgestorben waren. Alle heutigen Pferde auf der Erde gehören der Gattung Equus an.

Der Forscher untersuchte nur Fossilien der europäischen Pferde und fand dann Überreste von Hyracotherium, Anchitherium, Hypohippus, Hipparion und Equus. Er bestimmte das ungefähre Alter der Fossilien und ordnete sie dann entsprechend in einer Abstammungsreihe an. So kam er zu der falschen Schlussfolgerung, dass zum Beispiel Hipparion von Anchitherium abstammte oder dass Equus ein direkter Nachfahre von Hipparion sei. Betrachtet man den Stammbaum der Pferde, so erkennt man, dass dies nicht der Fall ist.

b) Wenn wichtige Bindeglieder fehlen, kann man irrtümlich einen falschen Stammbaum aufstellen. Eine Anordnung der Fossilien ausschließlich nach dem Alter kann zu falschen Schlussfolgerungen führen, wie man an der „Europäischen Pferdereihe" sieht. Zwischenformen können in völlig anderen Gegenden, sogar Kontinenten gelebt haben.

3.

a)

a - heutiger Zahnwal

b - „Urhuftier" Pakicetus

c - Ambolucetus

d - Rodhocetus

e - Dorudon

b) Tabelle:

Gattung	Lebensweise	Gliedmaßen	Körperform
Pakicetus	reines Landtier	lang, nur zum Gehen an Land	normales vierbeiniges Landtier
Ambolucetus	amphibisch, konnte sowohl an Land wie auch im Wasser leben	lang, zum Gehen an Land und zum Paddeln im Wasser geeignet	langgestreckt wie bei einem wasserlebendem Säugetier, beispielsweise Biber
Rodhocetus	Wassertier	kurz, zum Paddeln im Wasser geeignet	sehr langgestreckt, amphibienartig
Dorudon	Wassertier	Vorderextremitäten kurz, Hinterextremitäten lang, zum Paddeln oder Schwimmen im Wasser geeignet	extrem langgestreckt
Heutiger Wal	Wassertier	vollständig zu Flossen umgebildet	extrem langgestreckt

4.

Das Aussterben der Dinosaurier und Meeressaurier vor 65 Millionen Jahren war der entscheidende Faktor bei der Evolution der Säugetiere und damit auch der Meeressäugetiere, wie den Walen. Zwar gab es zur Zeit der Saurier schon Säugetiere, doch waren diese meist klein und lebten sehr versteckt. Nach dem Aussterben der Saurier konnten sich die Säugetiere auf der Erde ausbreiten. Durch spezifische Angepasstheiten erschlossen sie zusätzliche Lebensräume wie die Luft (Fledermäuse) und das Meer (Wale). Der wichtigste Selektionsfaktor bei der Entwicklung der Wale war vermutlich die tierische Nahrung, die von den Vorfahren der Wale im Flachwasser gejagt wurde. Individuen, die ihrer Beute weit ins freie Meer folgen konnten, hatten bessere Überlebenschancen als Tiere, die nicht so gut schwimmen konnten und mehr in Landnähe bleiben mussten.

4.5 Das Klima verändert die Wälder

Von der Tundra zum Wald, Sukzession	Abb. 1

Waldzusammensetzung und Klima	**1.** Abb. 3, 4

Eigenschaften von Pionier- und Schlussbaumarten	**3.** Abb. 1, 2, 4

Jahresringe und Baumgeschichte	**2.** Abb. 5

1.
a)

Zeit vor heute in Jahren	Anteile der Baumarten
10 000	hauptsächlich Birke und Kiefer
8 000	weniger Birke und hauptsächlich Kiefer
6 000	wenig Birke, wenig Kiefer, etwas Hasel, hauptsächlich Ulme, etwas Eiche, wenig Erle
4 000	wenig Birke und Kiefer, mehr Hasel, weniger Ulme, mehr Eiche, etwas mehr Erle, vereinzelt Fichte

Zeit vor heute in Jahren	Anteile der Baumarten
2 000	wenig Birke, Kiefer, Hasel, Ulme, weniger Eiche, mehr Erle, etwas mehr Rotbuche, wenig Fichte
heute	wenig Birke, Kiefer, Hasel, Ulme, Eiche, Erle, viel Rotbuche, wenig Fichte

b) In Abbildung 3 erkennt man, dass sich die Temperatur zwischen 8000 und 6000 Jahren vor heute erhöht hat. Parallel dazu hat sich die Zusammensetzung der Bäume verändert: Es kam zum Rückgang von Birke und Kiefer und zur Zunahme von Hasel, Ulme und Eiche. Auch in den weiteren Jahren zeigt sich, dass sich mit veränderter Temperatur die Zusammensetzung der Bäume verändert. Die bekannten Ansprüche der Bäume lassen Rückschlüsse auf das damalige Klima zu. Vor 10 000 Jahren wuchsen zunächst Arten, die Kälte gut vertragen haben. Diese Pionierbaumarten waren auch in Bezug auf andere Ökofaktoren anspruchslos. Mit höheren Temperaturen wurden diese Arten teilweise durch andere Arten verdrängt, die an höhere Temperaturen besser angepasst waren.

2.

a) Der Baum ist circa 90 Jahre alt.

b) Die Breite der Jahresringe ist abhängig von den Vegetationsbedingungen, die im Jahr vorgelegen haben. Dicke Jahresringe zeigen einen feuchten und warmen Sommer an.

3.

Die Eigenschaften der Bäume, die in Abbildung 2 dargestellt sind, passen zu den Bedingungen, die zu den entsprechenden Zeiten in den jeweiligen Lebensräumen vorgeherrscht haben. Zur Zeit der Pionierbäume waren die Flächen noch nicht voll bewachsen, es gab wenig Konkurrenz, viel Licht und extreme Klimabedingungen. Die „Schlussbäume" zeichnet aus, dass sie unter Konkurrenz bei weniger extremen Klimabedingungen wachsen können. Typische Pionierarten sind konkurrenzschwach und werden im Verlauf der biologischen Sukzession durch andere Arten verdrängt. Dies ist dadurch zu erklären, dass Vorteile in einem Bereich, wie besonders hohe oder schnelle Samenproduktion, bei limitierten Ressourcen durch Nachteile in anderen Bereichen, z. B. bei der Wuchshöhe, „erkauft" werden müssen. Durch die von den Pionierbaumarten veränderten Standortbedingungen können sich nun andere Arten ansiedeln. Sie sind anspruchsvoller als die Pionierarten und besitzen eine höhere Produktivität. Sie sind durchsetzungsfähiger als die Pionierarten, weil sie über andere ökologische Strategien (zum Beispiel bei der Vermehrung) verfügen, und verdrängen daher die Pionierarten. Auch sie verändern die Standortfaktoren und ermöglichen so noch anspruchsvolleren und produktiveren Pflanzen die Ansiedlung, bis die sehr konkurrenzstarken Schlussbaumarten vorherrschen.

4.6 Geschichte der Menschwerdung

Rekonstruktion der Humanevolution	**1.** Abb. 1
Wechselwirkungen in der Humanevolution, Soziale Wechselwirkungen	**2., 3.** Abb. 2, 3
Verschiedene Modelle der Menschwerdung	**4.** Abb. 4

1.

a) Zu sehen ist eine Gruppe von 12 Frühmenschen (neun Erwachsene und drei Kinder), die nackt sind und aufrecht gehen, in einer offenen Landschaft mit Gras, Bäumen und Büschen, am Fluss.
Ernährungsweise: Manche pflücken Beeren und andere Früchte, andere suchen Eier, drehen Steine nach Insekten und Kleintieren um. Die Frühmenschen vor 1,8 Millionen Jahren ernährten sich nach dieser Darstellung von dem, was sie bei ihren gemeinschaftlichen Streifzügen in der Natur vorfanden. (Es ist nicht ausgeschlossen, dass sie sich auch

von Aas ernährten.) Diese Frühmenschen lebten hauptsächlich als Sammler.

Lernvermögen: Nach Abbildung 2 beträgt das Hirnvolumen dieser Menschen etwa 600 ml. Das ist deutlich mehr als bei Schimpansen aber noch weniger als die Hälfte des Jetztmenschen. Wenn man die Lern- und Gedächtnisfähigkeiten von Schimpansen kennt, dürften diese Menschen dazu im Vergleich ein ausgezeichnetes Lernvermögen haben. Dabei mag das Lernen durch Nachahmung eine erhebliche Rolle spielen: Auf dem Bild schaut ein Kind einer Frau bei Handhabungen mit einem Stock zu und ein erwachsener Mann einem anderen, der offenbar ein Steinwerkzeug herstellt.

Werkzeugherstellung: Links im Bild schlägt ein sitzender Mann offenbar zwei Steine gegeneinander. Vielleicht soll ein einfaches Steinwerkzeug hergestellt werden. Werkzeugherstellung setzt die Fähigkeit zu vorausschauenden Planungen voraus. Andere Mitglieder der Gruppe benutzen einfache Werkzeuge wie Stöcke.

Bedeutung der Kindheit: In der Kindheit wird sehr viel gelernt, durch Nachahmung von Eltern, Geschwistern und anderen Gruppenmitgliedern sowie Ausprobieren und im Spiel.

Anzahl der Nachkommen: Eine relativ lange Kindheit geht mit einer geringen Kinderzahl einher. Die wenigen Kinder wurden sehr intensiv betreut und konnten daher sehr viel lernen.

Für das Überleben vorteilhafte Eigenschaften der Frühmenschen waren hohe Intelligenz, Lernvermögen und gutes Gedächtnis, Kommunikationsfähigkeit zum Zusammenleben in einer Gruppe und zum Aufbau sozialer Strukturen, Geschicklichkeit und Fingerfertigkeit bei der Werkzeugbenutzung.

b)
– Entferne Dich nie zu weit von der Gruppe! Ohne die Gruppe bist du verloren.
– Vermeide unnötige Risiken, zum Beispiel wenn Raubkatzen in der Nähe sind.
– Lerne essbare von giftigen Früchten zu unterscheiden.
– Lerne von den Erwachsenen, wie man Werkzeuge herstellt.
– Kooperiere mit den Menschen, die dir freundlich gesonnen sind.
– Lerne die Bedeutung von Spuren, Geräuschen, Gerüchen und anderen Naturerscheinungen kennen.

2.
Im Laufe der Entwicklung vom Vormenschen (Australopithecus) über Frühmenschen (Homo habilis, Homo erectus) zum Jetztmenschen (Homo sapiens), die ca. 3,5 Millionen Jahre dauerte, nahm das Gehirnvolumen sehr stark zu: von 385 ml auf 1350 ml; im Vergleich dazu hat der Schimpanse ein Gehirnvolumen von 400 ml, ähnlich den Vormenschen. Mit dem Gehirnvolumen gehen Intelligenz, Lernvermögen und Gedächtnis einher. Im Zusammenhang mit einer verlängerten Kindheit begründet dies das enorme Lern- und Gedächtnisvermögen des Menschen. Das zunehmend größere Gehirn benötigte dabei auch immer mehr Energie, sodass beim Jetztmenschen knapp 1/4 der vom Körper benötigten Energie für die Gehirntätigkeit gebraucht wird. Dieser höhere Energiebedarf wurde durch eine fleischreiche Ernährung gedeckt, wobei zur Jagd auch Werkzeuge eingesetzt wurden. Parallel zum Gehirnvolumen nahm mit der Zeit auch die Gruppenstärke zu. In einer großen Gruppe mit vielen mitmenschlichen Beziehungen war auch eine vielfältige Kommunikation, die Lernvermögen und Intelligenz voraussetzt, von großem Vorteil.

3.
Australopithecus afarensis: Gruppenstärke 50; Anzahl möglicher Beziehungen = 1225
Australopithecus africanus: Gruppenstärke = 60; Anzahl möglicher Beziehungen = 1770
Homo habilis: Gruppenstärke = 80; Anzahl möglicher Beziehungen = 3160
Homo erectus: Gruppenstärke = 100; Anzahl möglicher Beziehungen = 4950
Homo sapiens: Gruppenstärke = 100; Anzahl möglicher Beziehungen = 4950
Homo sapiens sapiens: Gruppenstärke = 160; Anzahl möglicher Beziehungen = 12720

Das Leben in einer großen Gruppe erfordert und ermöglicht komplexe soziale Strukturen, die durch hohe Intelligenz und Sprache entwickelt werden. Eine große Gruppe bietet mehr Schutz gegen Feinde, profitiert von Arbeitsteilung und begünstigt das enorme Lernvermögen in einer langen Kindheit.

4.
Modell c) trifft am ehesten zu: Dem Übergang zum Bodenleben folgte die Entwicklung des aufrechten

Ganges. Durch die dann zunehmende Vergrößerung des Gehirns und damit einhergehende hohe Intelligenz konnte sich die menschliche Kultur einschließlich der Wortsprache entwickeln.

Modell a (und in gewisser Hinsicht auch Modell d) ist aus heutiger Sicht deshalb widersprüchlich, weil es die Fähigkeit zur Sprache noch vor der Vergrößerung des Gehirns voraussetzt. Bei Modell b ist die Vergrößerung des Gehirns noch vor dem Übergang zum Bodenleben schwer nachvollziehbar.

4.7 Kultur und Wortsprache

Der Mensch schafft Kultur.	Grundwissen

Von der Höhlenmalerei zum Internet	**1., 2.** Abb. 1

Fähigkeiten, die die kulturelle Entwicklung begründen	**3., 4.**

1.

Für die Entwicklung der Nachrichtenkommunikation waren alle auf der Grundwissenseite erläuterten Fähigkeiten von Bedeutung:

Durch *Wortsprache* konnten sich Menschen miteinander über abstrakte Dinge verständigen, und durch die Entwicklung der Schrift konnten sprachlich formulierte Gedanken festgehalten und weitergegeben werden. *Einsichtiges Verhalten und vorausschauende Planung* sind wichtig, um die Wirkungen von Handlungen einzuschätzen und z. B. Werkzeuge herzustellen. Nur so konnten beispielsweise der Buchdruck mit beweglichen Lettern, der Computer das Internet, Tablets und Smartphones erfunden werden: Immer war ein Vorwissen über technische Zusammenhänge notwendig, das dann einsichtig verknüpft und vorausschauend erweitert wurde, um ein gedanklich geplantes Ziel zu erreichen. *Mit Arbeitsteilung, Kooperation und Zusammenarbeit* können viele Aufgaben effektiver erledigt werden. Die Produktion einer Tageszeitung ist z. B. nur dann möglich, wenn verschiedene Aufgaben wie Recherche, Redaktion, Fotografie, Druck und Verkauf auf viele Mitarbeiter aufgeteilt werden, da niemand allein alle Aufgaben in der notwendigen Schnelligkeit erledigen könnte.

Nutzung der Erfahrung anderer: Da die Menschen Erfahrungen von Generation zu Generation weitergeben, können sie auf ein immer größeres Wissen aufbauen, um Neues zu entwickeln. Alle Entwicklungen und Erfindungen bauen daher aufeinander auf, z. B.: Schriftsprache mit einzelnen Buchstaben - Buchdruck mit beweglichen Lettern - Zeitung, oder: Vorläufer des Computers – Erster Silizium-Mikroprozessor-Chip – Netzwerke aus vielen Rechnern – Internet – soziale Netzwerke, Wikis...

2.

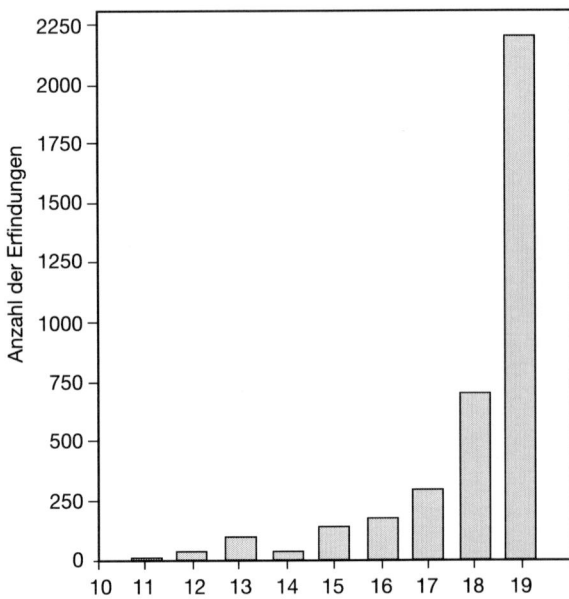

Die Anzahl der Entdeckungen und Erfindungen pro Jahrhundert nahm seit dem 11. Jahrhundert stark zu, und zwar nicht geradlinig (linear) um einen be-stimmten Betrag, sondern von Jahrhundert zu Jahr-hundert gab es einen immer größeren Anstieg der Anzahl (exponentielles Wachstum). Grundsätzlich bauen alle Entdeckungen und Erfindungen auf der Erfahrung und dem Vorwissen der vergangenen Ge-nerationen und Jahrhunderte auf. Da also im Laufe der Zeit auf immer mehr zurückgegriffen werden kann, ist auch immer mehr Neues möglich. Beson-ders viele Entdeckungen und Erfindungen gab es im 18. und 19. Jahrhundert, in denen eine naturwis-senschaftliche Denkweise Forschung und Technik voranbrachten. Im 14. Jahrhundert nahm die An-zahl der Entdeckungen und Erfindungen gegenüber dem vorigen Jahrhundert ausnahmsweise etwas ab, was mit der großen Pestepidemie in Mitteleuropa Mitte des 14. Jahrhunderts in Zusammenhang ste-hen könnte, durch die sehr viele Menschen starben.

3.

Die Versuche bestätigen: Informationsübermittlung durch Wortsprache erfolgt sehr viel schneller und präziser als Informationsübermittlung durch Mimik und Gestik. Besonders bei abstrakten Begriffen, also solchen, die relativ weit vom unmittelbar Anschau-lichen entfernt sind, versagen Mimik und Gestik als Mittel der Informationsübertragung. Wortsprache bietet fast unendlich viele Möglichkeiten, Informati-onen zu übermitteln. Dagegen vermittelt Mimik die ebenfalls wichtige emotionale Komponente.

4.

Überlieferung: Das Rezept der Mutter wird an ihr Kind (nächste Generation) weitergegeben und dann innerhalb der Freundinnen und Freunde ausge-tauscht. Vorausschauende Planung: Es muss ver-einbart werden, wo und wann man sich trifft, wer welche der benötigten Zutaten einkauft und ob alle notwendigen Geräte (Backofen, Blech) vorhanden sind.
Werkzeuggebrauch: Beim Pizzabacken benutzt man viele Werkzeuge, u. a. Schüsseln, Löffel, Mes-ser, Backblech und Backofen. Schneller und einfa-cher geht das Pizzabacken, wenn man verschiede-ne Arbeitsschritte aufteilt, also *Arbeitsteilung und Kooperation* einsetzt. Während einer z. B. den Teig ausrollt, kann ein zweiter die Soße zusammenrüh-ren und die anderen Salami, Pilze und Zwiebeln schneiden. Bei der Planung und während des Piz-zabackens redet man miteinander, benutzt also die *Wortsprache.*

4.8   Menschen – verschieden und doch gleich

Ausbreitung des modernen Menschen	**3.** Abb. 1	
Rassismus	**1.** Abb. 3	
Hautfarbe	**2.** Abb. 2, 3	

1.

Unter Rassismus versteht man, wenn einer Men-schengruppe Eigenschaften unterstellt werden, durch die sie abgewertet und als unterlegen oder minderwertig eingestuft wird. Rassismus ist men-schenunwürdig und gegen die Menschenrechte und Grundrechte.
Beispiele für Rassismus:
– Ausrottung der Indianer in Amerika
– Massenvernichtung von Juden im Nationalsozia-lismus

- Apartheid in Südafrika
- Rassismus in Form von Vorurteilen (abwertend, minderwertig, unterlegen)
- Unfaire Behandlung und Beschimpfung von fremd aussehenden Leuten im Alltag
- Diskriminierung / Benachteiligung, z. B. aufgrund der Hautfarbe
- Gewalt gegen Ausländer

2.

Die Hautfarbe ist eng korreliert mit der Intensität der UV-Strahlung in den Gebieten, in denen die Menschen leben bzw. in die sie einwanderten. Vergleichbare Strahlungsintensitäten kommen in Erdteilen mit ähnlichem Breitengrad vor und die Hautfarbe der dort lebenden, kulturell ganz unterschiedlichen Menschengruppen ist sehr ähnlich. Beispiele sind hierfür z. B. die Ureinwohner Australiens und Menschen in Zentralafrika, die eine dunkelbraune Haut haben oder Menschen in Nordafrika, Indien, Mittel- und Südamerika, die alle eine hellbraune Hautfarbe haben Die Hautfarbe ist daher kein Kriterium zur Zugehörigkeit zu einer bestimmten Menschengruppe, sondern eine Angepasstheit an das Klima. Alle Menschen stammen letztlich von dunkelhäutigen Afrikanern ab. Abbildung 3 macht deutlich, dass die Hautfarbe ein sehr „oberflächlicher" Aspekt ist und nichts mit Charakter und kulturellen Eigentümlichkeiten des jeweiligen Individuums zu tun hat. Rassisten dagegen stellen häufig abwertende Beziehungen zwischen Hautfarbe und Charaktereigenschaften bzw. Kultur her. Das ist sachlich falsch.

3.

Zeit	Wanderbewegung
vor 150.000 – 130.000 Jahren:	von Zentralafrika nach Nordafrika
vor 120.000 Jahren:	von Zentralafrika nach Südafrika
vor 100.000 Jahren:	Besiedlung der Arabischen Halbinsel und des Vorderen Orients
vor 50.000 Jahren:	über Südostasien bis nach Australien
vor 40.000 Jahren:	Besiedlung Europas über Südosteuropa
vor 35.000 Jahren:	von Mitteleuropa nach Innerasien
vor 30.000 – 40.000 Jahren:	von der Arabischen Halbinsel nach Innerasien, Ostasien und Südostasien
vor 20.000 Jahren:	Besiedlung Nordamerikas über die Behring-Straße und Alaska
vor 11.000 Jahren:	von Nord- nach Mittel- und Südamerika
vor 3.500 Jahren:	von Indonesien zu den Fidschi-Inseln
vor 2.500 Jahren:	von den Fidschi-Inseln zu den Gesellschaftsinseln und den Marquesasinseln
vor 1.600 Jahren:	von den Marquesasinseln nach Hawaii
vor 1.500 Jahren:	von den Marquesasinseln zu den Osterinseln
vor 1.200 Jahren:	von den Gesellschaftsinseln nach Neuseeland

5 Vielfalt der Lebewesen als Ressource

5.1 Wälder – bedrohte Vielfalt

Physikalische, chemische und biologische Stressoren	**1.** Abb. 1

pH-Wert-Messungen: Regenwasser	**2.** Abb. 2

Wälder und Artenvielfalt	**3.** Abb. 3

1.

Physikalische Stressoren:
– Lichtmangel
– Wassermangel, Trockenheit
– UV-Strahlung
– Feuer
– Wind
– hohe Temperaturen
– niedrige Temperaturen
– Bodenbewegung, Bodenerosion

Chemische Stressoren:
– Schwermetalle
– Überschuss an Mineralsalzen
– Mangel an Mineralsalzen
– Sauerstoffmangel bei Überflutung
– hoher Säuregehalt
– gasförmige Schadstoffe in der Luft

Biologische Stressoren:
– Bakterien- und Virenbefall
– Konkurrenz mit anderen Pflanzen
– Verbiss durch Tiere
– Insektenbefall
– Pilzbefall
– Tritt durch Weidetiere

Davon vorwiegend vom Menschen verursacht:
– Überschuss an Mineralsalzen (Überdüngung)
– hoher Säuregehalt („saurer Regen")
– Schwermetalle
– Gasförmige Schadstoffe in der Luft
– Tritt durch Weidetiere

Weitere der oben genannten Stressoren können durch Einwirkung des Menschen hervorgerufen werden, z. B.: Feuer durch Brandstiftung, Bodenerosion nach Abholzung, Mangel an Mineralsalzen nach intensiver Bewirtschaftung etc., aber auch natürlichen Ursprungs sein.

2.
Individuelle Ergebnisse (vgl. pH-Wert-Skala, Abbildung 2).

3.
artenarm (< 500 Arten pro 10 000 km^2)
– Polare Kältewüsten: Polargebiete am Nord- und Südpol, Tundra: Norden der USA und Kanada, Nordskandinavien, Nordasien;
– Wüsten: Sahara, Namib, Arabische Wüste, Turan, Gobi, Große Sandwüste in Australien, Atacama-Wüste

wenig artenreich (500–1500 Arten pro 10 000 km^2)
– Gebiete mit sommergrünem Laubwald, Teile der USA, Mittel- und Osteuropa, Ostasien, Steppengebiete: Prärien der USA, große Teile Asien (z. B. Kasachensteppe);
– tropische Trockenwälder in Südafrika, Südamerika und Australien

artenreich (1500–3000 Arten pro 10 000 km^2)
– Feuchtsavanne, subtropischer und tropischer Feuchtwald, Regenwald: Süden der USA, Mittelamerika, Teile Südamerikas, Südeuropa, Zentralafrika, Südostasien

besonders artenreich (> 3000 Arten pro 10 000 km^2)
– Teile des tropischen Regenwaldes: kleine Gebiete in Mittel- und Südamerika, Zentralafrika, Südostasien, Indonesien, Australien

In unbewaldeten Gebieten mit geringer Vegetation ist der Artenreichtum sehr gering. In den sommergrünen Laubwäldern der gemäßigten Zone ist die Artenvielfalt größer. Ausgesprochen artenreich sind Gebiete mit tropischem Regenwald. Die zunehmende Verringerung der Waldflächen könnte eine starke Abnahme der Artenvielfalt auf der Erde zur Folge haben.

5.2 Veränderung der Landschaft bedroht die Artenvielfalt

Impuls: Warum sind Amphibien in Deutschland bedroht?

Ansprüche der Amphibien	**1.** Abb. 1, 3

Veränderungen der Landschaft	**2., 3.** Abb. 2

Auswirkungen auf Amphibien	**2., 3.** Abb. 2, 3

1.
a)
Feuersalamander: Laichgewässer, Laubwald
Erdkröte: Laichgewässer, Hecken, Wiesen, Laubwald/ Mischwald
Grasfrosch: Laichgewässer, Wiesen oder Laubwald/ Mischwald
Teichmolch: Laichgewässer, Wiesen oder Laubwald/ Mischwald
b)
Erdkröte: ca. 3873 m
Grasfrosch: ca. 1414 m
Molch: ca. 707 m

2.
Individuelle Lösung, darin z. B.:
Artenschutz kann nur gelingen, wenn der Lebensraum der Tiere geschützt ist. Dabei genügt es nicht, minimale Landstücke unter Schutz zu stellen, da für ein Überleben der Art die Population genügend groß sein muss. Der Schutz muss sich dabei auch auf andere Tiere und Pflanzen erstrecken, die für die zu schützende Art eventuell als Nahrung dienen und die wiederum von anderen Tieren und Pflanzen abhängig sind. Artenschutz gelingt daher nur durch Erhaltung der Artenvielfalt.

3.
Die Heide ist ganz verschwunden. Fast alle größeren Gewässer existieren nicht mehr. Die noch verbleibenden Wälder sind sehr klein. Sumpfgebiete sind vollständig verschwunden. Die Zahl der Gebäude und Straßen hat zugenommen.
Diskussion: Individuelle Lösung, darin z. B.:
Mögliche Gründe: Entwässerung und Rodung von Flächen, um mehr Acker- und Weideflächen zu bekommen. Es leben mehr Menschen in diesem Raum. Es gibt mehr Verkehr. Felder und Wiesen müssen mit großen Maschinen bewirtschaftet werden.
Einige mögliche Argumente: Die Zahl der Gewässer, die zum Laichen geeignet sind, hat abgenommen. Wälder als Sommer- oder Winterlebensraum sind nur noch in geringem Maß vorhanden. Bei den Wanderungen der Amphibien müssen oft Straßen überquert werden. Die Mindestlebensräume (ohne Ackerland) sind zerstückelt und die Teile zu weit voneinander entfernt.
Einige mögliche Vorschläge zur Verbesserung der Amphibiensituation: Anlegen weiterer Gewässer als Laichgewässer, Anpflanzung von Wäldern, Wälder mit Hecken verbinden, Anlegen von Amphibienschutzzäunen oder Tunneln an den Straßen.

5.3 Bedrohung der Vielfalt durch eingeschleppte Pflanzen und Tiere

Weltweiter Güter- und Personenverkehr	Abb. 1

Neophyten und Neozoen	Abb. 2, 3

Recherche und Kurzreferat „Neobiota"	**1.** Abb. 2, 3

Der leer gefressene Wald	**2.** Abb. 5

Wettbewerb unter Pflanzen	**3.** Abb. 4

1.
Individuelle Lösung.

2.
a)
Lage und Größe von Guam:

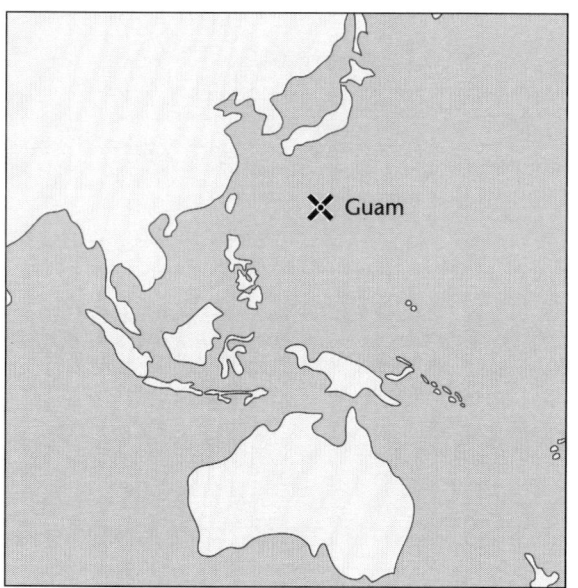

Die Insel liegt im Westpazifik, ca. 2000 km östlich der Philippinen (Insel Mindanao) und 2400 km südlich von Japan (Insel Honshu). die Koordinaten sind 13° 24′ N, 144° 43′ O. Guam ist ungefähr 48 km lang und 18,5 km breit und der höchste Berg ist ca. 406 m hoch.

b)

Guam, weltabgeschiedene Hauptinsel
der Marianen
↓
Einsetzender reger Flugverkehr (ca. um 1945)
↓
Ungeplanter Import: Braune Nachtbaumnatter
als „blinder Passagier"
↓
Unbemerkte Vermehrung und Ausbreitung
über die ganze Insel
↓
Weitere zahlreiche Nachkommen
mit großem Appetit
↓
Fast vollständige Dezimierung der Vogelwelt
(ca. 1985)
↓
Erweiterung des Nahrungsspektrums
der Braunen Nachtbaumnatter
↓
Dezimierung der Populationen von Mäusen,
Fledermäusen, Geckos und Eidechsen
↓
Allmählicher Rückgang der Population
der Braunen Nachtbaumnatter
↓
Zunehmender Nahrungsmangel
↓
Weitere Abnahme der Population der Braunen
Nachtbaumnatter

c) Die wichtigste Nahrungsgrundlage für Spinnen sind Insekten. Die Braune Nachtbaumnatter dezimierte den Bestand von Fledermäusen, Geckos und Eidechsen, den natürlichen Nahrungskonkurrenten der Spinnen. Durch das größere Nahrungsangebot konnte die Zahl der Spinnen erheblich zunehmen.

3.

Das Diagramm 4a beschreibt die Entwicklung der Höhe der Pflanzen des Drüsigen Springkrautes und der Großen Brennnessel im Laufe der Vegetationsperiode. Die Große Brennnessel wächst bis Anfang Juni kontinuierlich etwa gleich stark, bis sie eine Höhe von etwa 150 Zentimetern erreicht. Danach stellt sie das Wachstum ein. Das Drüsige Springkraut wächst zunächst etwas langsamer als die Brennnessel. Ab Mitte Mai setzt ein sehr starkes Wachstum ein, das erst im August beendet ist. Das Springkraut erreicht dann eine Höhe von etwa 2,10 Metern.

Das Diagramm 4b beschreibt die Entwicklung der gesamten Blattfläche pro Pflanze des Drüsigen Springkrautes, wenn es alleine in einem Bestand wächst (innerartliche Konkurrenz) und wenn es in Konkurrenz mit der Großen Brennnessel steht. Steht das Springkraut alleine im Bestand, so beginnt die Blattflächenzunahme mit Beginn des Monats Mai. Dann nimmt die Blattfläche stark zu und erreicht Ende Juli ein Maximum von etwa 1100 Quadratzentimetern. Steht das Springkraut zusammen mit der Großen Brennnessel im Bestand, so beginnt die Blattflächenzunahme ebenfalls mit Beginn des Monats Mai. Dann nimmt die Blattfläche sehr stark zu und erreicht bereits im Juli ein Maximum von etwa 1700 Quadratzentimetern.

Konkurrenz nennt man den Wettbewerb von Lebewesen um eine begrenzte Ressource.

Der zeitliche Verlauf des Höhenwachstums und die Größe der Blattoberfläche verdeutlichen die Stärken bzw. die Schwächen der beiden Konkurrenten um den Faktor Licht. Während die Brennnessel im Frühjahr bereits stark austreibt, ist das Springkraut noch schwach entwickelt. Anfang Juni sind die Höhenunterschiede zwischen beiden Arten am größten. Hier ist die Brennnessel noch im Vorteil. Ihr Blätterdach kann das Licht noch optimal nutzen. Das Springkraut erhält unter dem geschlossenen Blätterdach der Brennnessel nur wenig Licht. Anfang Juli überholt das Springkraut die Brennnesselpflanzen. Dann wächst es nur langsam weiter. Jetzt ist das Springkraut im Vorteil, denn es kann das Licht nun optimal nutzen. Seine Blattoberfläche ist unter Konkurrenz auch viel größer, sodass es besonders viel Licht einfangen und dadurch viel Fotosynthese betreiben kann. Unter den großen Blättern erhält die Brennnessel sehr wenig Licht. Sie kann daher nur wenig Fotosynthese betreiben.

M   Vielfalt erhalten – Bewerten und entscheiden

1.

Individuelle Lösung.

2.

Bewertungskriterium	Argumente für Rasen	Argumente für eine Blumenwiese
ökologisch	belebte, unversiegelte Fläche	belebte, unversiegelte Fläche, viele verschiedene Pflanzenarten, vollständige Entwicklung der Pflanzen, Nahrung und Lebensraum für viele verschiedene Organismen insbesondere für Insekten, hohe Biodiversität
wirtschaftlich	leicht zu pflegen z. B. mit einem Mähroboter, eventuell Kosten für das Anlegen des Rasens und für die regelmäßige Pflege durch eine Firma	nur ein- oder zweimal im Jahr zu mähen, eventuell Kosten für das Anlegen der Wiese und für die regelmäßige Pflege durch eine Firma
gesundheitlich, Erholungsfunktion	allergikerfreundlich, da die Gräser nicht zum Blühen kommen, kein Lebensraum für „Ungeziefer", ordentlicher Eindruck, Spielfläche für die Enkel	vor allem in der Blütezeit schön anzusehen, Entdeckungsraum für die Enkel
Entscheidung		

5.4 Bedeutung der Biodiversität

Biodiversität auf verschiedenen Systemebenen	**1.** Abb. 1

Biodiversität als Grundlage von Züchtungen	**2.** Abb. 2

Bedeutung der Biodiversität	**3., 4.** Abb. 3

Genetische Vielfalt und Umweltveränderungen	**5.**

1.

Ebene der Gene: Innerhalb einer Population unterscheiden sich die einzelnen Individuen voneinander. Diese Unterschiede sind teils auf Modifikationen zurückzuführen, im Wesentlichen aber auf genetische Unterschiede, die dadurch zustande kommen, dass verschiedene Allele in den verschiedenen Individuen miteinander kombiniert sind.

Ebene der Arten: In einem Ökosystem leben unterschiedliche Arten, die in ihren Beziehungen zueinander in einem Netzwerk eingebunden sind. Je mehr Arten in einem Ökosystem leben, umso größer ist die Biodiversität dieses Ökosystems.

Ebene der Ökosysteme: Es gibt eine Vielzahl von Ökosystemen, die sich in ihren klimatischen Bedingungen und ihrer Artenzusammensetzung unterscheiden. Je höher die Vielfalt an Ökosystemen, umso größer ist auch hier die Biodiversität.

2.

Der Wildapfel existiert in vielen verschiedenen Formen. Einige wichtige Merkmale für eine Züchtung sind z. B. viel Fruchtfleisch, ansprechende Farbe,

Süße der reifen Früchte, Widerstandsfähigkeit gegenüber Schädlingen, Klimaangepasstheiten usw. Durch fortlaufende Kreuzungen können Merkmale, die für ein bestimmtes Kreuzungsziel von Nutzen sind, miteinander kombiniert werden. Die genetischen Anlagen dafür findet man in der Vielfalt des Wildapfels. Diese Vielfalt ist daher die Grundlage für alle Züchtungen.

3.

Individuelle Lösung.

4.

Die biologische Vielfalt ist die Grundlage für das Funktionieren der Ökosysteme. Da der Mensch Teil der Ökosysteme ist, hat die biologische Vielfalt fundamentalen Wert für den Menschen. Dieser Wert kann unter verschiedenen Gesichtspunkten betrachtet werden: Wirtschaftlicher Wert, ökologischer Wert z. B. in Form von Ökosystem-Dienstleistungen und damit verbunden als Wert für das Wohlergehen der Menschen. Die Biodiversität ist bedroht durch den Menschen.

Gründe für den Schutz: Individuelle Lösung.

5.

Durch Veränderung der Umwelt verändern sich auch die Selektionsfaktoren für die Organismen eines Ökosystems. Nur solche Arten, von denen mindestens ein Teil der Individuen mit diesen neuen Umweltbedingungen zurechtkommt, können überleben. Grundlage für Biodiversität in einer Population ist eine große genetische Variabilität. Je größer diese ist, umso größer ist die Wahrscheinlichkeit, dass Individuen einer Population bei einer Umweltveränderung, wie z. B. der Klimaerwärmung, überleben und die Population fortbesteht.

6 Signale: senden, empfangen und verarbeiten

6.1 Kommunikation beim Menschen

Verbale Kommunikation, Wortsprache	**1.** Abb. 1
Kommunikationsschema	**2.** Abb. 2

Verbale und nonverbale Kommunikation	**3.**
Kultur, Überlieferung, soziale Kompetenz	**4.** Abb. 3

1.

Individuelle Lösung, z. B.:

Informationen im Text	Beispiele aus dem eigenen oder allgemeinem Erfahrungsbereich
Die Fähigkeiten zum Verstehen und Sprechen von Sprachen bei allen Menschen im Gehirn bei der Geburt angelegt.	Mütter sprechen direkt nach der Geburt ihre neu geborenen Kinder an. Die Neugeborenen nehmen die Stimme offensichtlich wahr.
Von der Wortsprache abgeleitet ist die Schrift.	Am Anfang der geschriebenen Sprache steht ein Gedanke, in Wortsprache formuliert. Die Überführung in die Schreibsprache, in Texte, ermöglicht verbale Kommunikation in breiterem Rahmen.
Wortsprache ermöglicht Verständigung über Vergangenes und Zukünftiges.	Eltern und Großeltern erzählen häufig gerne von ihren eigenen Erlebnissen in der Vergangenheit. In bestimmten Situationen macht man sich Gedanken über eigene Wünsche und Ziele, die in der Zukunft liegen.
Wortsprache ermöglicht Verständigung über alles, was nicht unmittelbar wahrzunehmen ist.	Wortsprache ermöglicht spannende Erzählungen über eigene Erlebnisse. Auch Freunde können über ihre Erlebnisse berichten.
Die Wortsprache bildet zusammen mit dem umfassenden Vermögen des Menschen für Lernen und Gedächtnisbildung die Grundlage für vorausschauende Planungen und für die Kultur des Menschen.	Durch Überlieferungen werden Erfahrungen mithilfe von Wortsprache von Generation zu Generation weiter gegeben. Neben der Vermittlung von Wissen über Bücher oder andere Medien können auch Bindungen zwischen Menschen hergestellt werden. Durch diese soziale Intelligenz entstehen Freundschaften, Kultur wird geschaffen, Bildung wird, z. B. in der Schule, auch zum eigenen Nutzen geschaffen.

Tabelle: Eigenschaften und Bedeutung der Wortsprache

2.

a) Das Kommunikationsschema in Abb. 2 zeigt den Kommunikationsweg vom Sender zum Empfänger und wieder zum Sender zurück. Die Lehrerin oder der Lehrer stellt als Sender im Mathematikunterricht den Schülerinnen und Schülern als Empfänger eine Aufgabe. Die Aufgabenstellung des Senders wird im Gehirn formuliert, über Nerven weiter geleitet und schließlich mithilfe der Sprechmuskulatur artikuliert. Die Sprachaufgabe ist das zu übermittelnde Signal. Über die Ohren werden die Signale aufgenommen, umgewandelt und gelangen über den Hörnerv zum Gehirn des Empfängers. Dort erfolgen die Wahrnehmung der Aufgabe und deren gedankliche Lösung, die über bestimmte Nerven zur Sprechmuskulatur gelangt und dort als Signal formuliert wird. Durch die sprachliche Mitteilung der Lösung wird jetzt der ursprüngliche Empfänger der Aufgabe zum Sender. Die Sprachsignale gelangen über das Ohr und den Hörnerv schließlich zum Gehirn des ursprünglichen Senders, in dem die Wahrnehmung und Bewertung der Lösung erfolgt. Der Sender im Kommunikationsschema ist zum Empfänger geworden.

b) Individuelle Lösung, z. B. Kommunikation zwischen Mensch und Hund:

gut erzogener Hund			Signal	Hundebesitzer		
	Nerven→	Bewegung→	Hund setzt sich vor den vollen Napf und wartet →	Auge →	Sehnerv	
Gehirn						Gehirn
	Hörnerv	← Ohr	Sprache ← „Friss"	← Sprech- muskeln	← Nerven	

3.

Individuelle Lösung.

4.

Das Bild zeigt, wie eine Nachricht oder eine Information von einer Person über viele Personen weitergegeben wird und letztlich wieder zu ihr zurückkommt. Man sieht, dass die erzählende Person (Sender) und die angesprochene Person (Empfänger) miteinander in Wortsprache kommunizieren. Hinzu kommt noch bei einigen Paaren, die sich von Angesicht zu Angesicht gegenüberstehen, dass auch über die nonverbale Mimik und Gestik entsprechend kommuniziert wird. Durch die unterschiedlichen Sender und Empfänger wurde die ursprüngliche Information immer wieder modifiziert, sodass die anfangs erzählende Frau anscheinend betroffen ist, als sie von dem Mann zur Rede gestellt wird, um den es möglicherweise bei der Information ging. Das Bild verdeutlicht die Neigung des Menschen, Informationen weiterzugeben und dabei individuell zu verändern sowie die Emotionen, die dies bei den jeweiligen Personen in der Kommunikationskette hervorrufen kann.

Dieses im Bild dargestellte Phänomen wird z. B. auch als „Klatsch und Tratsch" bezeichnet.

Der Titel des Bildes könnte z. B. folgendermaßen lauten:

„Der Klatsch", „Der Tratsch", „Klatsch und Tratsch", (…).

6.2 Kommunikation und Verhalten bei Tieren

Kommunikation und Funktionen der Signale	**1.** Abb. 1

Recherche und Präsentation: Tiefseeanglerfisch	**2.**

Bewertung der Kampfstärke von männlichen Erdkröten	**3.** Abb. 2

Attrappenversuch	**4., 5.** Abb. 3

1.
Individuelle Lösung.

2.
Individuelle Lösung, z.B.: Weibliche Tiefsee-Anglerfische besitzen auf dem Kopf ein Leuchtorgan. Bei einigen Arten sitzt es am Ende eines Fadens und kann wie mit einer Angel hin und her bewegt werden. Man nimmt an, dass es als Beuteattrappe fungiert. Raubfische werden angelockt und können dann vom Tiefsee-Angerfisch verschluckt werden.
Hinweis: Video- und Bildrecherchen im Internet führen zu attraktiven Ergebnissen für die Präsentationen.

3.
a) Fragestellung: Welchen Einfluss haben die Tonhöhen der Abwehrlaute bei der Bewertung der Kampfstärke bereits verpaarte Erdkrötenmännchen durch konkurrierende andere Erdkrötenmännchen?
b) In Einzelexperimenten greifen ausschließlich mittelgroße Erdkrötenmännchen bereits verpaarte Erdkrötenmännchen durch Umklammerungen an. Unter natürlichen Verhältnissen geben die angegriffenen Tiere bei der Umklammerung Signale in Form von Tönen ab. Größere Erdkrötenmännchen produzieren tiefe Töne, kleinere hohe Töne. Unter

den gegebenen Versuchsbedingungen werden diese Signale verändert.
In einer ersten Versuchsreihe werden kleine Verteidiger so manipuliert, dass sie keine eigenen Tonsignale aussenden können. Die Tonsignale werden durch authentische akustische Signale aus Lautsprechern ersetzt. Die Anzahl der Angriffe durch mittelgroße Angreifer wird bei jeweils gleicher Stichprobenanzahl für hohe und für tiefe Töne ermittelt. Bei hohen Abwehrtönen beträgt die Anzahl der erfolgten Angriffe 11, bei tiefen Abwehrtönen 4.
In einer zweiten Versuchsreihe werden große Verteidiger wie in Versuchsreihe 1 so manipuliert, dass sie keine eigenen Tonsignale aussenden können. Die Tonsignale werden ebenfalls durch authentische akustische Signale aus Lautsprechern ersetzt. Die Anzahl der Angriffe durch mittelgroße Angreifer wird bei jeweils gleicher Stichprobenanzahl für hohe und für tiefe Töne ermittelt. Bei hohen Abwehrtönen beträgt die Anzahl der erfolgten Angriffe 3, bei tiefen Abwehrtönen erfolgt nur ein Angriff.
Auswertung: Die Bewertung der Kampfstärke bereits verpaarter Erdkrötenmännchen erfolgt nicht ausschließlich durch die Tonhöhe akustischer Signale. Die Zahl der Angriffe auf große Verteidiger ist bei hohen und bei tiefen Tönen deutlich geringer als die Zahl der Angriffe auf kleine Verteidiger. Die Vermutung, dass die Größe der Verteidiger durch die Angreifer zusätzlich durch z.B. durch die optische Wahrnehmung erkannt wird, liegt nahe. Diese Vermutung könnte in weiteren Versuchen überprüft werden.

4.
Auswertung der Anzahl der Beutefangversuche in Abhängigkeit von der Platzierung der Attrappe:
waagerecht in Bodenhöhe:
ca. 42 Beutefangversuche (a)
waagerecht in 20 mm Höhe:
ca. 35 Beutefangversuche (e)
schräg nach rechts oben:
ca. 10 Beutefangversuche (b)
schräg nach links oben:
ca. 10 Beutefangversuche (d)
senkrecht am Boden:
ca. 0 Beutefangversuche (c)

5.

Anhand der Ergebnisse kann man schließen, dass die Ausdehnung des Objektes in Richtung der Bewegung des Pappstreifens (waagerechte Anordnung) eher einem Beuteobjekt entspricht, während Objektausdehnung in senkrechter Richtung zur Bewegung des Pappstreifens die Zahl der Beutefangversuche herabsenkt.

Längliche, wurmähnliche Objekte sind für Kröten besonders attraktiv. Wird aber dasselbe Objekt aus der Horizontalen um 45° senkrecht gedreht, sinken die Zuwendungen der Kröte zur Beute pro Sekunde von anfänglich ca. 42 Beutefangversuchen auf nur noch 10 pro Sekunde ab. Steht der Streifen senkrecht, ist er als Beuteobjekt unattraktiv (Würmer kriechen nicht in senkrechter Haltung). Wird das wurmähnliche Objekt aber in die waagerechte Ausgangslage gebracht, passt er wieder optimal in das Schema „kriechende, wurmähnliche Beute", auch wenn der Streifen etwas oberhalb des Bodens positioniert ist.

6.3 Das Auge

Bau des Auges, Stationen des Sehens	**1.** Abb. 1
Der blinde Fleck	**2.** Abb. 1, 3

Dämmerungssehen und Farbensehen	**3. a, 4.** Abb. 2, 4
Rot-Grün-Sehschwäche	**3. b, c** Abb. 4

1.

Licht gelangt durch die Hornhaut ins Auge
↓
Licht wird durch die Pupille gelassen
↓
Licht wird durch die Linse gebrochen
↓
Licht gelangt durch den Glaskörper
↓
Licht trifft auf die Netzhaut
↓
Sehsinneszellen (Stäbchen und Zapfen) reagieren und senden elektrische Signale an Nervenzellen
↓
Nervenzellen senden elektrische Signale an Sehnervenzellen
↓
Sehnervenzellen senden die Information als elektrisches Signal an das Gehirn
↓
Im Gehirn entsteht die Seh-Wahrnehmung

2.

a) Beschreibung: Beim Fixieren des Kreuzes ist dieses scharf zu erkennen, Kreis und Rechteck wirken undeutlicher. Bei einem bestimmten Abstand zwischen Auge und Buch ist rechts nur noch der Kreis zu sehen, das Rechteck ist verschwunden. Wird der Abstand noch kleiner, so taucht das Rechteck wieder auf, dafür verschwindet der Kreis. Wenn das Buch direkt vor die Augen gehalten wird, sind beide Symbole wieder zu sehen.

Erklärung: Beim Fixieren des Kreuzes wird dieses auf der Netzhaut am gelben Fleck abgebildet, wo die Zapfen besonders dicht stehen, hier wird dadurch besonders scharf gesehen. Kreis und Kreuz sind weiter außen auf der Netzhaut abgebildet, wo die Sehsinneszellen weniger dicht stehen und werden weniger exakt wahrgenommen. Bei einem bestimmten Abstand zwischen Auge und Buch fällt Licht, das vom Rechteck kommt, genau auf den blinden Fleck, den Bereich auf der Netzhaut, an dem der Sehnerv das Auge verlässt. Da sich dort keine Sinneszellen befinden, wird die Lichtinformation nicht verarbeitet und man kann das Rechteck nicht wahrnehmen. Wenn der Abstand kleiner ist, werden Kreis und Rechteck an anderen Stellen der Netzhaut abgebildet, und nun trifft das Licht des Kreises genau auf den blinden Fleck – der Kreis wird nicht gesehen, während das Rechteck wieder sichtbar ist. Bei sehr kleinem Abstand sind beide Symbole ganz außen auf der Netzhaut abgebildet und sind für uns sichtbar.

Der Versuch ist ein Nachweis für den blinden Fleck. Die genaue Beobachtung zeigt, dass, während der Kreis verschwindet, an dieser Stelle trotzdem etwas gesehen wird, nämlich rote Farbe. Dies ist darauf zurückzuführen, dass das Gehirn den durch den blinden Fleck unbekannten Teil rekonstruiert und sinnvoll ergänzt: Sinnvoll bedeutet hier, dass der rechts und links des blinden Flecks abgebildete rote Hintergrund auch in der Wahrnehmungslücke fortgesetzt wird.

b) Der Versuch funktioniert auch mit einer Abbildung in einer anderen Farbe. Die Existenz des blinden Flecks ist unabhängig vom Farbensehen, das durch die drei unterschiedlichen Zapfentypen vermittelt wird. Wird der Versuch mit einer Abbildung anderer Farbe durchgeführt, wird nochmals deutlich, dass das Gehirn die durch den blinden Fleck entstehende Wahrnehmungslücke durch die entsprechende Hintergrundfarbe ergänzt.

3.

a) Abbildung 2 zeigt in einer Grafik die unterschiedliche Empfindlichkeit der drei Zapfentypen: blauviolett-empfindliche Zapfen reagieren maximal auf Licht der Wellenlänge 450 nm, was blauvioletter Farbe entspricht. Grün-empfindliche Zapfen reagieren besonders empfindlich auf Licht mit einer Wellenlänge von 540 nm (grün-gelb) und rot-empfindliche Zapfen auf Licht der Wellenlänge 600 nm (rot).
Auf Licht mit Wellenlängen ähnlich zum Optimum reagieren alle Zapfen auch, aber zunehmend weniger empfindlich, der Empfindlichkeitsverlauf ist glockenförmig.
Die Bereiche, in denen die Zapfentypen empfindlich sind, überschneiden sich teilweise, z.B. reagieren alle Zapfen auf blau-grünes Licht (500 nm), die grün-empfindlichen Zapfen sehr stark, beide anderen Typen nur sehr schwach. Jeder Farbe entspricht so

ein bestimmtes Reaktionsmuster der drei Zapfentypen.
Auf UV-Licht, das kurzwelliger ist als 400 nm, reagieren keine Zapfen, dieses Licht bleibt für uns unsichtbar; gleiches gilt für Infrarot-Licht mit Wellenlängen über 660 nm.

b) Der grün-empfindliche Zapfentyp ist für grün-gelbes Licht zuständig, für das die anderen beiden Zapfentypen kaum empfindlich sind. Wenn dieser ausfällt, ist das Reaktionsmuster der Zapfen (insbesondere die Aktivität der Rot-Zapfen) bei rot und grün sehr ähnlich und ruft den gleichen Wahrnehmungseindruck hervor – die Farben können nicht eindeutig unterschieden werden. Besonders in einem Punktemuster (Abb. 4), das unterschiedliche Helligkeiten beinhaltet, und in dem die eingebettete Zahl nur durch ihre Farbinformation erkennbar ist und nicht durch ihren Kontrast, wird dies deutlich und die Rot-Grün-Schwäche wird offensichtlich.

c) Anders als die Punkte auf der Testtafel unterscheiden sich die rote und grüne Ampelfarbe nicht nur durch ihre Wellenlänge (Farbe), sondern auch durch ihre Helligkeit. Die Farben der Ampel können daher auch von Personen mit Rot-Grün-Sehschwäche unterschieden werden. Hinzu kommt, dass auf einer Ampel jeder Farbe eine bestimmte Position zugeordnet ist, die eindeutig die Anweisung (halten oder fahren) anzeigt.

4.

Der fixierte Text wird auf der Netzhaut am Ort des schärfsten Sehens, dem gelben Fleck, abgebildet. Hier befinden sich nur Zapfen. Diese sind nicht besonders lichtempfindlich. Bei Dämmerung reicht das Licht nicht mehr aus, um die Zapfen des gelben Flecks anzuregen. Die Buchstaben, auf die man den Blick genau fixiert hat, sind deshalb nicht mehr erkennbar. Die Gegenstände der Umgebung werden auf der Netzhaut am Rand abgebildet, hier befinden sich viele Stäbchen, die sehr lichtempfindlich sind, daher schon bei sehr wenig Licht gereizt werden und daher auch bei Dämmerung noch die Sehinformation vermitteln. Allerdings sind die Stäbchen unempfindlich für verschiedene Farben, und es erscheint daher alles in Graustufen und nicht in Farbe.

6.4 Akkommodation und Funktionsstörungen des Auges

Die Lichtbrechung im Auge	Abb. 1
Exkurs: Physikalische Grundlagen der Lichtbrechung	Abb. 5
Akkommodation	**1., 3.** Abb. 1
Korrektur von Kurz- und Weitsichtigkeit	**2.** Abb. 2
Fische fangen mit dem Speer (Lichtbrechung)	**4.** Abb. 3, 4, 5

1.

Um ein Bild scharf zu sehen, müssen die Lichtstrahlen, die von einem Punkt eines Gegenstandes ausgehen, auch in einem Punkt auf der Netzhaut zusammentreffen. Wenn der Gegenstand weit entfernt ist, müssen hierfür die auf das Auge treffenden Lichtstrahlen nur schwach gebrochen werden. Eine schwache Brechung wird dadurch erzielt, dass der Ringmuskel sich entspannt, die Linsenbänder dadurch gespannt werden und die Linse auseinander gezogen wird und eine flache Form annimmt. An einer flachen Linse wird das Licht nur schwach gebrochen. Ist ein Gegenstand nah, so muss die Lichtbrechung verstärkt werden, um ein scharfes Bild auf der Netzhaut zu erzielen: Der Ringmuskel zieht sich zusammen, die Linsenbänder erschlaffen, und die Linse nimmt eine kugelige Form an, die das einfallende Licht stark bricht. Die Anpassung der Brechungskraft des Auges auf unterschiedliche Entfernungen nennt man Akkommodation.

2.

Bei Kurzsichtigkeit ist die Brechkraft der Linse zu stark, weit entfernte Gegenstände können daher nicht scharf gesehen werden, da sich die Lichtstrahlen schon vor der Netzhaut treffen. Zur Korrektur wird eine zusätzliche Linse verwendet (Brille oder Kontaktlinse), die die Lichtstrahlen in die andere Richtung bricht (konkave Linse) und den Brennpunkt nach hinten auf die Ebene der Netzhaut verschiebt.

Bei Weitsichtigkeit ist die Brechkraft der Linse zu schwach, nahe Gegenstände können daher nicht scharf gesehen werden, da sich die Lichtstrahlen erst hinter der Netzhaut treffen würden. Zur Korrektur wird eine zusätzliche Linse verwendet (Brille oder Kontaktlinse), die die Lichtstrahlen zusätzlich bricht (konvexe Linse) und den Brennpunkt nach vorne auf die Ebene der Netzhaut verschiebt.

3.

a) Mögliches Experiment: Auf Papier wird als Testfigur ein Kreis mit einer kleinen Lücke gezeichnet. Das Papier kann so gehalten werden, dass die Lücke entweder oben, unten, rechts oder links zu sehen ist. Der Versuchsperson wird das Papier in Stufen immer näher an das Auge herangeführt, bis die Unterscheidung nicht mehr richtig gemacht wird. Der Abstand, bei dem die Figur gerade noch richtig erkannt wird, gibt die Nahpunktentfernung an.

b) Individuelle Lösung.

4.

Beim Beobachten des Fisches vom Uferrand aus, schaut man schräg von oben auf das Wasser. Die Lichtstrahlen werden dabei an der Wasseroberfläche, der Grenze zwischen zwei unterschiedlich dichten Medien, gebrochen (Abb. 4a). Dadurch erscheint der Fisch weiter weg als er in Wirklichkeit ist. Dementsprechend werden Ungeübte den Speer zu weit hinten in das Wasser stoßen und verfehlen das Ziel. Um die Trefferwahrscheinlichkeit zu erhöhen, müsste man auf einen Punkt etwas vor dem Bild des Fisches im Wasser zielen.

Dies wird auch deutlich aus Abbildung 3: Der Stab ist gerade, sieht aber aus, als hätte er genau dort einen Knick, wo er ins Wasser taucht. Dies ist die „optische Hebung" durch die Lichtbrechung an der Grenzfläche zwischen Wasser und Luft. Um die Spitze des Stabes im Wasser zu treffen, müsste man mit einem Speer vor das Bild der Stabspitze zielen.

6.5   Die Pupillenreaktion ist ein Regelungsvorgang

Veränderung der Pupillengröße	**1.** Abb. 1–3
Pfeildiagramme zu Regelungs-vorgängen	**2.**
Pupillenreaktion für beide Augen	**3.** Abb. 4

1.

Die Größe der Pupille ist durch die Pupillenreaktion so eingestellt, dass die Lichtintensität, die zur Netzhaut gelangt, nicht zu groß und nicht zu klein ist. In einem hellen Raum ist die Pupillengröße relativ klein eingestellt.

Tritt man aus einem hellen Raum in eine dunkle Umgebung, so nimmt die Lichtintensität auf der Netzhaut plötzlich ab. Die Lichtsinneszellen werden kaum gereizt, die Wahrnehmung kann stark eingeschränkt sein.

Die abnehmende Lichtintensität auf der Netzhaut führt über die Regelung zur Vergrößerung der Öffnungsweite der Pupille. Die Lichtintensität auf der Netzhaut nimmt zu. Umgekehrt gilt ebenso: Steigt die Lichtintensität auf der Netzhaut, so führt die Regelung zu einer Verkleinerung der Öffnungsweite der Pupille. Die Lichtintensität auf der Netzhaut nimmt ab.

2.

– Jemand spart 1000 Euro mit einer jährlichen Verzinsung von zwei Prozent.

Nach einem Jahr beträgt das Guthaben 1020,00 Euro, nach zwei Jahren 1040,40 Euro, nach drei Jahren 1061,28 Euro, nach vier Jahren 1082,58 Euro und nach fünf Jahren 1104,06 Euro.

Je mehr Geld auf dem Konto ist, desto mehr Zinsen fallen an.

Je mehr Geld auf dem Konto bleibt, desto mehr steigt der Zugewinn.

⊕ gleichsinnige Beziehung; je mehr … desto mehr

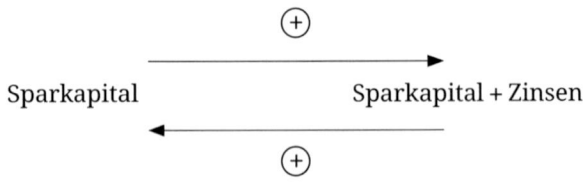

– Je höher der Gehalt an Kohlenstoffdioxid im Blut ist, desto intensiver erfolgt die Atmungsfrequenz.

Je mehr Kohlenstoffdioxid im Blut ist, desto mehr Atemzüge erfolgen pro Zeiteinheit.

⊕ gleichsinnige Beziehung; je mehr … desto mehr

Je mehr Atemzüge pro Zeiteinheit, desto weniger Kohlenstoffdioxid ist im Blut.

⊖ gegensinnige Beziehung: je mehr, desto weniger

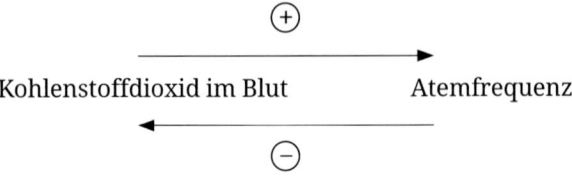

– Wassertrinken beeinflusst den Wassergehalt im Blut. Eine geringfügige Abnahme des Wassergehalts im Blut führt bei gesunden Menschen zu Durst bzw. zur Aufnahme von Flüssigkeit.

Je weniger Wasser im Blut ist, desto mehr Durst führt zur Wasseraufnahme.

$\ominus$ gegensinnige Beziehung: je weniger... , desto mehr
Je mehr Wasser aufgenommen wird desto mehr Wasser gelangt in das Blut.
$\oplus$ gleichsinnige Beziehung; je mehr ... desto mehr

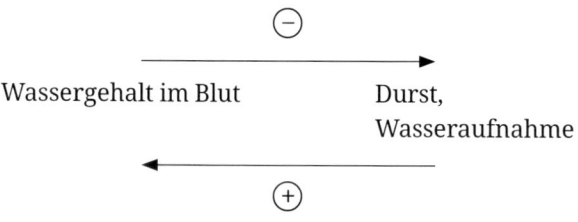

Wassergehalt im Blut   Durst, Wasseraufnahme

– Muskeln können sich aktiv nur zusammenziehen, nicht aber aktiv strecken. Die meisten Muskeln arbeiten paarweise zusammen. Zum Beispiel Armbeuger und Armstrecker. Je stärker sich der Armbeuger (Armstrecker) kontrahiert, desto stärker wird der Armstrecker (Armbeuger) gestreckt. Das heißt anders ausgedrückt: Je stärker sich der

eine Muskel kontrahiert, umso weniger ist der Gegenspieler kontrahiert. Es ist in beiden Richtungen eine gegensinnige Beziehung.
$\ominus$ gegensinnige Beziehung: je mehr... desto weniger

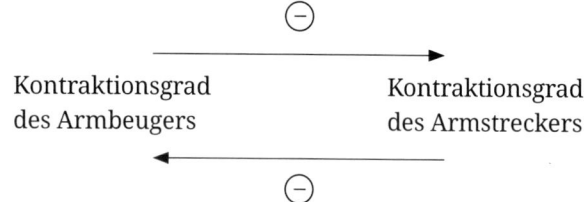

Kontraktionsgrad des Armbeugers   Kontraktionsgrad des Armstreckers

3.
Fällt das Licht in das eine Auge, so verengt sich nicht nur die Pupille des bestrahlten Auges, sondern auch die des anderen, verdeckten Auges. Da sich die zweite Pupille verengt, obwohl kein Licht eingefallen ist, liegt eine Kopplung der Pupillenreaktion beider Augen vor.

6.6 Reiz – Reaktion

Vom Reiz zur Reaktion	**1.**	Abb. 1, 2
Reaktionszeit	**3.**	Abb. 4, 5
Vergleich Organismus / Computersystem (EVA)	**2.**	Grundwissen
Einfluss von Störungen	**4.**	Abb. 2, 3

1.
Das Schema ist ein Fließdiagramm, das die Vorgänge vom Reiz bis zur Reaktion darstellt: Reize aus dem Körperinneren oder aus der Umwelt werden von Sinnesorganen erfasst, über das Nervensystem zum Gehirn geleitet und dort mit bisherigen Erfah-

rungen abgeglichen. Es entsteht die Empfindung, diese wird im Gehirn bewertet und eine Reaktion wird ausgelöst.
Die Angaben in Schema und Grundwissentext decken sich im Wesentlichen. Das Grundwissen ist allerdings ausführlicher (z.B. bei der Unterscheidung in sensorische und motorische Nerven).

2.
Mögliches Fließdiagramm:
Sehen des Balles → Einschätzung der Größe, Schwere und Geschwindigkeit des Balles → Verfolgen der Bewegung des Balles und gedankliches Weiterverfolgen der Flugbahn, Berechnung des voraussichtlichen Ort des Auftreffens → Laufen zur Stelle des vermuteten Auftreffens → Heben der Arme → Halten der Hände in der richtigen Position und im richtigen Abstand → Bei Auftreffen des Balls Kraftaufwendung mit den Händen entgegen der Flugrichtung des Balles → Gleichzeitig schnelles Zusammenführen der Hände, um den Ball festzuhalten → Bei fest geworfenem Ball gleichzeitig leichtes Beugen der Beine und Ausgleichsbewegung, um

den Schwung abzufangen und den Stand zu stabilisieren.

Möglicher Vergleich:

- Sehen des Balles (E),
- Einschätzung der Größe, Schwere und Geschwindigkeit des Balles (V),
- Verfolgen der Bewegung des Balles und gedankliches Weiterverfolgen der Flugbahn, Berechnung des voraussichtlichen Ortes des Auftreffens (E, V),
- Laufen zur Stelle des vermuteten Auftreffens (A),
- Heben der Arme (A),
- Halten der Hände in der richtigen Position und im richtigen Abstand (V, A),
- Bei Auftreffen des Balls Kraftaufwendung mit den Händen entgegen der Flugrichtung des Balles (A),
- Gleichzeitig schnelles Zusammenführen der Hände, um den Ball festzuhalten (A),
- Bei fest geworfenem Ball gleichzeitig leichtes Beugen der Beine und Ausgleichsbewegung, um den Schwung abzufangen und den Stand zu stabilisieren (A).

3.

Mögliche Versuchsbeschreibung: Eine Person hält das Lineal senkrecht mit der Nullmarke nach unten. Eine zweite Person ist die Versuchsperson. Sie hält Daumen und Zeigefinger in Höhe der Nullmarke. Sie versucht, das Lineal zu fassen, sobald die erste Person es loslässt. Aus der Fallstrecke des Lineals lässt sich die Reaktionszeit ablesen.

Versuchsdurchführung und Auswertung: individuelle Lösung.

4.

Individuelle Lösung.

Es ist zu erwarten, dass die Farben in Reihe A schneller in der richtigen Reihenfolge genannt werden als in Reihe B.

Die Farben in der Reihe A entsprechen als Umweltreize unmittelbar den bisherigen Erfahrungen, die im Gehirn schnell ausgewertet werden und zu einer schnellen Reaktion führen (Wiedergabe der Reihenfolge). In Reihe B sind außer den Farben weitere Informationen vorhanden, die in dieser Kombination neu sind. Der Abgleich mit bisherigen Erfahrungen im Gehirn erfordert mehr Zeit. Irritationen werden dadurch erzeugt, dass die Wortangaben der Farben nicht mit den Farben der jeweiligen Buchstaben übereinstimmen.

6.7 Nervenzellen

Bau einer Nervenzelle		Abb. 1
Informationsübertragung an Synapsen	**1.**	Abb. 3
Nerven mit und ohne Markscheide	**3.**	Abb. 2, 4
Wirkung von Narkose, Nervengas und Drogen	**2.**	Abb. 3

1.

a)

Ankommende elektrische Impulse im Endknöpfchen des Axons
↓
Ausschüttung von Transmittermolekülen in den synaptischen Spalt
↓
Binden der Transmittermoleküle an Rezeptoren der postsynaptischen Membran
↓
Auslösung eines elektrischen Impulses in der Zielzelle

b) Die Synapse als Verbindungsstelle zwischen zwei Nervenzellen ist in ihrem Aufbau und ihrer Funktion gerichtet: Auf der einen Seite, im Endknöpfchen, befinden sich Bläschen mit Transmittermolekülen, die bei ankommenden elektrischen Impulsen mit der präsynaptischen Membran verschmelzen und dadurch spezifische Transmittermoleküle in den synaptischen Spalt freisetzen. Auf der anderen Seite des synaptischen Spalts befinden sich in der postsynaptischen Membran Rezeptoren, die die Transmitter der vorgeschalteten Nervenzelle nach dem Schlüssel-Schloss-Prinzip binden. Die eine Zelle kann daher nur als Reaktion auf einen elektrischen Impuls Transmitter ausschütten, die andere als Reaktion auf die Bindung von Transmittern elektrische Impulse generieren; die Informationsübertragung findet also immer in die gleiche Richtung statt.

2.

Narkosestoffe können z.B. dadurch wirken, dass sie Rezeptoren der postsynaptischen Membran blockieren und damit verhindern, dass Transmittermoleküle binden und elektrische Signale ausgelöst werden. Die Weiterleitung des Nervenimpulses wird dadurch verhindert und damit z.B. die bewusste Wahrnehmung ausgeschaltet.

Enzyme im synaptischen Spalt sind dafür zuständig, Transmittermoleküle abzubauen und damit unwirksam zu machen. Wenn diese Enzyme durch Nervengase blockiert sind, bleiben die Rezeptoren unkontrolliert aktiviert, ohne dass an der vorgeschalteten Zelle elektrische Signale die gezielte Transmitterauschüttung auslösen und es werden in der Zielzelle kontinuierlich elektrische Impulse ausgelöst. Es kommt zu einer Daueraktivierung und damit zum Verlust der Information.

Drogen, die wie Transmittermoleküle den Rezeptor aktivieren, bewirken in der Zielzelle elektrische Impulse, auch ohne eine Aktivierung der vorgeschalteten Zelle, bzw. sie verstärken die postsynaptische Reaktion auf einen leichten Reiz. Es kann daher z.B. zur Verstärkung von Gefühlszuständen oder zu Falsch-Wahrnehmungen wie Halluzinationen kommen.

3.

Die schnelle Nervenleitung und damit schnelle Bewegungen der Hände und der Arme sind für Wirbeltiere vorteilhaft. So können sie schneller reagieren oder Beute schneller greifen. Individuen mit etwas schnelleren Bewegungen konnten länger überleben und sich effektiver fortpflanzen als Individuen mit etwas langsameren Bewegungen von Armen und Händen.

Umgekehrt ist eine langsame Darmtätigkeit vorteilhaft, weil so die Nahrung besonders effektiv abgebaut wird und viele Nährstoffe durch die Darmwand ins Blut aufgenommen werden können. Zur Steuerung der Darmbewegungen reichen ursprüngliche Nerven ohne Markscheide völlig aus. Eine schnelle Nervenleitung bringt für die Darmbewegung keinen Vorteil.

Die Entwicklung der schnellen Nervenleitung ist eine Angepasstheit an eine Lebensweise, die schnelle Reaktionen und Bewegungen der Extremitäten erfordert. In der Evolution hat sie sich nur an den Nerven durchgesetzt, an denen es einen Vorteil für den Organismus bietet (Woanders wäre es unnötiger Aufwand).

6.8 Das Gehirn

–

6.9 Lernen und Gedächtnis

Sensorisches Gedächtnis, Arbeitsgedächtnis, Langzeitgedächtnis	Abb. 1

Teilbereiche des Langzeitgedächtnisses	**1.** Abb. 5, 4

Bedeutung von Wiederholungen	**3.** Abb. 2

Sinnvolles Lernen	**2.** Abb. 3

Empfehlungen zum Lernverhalten	**4.**

1.

	Teilbereiche des Langzeitgedächtnisses		
	Faktenwissen	Persönliche Erfahrungen	Bewegungsabläufe
1. Wo warst du vorgestern Abend gegen 19:00 h?		★	
2. Was bedeutet das Symbol C in der Chemie?	★		
3. Wie heißt die Grundschule, die du besucht hast?		★	
4. Wie heißen die Bundesländer, die an Brandenburg grenzen?	★		
5. Was ist dein Lieblingsessen?		★	
Bücher sortieren		★	★

2.

Wenn zwölf sinnlose Silben gelernt werden sollen, sind mehr als doppelt so viele Versuche notwendig, um die Silben alle richtig wiederzugeben wie beim Lernen sinnvoller Wörter. Die Lernkurve für sinnvolle Wörter ist viel steiler.

Das Lernen sinnvoller Wörter gelingt durch Verknüpfung (Assoziation) mit vorhandenem Wissen besser als das Lernen sinnloser Silben, die keine Möglichkeit zur Assoziation bereits gespeicherter Gedächtnisinhalte bieten.

3.

a) Beispiel für eine Skizze:

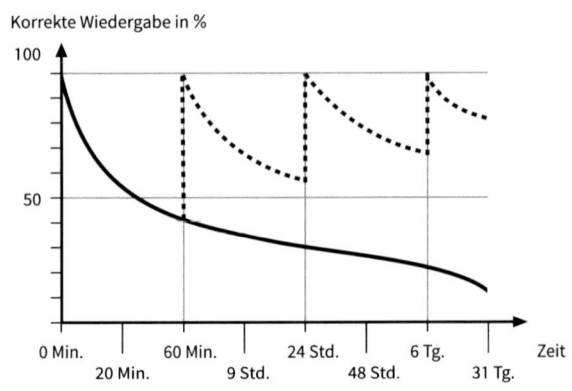

Das Diagramm zeigt den Anteil von richtig wiedergegebenen sinnfreien Silben in Abhängigkeit von der Zeit. Der Graph beginnt in dem Moment, wo sinnfreie Silben zu 100 % richtig aufgesagt werden. Nach zwanzig Minuten ist bereits ein großer Teil vergessen und nur noch gut 50 % des Erlernten wird richtig wiedergegeben, nach einem Tag noch 30 %, nach 6 Tagen noch 20 % und nach 31 Tagen noch etwas mehr als 10 %. Das Vergessen erfolgt also zum Großteil bereits innerhalb von 20 Minuten nach dem Lernen, danach verläuft es langsamer.

Nach jeder Wiederholung beginnt die Vergessenskurve erneut bei 100 % korrekter Wiedergabe und fällt dann wieder ab bis zur nächsten Wiederholung.

Hinweis: Die beiden Graphen nach den Wiederholungen werden sich wahrscheinlich in den Skizzen der Schülerinnen und Schüler semiquantitativ unterscheiden. In die Diskussion über diesen Sachverhalt sollte einfließen, dass (im Idealfall) nach jeder Wiederholung die Assoziationen im Gedächtnis gefestigter sind und daher der Abfall der Kurve pro Zeiteinheit (z. B. Tag) nach jeder Wiederholung geringer wird.

b) Insgesamt wird deutlich, dass Wiederholungen dem Vergessen entgegen wirken und das Behalten fördern. Lernt man zum Beispiel Vokabeln statt sinnfreier Silben, dann werden häufiger Assoziationen zu bereits erlernten Informationen gebildet. Nach jeder Wiederholung wird dadurch die Vergessenskurve weniger steil abfallen, bis die Information dauerhaft gespeichert ist.

4.

Individuelle Präsentation, z. B. unter Verwendung folgender Lerntipps:
– Intelligentes Lernen braucht Anstrengung. Dies gilt besonders für den Anfang. Von Anlaufschwierigkeiten solltest du dich nicht entmutigen lassen.
– Intelligentes Lernen braucht Zeit. Hilfreich ist ein Zeitplan, der neben den Lernphasen auch Pausen enthält. Deren jeweilige Dauer musst du für dich selbst herausfinden. Während dieser Pausen solltest du dich keinen emotional aufwühlenden Reizen aussetzen, wie sie z. B. bei manchen Videospielen auftreten. Stattdessen könntest du dich z. B. ein wenig entspannen, dich ein wenig bewegen, dich daran freuen, wie viel du schon geschafft hast ...
– Beim intelligenten Lernen sinnvolle Verknüpfungen und Zusammenhänge herstellen. Das erleichtert das Lernen.
– Intelligentes Lernen braucht eine sinnvolle Reihenfolge. Um Lernhemmungen zu vermeiden, ist es sinnvoll, vor und nach dem Üben nichts zu tun, was dem Gelernten ähnelt.
– Intelligentes Lernen braucht Übung. Eine Vorbereitung für eine Klassenarbeit ist dann intelligent, wenn die Inhalte durch Üben im Gehirn bereits lange genug vor dem Arbeitstermin verankert wurden, sodass das Gelernte unmittelbar davor nur noch aktiviert werden muss.
– Belohne dich selbst mit etwas, was dir gefällt, wenn du intelligent gelernt hast. Das erhält die Motivation zum Lernen aufrecht.
– „Widerspenstigen Lernstoff" direkt vor dem Schlafengehen noch einmal wiederholen. Denn zuerst werden Dinge im Gedächtnis verankert, die zuletzt aufgenommen wurden.
– Punktuelles Pauken vor und für Klassenarbeiten führt nicht zum gewünschten Lernerfolg, ist absolut unintelligentes Lernen, ist demnach Zeit- und Energievergeudung.
– Lieber an fünf Tagen einmal als an einem Tag fünfmal üben.

6.10 Nervensysteme im Körper

Nervensysteme im Körper	Abb. 1

Das autonome Nervensystem	**1.** Abb. 3

Wirkung des Parasympathikus	**2.** Abb. 3

Querschnittslähmung	**3.** Abb. 2, 3

1.

Parasympathikus und Sympathikus wirken als Gegenspieler an denselben Zielorten. Wo der Sympathikus aktiviert, hemmt der Parasympathikus und umgekehrt. Durch dieses Zusammenspiel wird der Körper auf Leistung oder Ruhe eingestellt.

Der Sympathikus aktiviert Organe, die zum großen Teil mit einer erhöhten Leistungsbereitschaft zusammenhängen: Die Bronchienweite nimmt zu, sodass die Atmung effektiver wird und mehr Sauerstoff aufgenommen wird. Die Herzaktivität nimmt zu, wodurch mehr Blut durch den Körper gepumpt wird. Auch die Pupillen werden bei erhöhter Leistungsbereitschaft erweitert.

Die Magen-, Darm- und Bauchspeicheldrüsenaktivität werden durch den Sympathikus gesenkt. Die Lebertätigkeit wird aktiviert, sodass der Blutzuckerspiegel steigt und Glucose für die Zellatmung verfügbar wird. Andere Funktionen des Sympathikus wie die verminderte Nierenfunktion, Blasenentleerung und verringerte Erregung der Geschlechtsorgane sind nicht direkt mit einer Leistungssteigerung verbunden.

Der Parasympathikus ist im Gegensatz zum Sympathikus der beruhigende Teil im autonomen Nervensystem. Er senkt die Aktivität der Organe, die mit körperlicher Anstrengung zu tun haben und fördert Funktionen wie Verdauung, die in körperlichen Ruhephasen stattfinden können.

2.

Der Parasympathikus wirkt hemmend auf die Herzaktivität. Wenn er betäubt wird, so hat dies durch die ausbleibende Hemmung eine Erhöhung der Herzfrequenz zur Folge. Bei Stress wird der Sympathikus aktiviert, was sich zusätzlich in einer weiteren Erhöhung der Herzfrequenz äußert.

Der Parasympathikus bewirkt eine Verkleinerung der Pupillenweite, sein Gegenspieler, der Sympathikus, bewirkt eine Pupillenerweiterung. Wenn der Parasympathikus betäubt wird, so überwiegt die Aktivität des Sympathikus und die Pupille des Auges erweitert sich.

3.

a) Wenn die Nerven des Rückenmarks durchtrennt sind, ist die Bewegung der Körperteile unterhalb der Verletzung nicht mehr möglich, weil die motorischen Nerven, die vom Gehirn kommen und die Muskeln ansteuern, zerstört sind. Die Nervenfasern des Parasympathikus, die Herz, Lunge, Magen und Darm kontrollieren, verlassen das Rückenmark schon oberhalb der Halswirbelsäule. Bei einer Querschnittslähmung im Brustbereich sind sie daher nicht betroffen und die Organe funktionieren normal.

b) Die Blase wird von Fasern des Parasympathikus kontrolliert, die erst im Bereich des Beckens aus dem Rückenmark austreten, diese sind nach der Querschnittslähmung vom Gehirn abgeschnitten und die Blase kann nicht mehr kontrolliert werden.

6.11 Regulation der Körpertemperatur

Durchblutung der Haut	**3.** Abb. 5
Wärmebilder vergleichen	**2.** Abb. 1, 2
Regelung der Körpertemperatur	**1.** Abb. 3
Körpertemperatur bei Kohlmeisen	**5., 4.** Abb. 4

1.

A ↔ 9: Auslöser: abgesunkene Körpertemperatur (z. B. durch kalte Umgebung).

B ↔ 8: Thermostat im Hypothalamus aktiviert Erwärmungsmechanismus.

C ↔ 5: Skelettmuskeln aktiviert → Zittern erzeugt mehr Wärme.

D ↔ 2: Blutgefäße der Haut ziehen sich zusammen, lenken das Blut von der Haut in tiefere Gewebe um und verringern Wärmeverlust an der Hautoberfläche.

E ↔ 1: Körpertemperatur steigt → Thermostat im Hypothalamus stellt den Erwärmungsmechanismus ab.

F ↔ 6: Auslöser: Erhöhte Körpertemperatur (z. B. während Bewegung oder in heißer Umgebung).

G ↔ 10: Thermostat im Hypothalamus aktiviert Kühlungsmechanismus.

H ↔ 7: Blutgefäße der Haut entspannen sich → Kapillaren fühlen sich mit warmen Blut → Wärme strahlt von der Hautoberfläche ab.

I ↔ 3: Schweißdrüsen aktiviert → erhöhte Verdunstungskälte.

K ↔ 4: Körpertemperatur fällt ab → Thermostat im Hypothalamus stellt den Kühlungsmechanismus ab.

2.

Bei den stehenden Personen sind Bauch, Gesicht und Hände besonders warm. Kleidung ist nicht zu erkennen. Bei dem Radfahrer sind vor allem die Stellen besonders warm, die nicht von Kleidung bedeckt sind. Es sind Arme, Beine und Gesicht. Vor allem die Beine sind sehr warm. Hier in den Beinmuskeln wird viel chemische Energie in Bewegungsenergie umgesetzt. Dabei wird viel Wärme frei. Wahrscheinlich schwitzt der Radfahrer, darum sind auch seine Arme gut durchblutet und sehr warm. Wahrscheinlich muss der Radfahrer auch schnell atmen, da er viel warme Luft ausatmet, ist der Bereich um Mund und Nase besonders warm. Am Fahrrad gibt es ebenfalls einige wärmere Stellen und zwar am Kettenblatt der Tretachse und dort, wo die Schaltungskette über das hintere Ritzel bzw. den Umwerfmechanismus läuft. Hier entsteht Reibung und dadurch wird Wärme frei.

3.

Bei hohen Außentemperaturen sind die Kapillaren der äußeren Hautschichten geweitet, sodass viel warmes Blut hindurchfließt und viel Wärme aus dem Körperinneren über die Haut abgegeben wird. Arterien und Venen liegen weit auseinander, wodurch sich das warme Blut der Arterie auf dem Weg zur Hautoberfläche durch die Entfernung zum kälteren venösen Blut kaum abkühlt (niedriger Wärmeaustausch). Bei kalter Außentemperatur ziehen sich die Kapillaren der äußeren Hautschichten zusammen. Dadurch fließt wenig Blut und wenig Wärme geht vom Blut nach außen verloren. Außerdem liegen Venen und Arterien in den inneren Hautschichten jetzt näher zusammen, sodass bereits hier ein hoher Wärmeaustausch zwischen arteriellem und venösem Blut stattfindet und so die Wärme im Inneren gehalten wird (hoher Wärmeaustausch).

4.

Bei der Kohlmeise wird die Körpertemperatur nur tagsüber, in ihrer aktiven Zeit, konstant auf $42\,°C$ gehalten, nachts fällt sie abhängig von der Umgebungstemperatur um bis zu $7\,°C$ ab. Der Temperaturabfall ist umso größer, je kälter die Lufttemperatur ist, weil die Meise dann aufgrund des großen Temperaturunterschiedes zwischen ihrem Körper und der Umgebung viel Wärme verliert. Bei Tagesanbruch steigt ihre Körpertemperatur wieder auf $42\,°C$.

5.

Zur Aufrechterhaltung einer hohen Körpertemperatur (knapp 42 °C) ist viel Energie notwendig. Durch die herabgesetzte Körpertemperatur bei Nacht wird die Wärmeabgabe der Blaumeise geringer und damit sinkt in dieser Zeit ihr Energiebedarf. Da die Kohlmeise nachts keine Nahrung findet und nicht aktiv ist, ist es nicht wichtig, dass zu dieser Zeit alle Körperfunktionen optimal funktionieren. Eine niedrigere Körpertemperatur spart dann Energie, da der Temperaturunterschied zwischen dem Körper und der Umgebung geringer ist. Die Fähigkeit, die Temperaturregulation einzuschränken, ist eine Angepasstheit. Sie bringt den Vorteil der Energieeinsparung mit sich.

6.12 Erkrankungen des Nervensystems

Morbus Alzheimer	**1.** Abb. 3
Depressionen	**2.** Abb. 1, 5
Parkinson-Krankheit	**3.** Abb. 2, 4

1.

Mit zunehmendem Fortschreiten der Erkrankung werden die Selbstporträts abstrakter und undeutlicher, bis zu Unkenntlichkeit; die Farben werden zunehmend dunkler. Ursache ist das bei der Alzheimer-Erkrankung auftretende Absterben von Nervenzellen, die verminderte Durchblutung des Gehirns und ein gestörter Informationsaustausch zwischen den Nervenzellen, wodurch es nicht nur zu Vergesslichkeit, sondern auch zu Orientierungsstörungen und einer grundsätzlich veränderten Wahrnehmung kommt. Dies äußert sich auch in der abnehmenden Fähigkeit, sich selbst wahrzunehmen und das Selbstbild malerisch darzustellen, wie in den Bildern deutlich wird. In diesen zeigen sich außerdem die zunehmende Isolation und das Leid des Malers.

2.

a) Symptome einer Depression:
– Antriebslosigkeit
– Traurigkeit
– Mutlosigkeit
– Erschöpfung
– zunehmend Isolation
– mangelndes Selbstvertrauen

b) Im Gemälde stellt der Maler große Angst dar. Die weit aufgerissenen Augen, der geöffnete Mund und die an den Kopf greifenden Hände zeigen die große Verzweiflung des dargestellten Mannes. Verstärkt wird dies durch die grellen Farben der verschwimmenden, wilden Umgebung. Der Mann scheint in seiner Angst gefangen und ihr hilflos und allein ausgesetzt.

3.

Die Schriftprobe des Gesunden zeigt einen flüssigen, gleichmäßigen Schreibstil. Dagegen ist die Schrift des Parkinson-Erkrankten zittrig und ungleichmäßig. Der Patient benötigt wesentlich mehr Zeit zum Schreiben als der Gesunde.

Das Zittern der Hände ist neben anderen Bewegungsstörungen und der Verlangsamtheit eines der Symptome der Parkinson-Krankheit, die durch einen Dopamin-Mangel im Gehirn hervorgerufen wird.

6.13 Stress meiden – gesund bleiben

Stresssituationen früher und heute – Reaktion zur Leistungssteigerung	**1.** Abb. 1
Ablauf der Stressreaktion	**2.** Abb. 2, 3
Nützlicher und schädlicher Stress: Eustress und Distress	**3., 4.**

1.

Beispiele für Stresssituationen in der Steinzeit:
– Flucht in Notsituationen
– Kampf in Notsituationen
– Die Familie muss ständig geschützt werden
– Bei der Jagd müssen Tiere getötet werden
– Ständige Aufmerksamkeit bei der Nahrungssuche
Beispiele für Stresssituationen im heutigen Alltag:
– Gefahrensituationen im Straßenverkehr

– Konflikte, Termindruck und Forderungen im Berufs- oder Schulleben
– Probleme in Familie oder Partnerschaft
– Trennungen in Familie oder Partnerschaft
– Trennung durch Tod
– Schwere Erkrankungen
– Mobbing
– Soziale Diskriminierung, Armut

2.

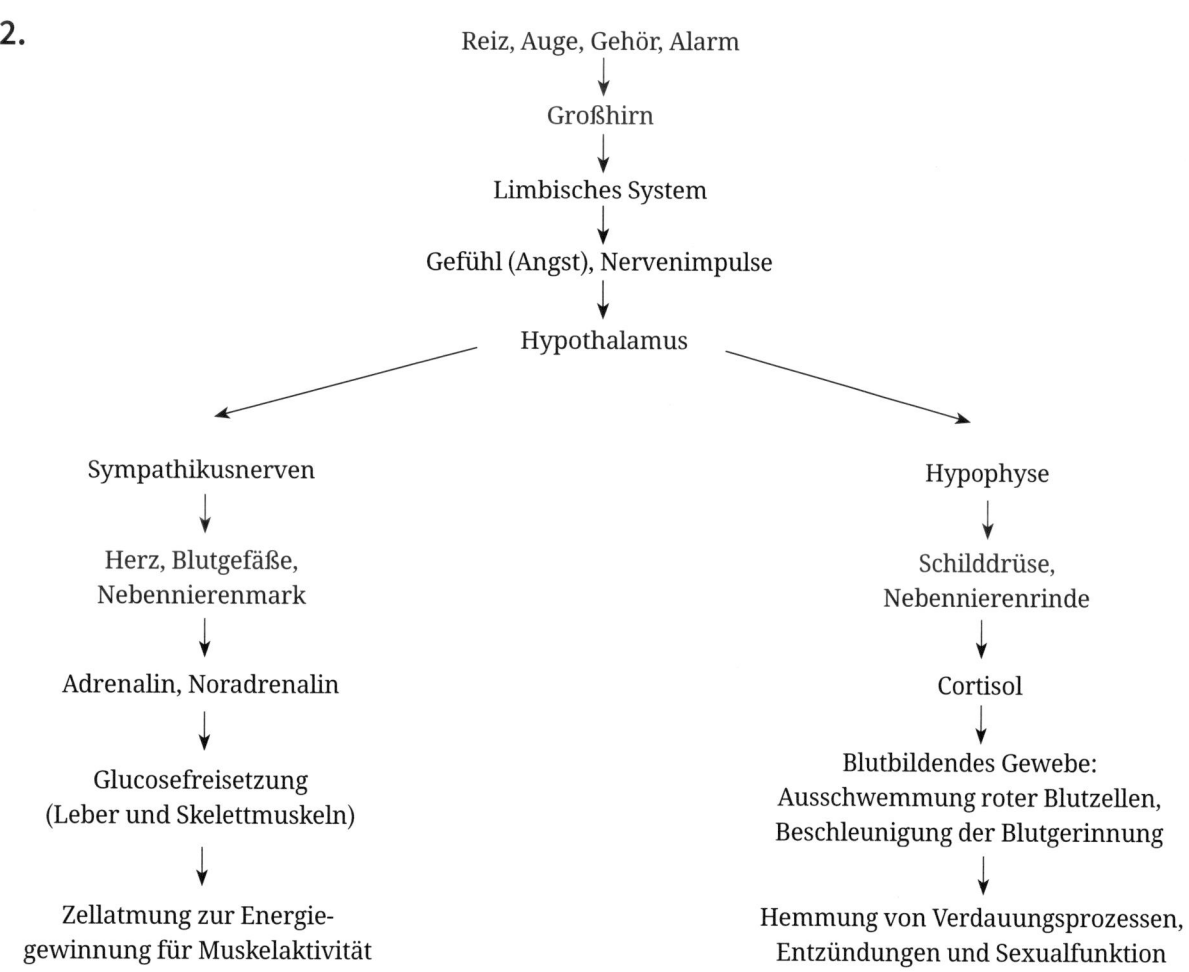

Reiz, Auge, Gehör, Alarm
↓
Großhirn
↓
Limbisches System
↓
Gefühl (Angst), Nervenimpulse
↓
Hypothalamus

Sympathikusnerven
↓
Herz, Blutgefäße, Nebennierenmark
↓
Adrenalin, Noradrenalin
↓
Glucosefreisetzung (Leber und Skelettmuskeln)
↓
Zellatmung zur Energiegewinnung für Muskelaktivität

Hypophyse
↓
Schilddrüse, Nebennierenrinde
↓
Cortisol
↓
Blutbildendes Gewebe: Ausschwemmung roter Blutzellen, Beschleunigung der Blutgerinnung
↓
Hemmung von Verdauungsprozessen, Entzündungen und Sexualfunktion

3.

Man unterscheidet Stress in nützlichen Eustress und schädlichen Distress. Beispiele sind:

Eustress	Distress
– Motivation, besondere Ziele zu erreichen – Positive Herausforderungen bewältigen – Sportliche Erfolge – Positive Aktivierung des Körpers – Anstrengungen, die Freude machen – Aktivitäten, die Glücksgefühle erzeugen – freudige Ereignisse – Spielrausch – Spannung	– Gefahrensituationen im Straßenverkehr – Konflikte, Termindruck und Überforderungen im Berufs- oder Schulleben – Probleme in Familie oder Partnerschaft – Trennungen in Familie oder Partnerschaft – Trennung durch Tod – Schwere Erkrankungen – Mobbing – Soziale Diskriminierung – Armut

Vorgänge, die einen Menschen in einen Zustand erhöhter Leistungsbereitschaft versetzen, bezeichnet man als Stress. Von Zeit zu Zeit ist dieser Vorgang gut und hilfreich.

Problematisch wird es aber, wenn der Körper dauerhaft in Alarmbereitschaft ist und keine ausreichenden Entspannungsphasen gegeben sind. Dann wird aus akutem chronischer Stress. Wird die Leistungsbereitschaft nicht in körperliche Aktivität umgesetzt bezeichnet man den Stress als Distress. Dauerhafter oder in kurzen Abständen immer wiederkehrender Distress (negativer Stress) kann verschiedene Erkrankungen begünstigen. So kann dieses Ungleichgewicht von Anforderungen und Bewältigungsmöglichkeiten Körper sowie Seele überfordern und so das Herz-Kreislauf-System belasten, dass sich Bluthochdruck einstellt oder es zu einem Herzinfarkt kommen kann. Es ist auch möglich, dass das Immunsystem geschwächt wird.

Hinweis: Bei vielen Menschen äußert sich dauerhafter übermäßiger Stress durch ein sogenanntes Burnout-Syndrom. Unter einem Burnout-Syndrom versteht man einen Erschöpfungszustand, der Symptome wie beispielsweise Antriebslosigkeit und leichte Reizbarkeit hervorruft.

4.

Individuelle Lösung, z. B.: Unter Lärm versteht man unerwünschte, störende und belästigende Geräusche. Das Wohlbefinden eines Menschen wird damit durch Lärm beeinträchtigt. Lärm ist somit ein Stressor, also ein Faktor, der eine Stressreaktion auslösen kann. Lärm kann im Körper eine Kettenreaktion bewirken, die im Gehirn beginnt. Das Gehirn veranlasst eine Ausschüttung von Stresshormonen wie Cortisol, Noradrenalin und Adrenalin. Dadurch steigt der Blutdruck und das Herz schlägt schneller. Treten Lärmbelästigungen häufig und wiederkehrend auf, entsteht ein ständiger Stresszustand mit negativen gesundheitlichen Folgen.

Die Bewertung von Schallimmissionen durch das menschliche Gehirn ist ein subjektiver Vorgang mit unterschiedlichen Einflussfaktoren. Jeder Mensch reagiert unterschiedlich auf Geräusche. Ob ein Schallereignis als Lärm wahrgenommen wird, hängt von der Situation ab, z. B. davon, ob man die Entstehung der Geräusche selbst beeinflussen kann. Musik auf einer privaten Veranstaltung wird von den Gästen meist als angenehm empfunden. Dröhnt dieselbe Musik jedoch mitten in der Nacht aus dem Nachbarhaus ins eigene Schlafzimmer, werden die meisten Menschen diese als Lärm wahrnehmen.

7 Krankheitserreger erkennen und abwehren

7.1 Bakterien als Krankheitserreger

Bau der Bakterien	Abb. 1, 2

Borreliose	**1.** Abb. 4

Krankheiten, Übertragung von Krankheiten	**2.** Abb. 3

Vermehrung von Bakterien	**3., 4.** Abb. 5

1.

Bakterien der Spirochätenart Borrelia lösen die Infektionskrankheit Borreliose aus. Diese Bakterien werden häufig bei einem Zeckenbiss übertragen. Ein Zeckenbiss kann unbemerkt bleiben. Es kann bis zu einem Monat dauern, bis durch die Infektion eine meist schmerzlose großflächige Rötung der Haut auftritt, ein Zusammenhang mit dem Zeckenbiss ist dann nicht unmittelbar ersichtlich. Der Zeitpunkt für eine im Frühstadium leicht durchführbare medikamentöse Behandlung wird dadurch häufig verpasst. Die Diagnosestellung wird auch dadurch erschwert, dass dieses Stadium einer Infektion von grippeähnlichen Symptomen begleitet wird. Die Symptome sind also nicht spezifisch für Borreliose. Wochen oder Monate später auftretende Nervenschmerzen im ganzen Körper oder das Auftreten einer Herzmuskelentzündung können auch Folgen anderer Erkrankungen sein. Die Möglichkeit als Ursache einer Infektion durch einen entsprechend lange zurückliegenden Zeckenbisses kann übersehen werden. Gelenkentzündungen, die Jahre nach dem Zeckenbiss auftreten können, lassen sich kaum noch auf die ursprüngliche Infektion zurückführen. In diesem Spätstadium ist die Krank-

heit zudem nur schwer präzise nachweisbar und zu bekämpfen.

2.

Nach großen Naturkatastrophen bricht oft die Trinkwasserversorgung zusammen. Es kommt zu Verunreinigungen des Wassers. Dadurch können sich Krankheiten wie Cholera und Typhus schnell über ein großes Gebiet ausbreiten. Diese beiden Krankheiten werden durch verunreinigtes Trinkwasser oder Kot übertragen; da die hygienischen Bedingungen nach Naturkatastrophen sehr schlecht sind, kann es zur großflächigen Verbreitung kommen.

Tetanus, Scharlach und Keuchhusten dagegen werden durch Verschmutzung von Wunden beziehungsweise durch Tröpfcheninfektion übertragen. Dies benötigt einen unmittelbaren Kontakt einer infizierten Person zu einer gesunden. Dadurch treten solche Krankheiten eher sporadisch bei einzelnen Personen auf.

3.

a)

Zeitpunkt in Std.	Anzahl der Bakterien
0	$1\ (2^0)$
1	$4\ (2^2)$
2	$16\ (2^4)$
3	$64\ (2^6)$
4	$256\ (2^8)$
5	$1024\ (2^{10})$
6	$4096\ (2^{12})$
7	$16384\ (2^{14})$
8	$65536\ (2^{16})$
9	$262144\ (2^{18})$
10	$1048576\ (2^{20})$
11	$4194304\ (2^{22})$
12	$16777216\ (2^{24})$

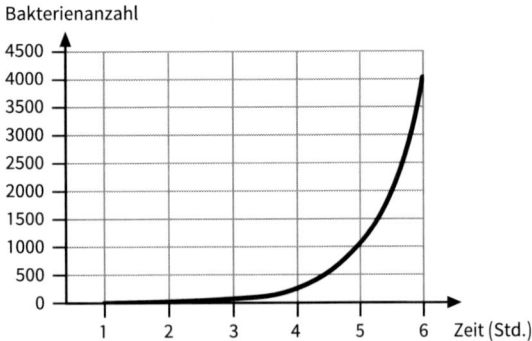

Bakterienanzahl / Zeit (Std.)

b) Der Mitschüler zeigt möglicherweise erste Anzeichen einer bakteriellen Infektion. In den ersten beiden Unterrichtsstunden konnte die noch relativ geringe Anzahl der Bakterien in seinem Körper keine Krankheitssymptome auslösen. In dieser Zeit erfolgten mehrere Verdopplungen jedes einzelnen Bakteriums durch Zellteilung. Ab der dritten Unterrichtsstunde ist die Anzahl der Bakterien durch das exponentielle Wachstum so stark angestiegen, dass der Körper erste Krankheitssymptome entwickelt. Der Mitschüler fühlt sich krank.

4.
Die Wachstumskurve von Bakterien (Abb. 5) kann in drei Phasen des Wachstums eingeteilt werden:
– In der frühen Anfangsphase ist fast kein Wachstum zu erkennen. Möglicherweise benötigt der Stoffwechsel der Bakterien diese Zeit, um die Nährstoffe aus dem Nährboden für das Wachstum und die Teilung der Bakterienzellen verfügbar zu machen.
– Nach einer Anpassung des Stoffwechsels in der Anfangsphase geht die Bakterienkultur in eine exponentielle Wachstumsphase über, bei der sich die Bakterien über viele Generationen gleichbleibend schnell teilen.
– In einer dritten Phase wird das Wachstum der Bakterien langsamer und die Bakterienzahl erreicht ein Maximalniveau. Möglicherweise ist das Ende des Wachstums durch ein Erreichen der Kapazitätsgrenzen von Raum und verfügbaren Nährstoffen erreicht. Da die Kurve in der Abbildung nicht absinkt, könnte sich ein Gleichgewichtszustand eingestellt haben, in dem die Anzahl absterbender Bakterien durch eine entsprechende Anzahl durch Zellteilung hinzukommender Bakterien ausgeglichen ist.

7.2 Viren als Krankheitserreger

Viren und ihre Vermehrung	**1.** Abb. 1, 2
Sind Viren Lebewesen?	**2.**
Vermischung von Viren	**3.** Abb. 4, 5
Krankheiten durch Viren	**4.** Abb. 3

1.
Anheftung des Virus an die Wirtszelle (über Glykoprotein/Glykoprotein-Interaktion) → Verschmelzung der Hüllmembran des Virus mit der Wirtszellmembran und damit → Eindringen in die Wirtszelle → Glykoproteine des Virus werden in die Membran der Zelle eingebaut → Auflösung des Kapsids des Virus und damit → Freilegung der Erbinformation des Virus → Einbau der Virus-Erbinformation in die Wirtszellen-Erbinformation im Zellkern → Umprogrammierung der Erbinformation in den Chromosomen der Zelle und → Produktion von Virus-Bestandteilen → Zusammensetzung der Virusbestandteile und gleichzeitig Einbau der Hüllmembran-Bestandteile in die Wirtszellenmembran → Ausschleusung der Viren, dabei Umhüllung mit

der Hüllmembran → Beim Austreten aus der Zelle werden die Viren mit Glykoproteinen versehen → Auflösung der Membran der Wirtszelle - Tod der Wirtszelle → Die freigesetzten Viren können weitere Zellen infizieren.

2.
Viren sind keine Lebewesen, da sie nicht alle Kennzeichen von Lebewesen erfüllen. Zum Beispiel haben Viren keinen eigenen Stoffwechsel und können sich nicht aktiv fortbewegen.

3.
a) Ein Virus benötigt zur Vermehrung eine spezifische Wirtszelle. Die Abbildung zeigt zunächst zwei Virenstämme. Der eine Stamm wirkt spezifisch im Menschen, der andere spezifisch in einer Vogelart. Offenbar bedingen die jeweiligen Oberflächenstrukturen der unterschiedlichen Virenstämme diese Spezifität nach dem Schlüssel-Schloss-Prinzip. Gelangen Viren, die den „Schlüssel" zu menschlichen Zellen besitzen, gemeinsam mit Viren, die den „Schlüssel" zu Zellen einer Vogelart besitzen, in einen dritten Wirt, z. B. in den Organismus eines Schweins, kann eine Neukombination der Erbinformation der beiden Virenstämme erfolgen. Diese neu kombinierte Erbinformation kann die Baupläne zur Ausbildung von Oberflächenstrukturen beider Virenstämme enthalten. Es ist ein neuer Virenstamm entstanden, der dadurch auch menschliche Zellen

infizieren kann, zusätzlich gelangen Erbinformationen vom Stamm der „Vogelviren" in den menschlichen Organismus.

b)

In Abbildung 4 erfolgt die Vermischung nicht in einem anderen Tier, wie zum Beispiel dem Schwein (Abbildung 5), sondern in einem Menschen, der gleichzeitig von dem auf den Vogel und dem auf den Menschen spezialisierten Virus infiziert wurde.

4.
Scharlach und Keuchhusten werden durch Bakterien hervorgerufen. Diese Krankheiten lassen sich durch Gabe von Antibiotika behandeln, da die Bakterien nicht resistent sind. Im Gegensatz dazu sind Windpocken und Masern viruell verursachte Krankheiten. Antibiotika zeigen bei Viren keine Wirkung, da viele Antibiotika in den Stoffwechsel eingreifen. Viren haben keinen eigenen Stoffwechsel.

M   Ein schriftliches Referat erstellen

_

7.3   Immunsystem

_

7.4 Abwehr von körperfremden Stoffen

Drei Stufen der Krankheitsabwehr	**1.** Abb. 1–3
Ethische Aspekte der Organtransplantation	**2.** Abb. 5, 6
Bedeutung der MHC-Marker bei Organtransplantationen	**3.** Abb. 4

1.

Es gibt drei Verteidigungslinien beziehungsweise Bestandteile des Immunsystems: mechanische Barrieren, die unspezifische Abwehr und die spezifische Abwehr. Durch die mechanischen Barrieren soll verhindert werden, dass die Krankheitserreger überhaupt in den Körper eindringen; Beispiele sind die Haut, mit ihrem natürlichen Schutzmantel aus Schweiß und Talg, oder die Schleimhäute, mit Schleim- und/oder Säureabgabe und Flimmerhärchen.

Zur unspezifischen Abwehr gehören die Fresszellen und Entzündungsstoffe. Sie zirkulieren im Blut; wenn Krankheitserreger in den Körper gelangt sind, bekämpfen sie zuerst die Erreger. Falls die beiden vorgenannten Mechanismen die Erreger nicht vollständig beseitigen können, kommen T- und B-Zellen als Bestandteil der spezifischen Abwehr zum Einsatz. Sie bilden Antikörper und Gedächtniszellen, die auch bei einer weiteren Infektion wichtig sind. In Abbildung 3 sind nur die ersten beiden Verteidigungslinien dargestellt.

Bei einer Verletzung durch einen Stachel wird die Haut als erste Verteidigungslinie durchbrochen. Bakterien gelangen in den Organismus. In der zweiten Verteidigungslinie produziert der Körper Entzündungsstoffe, die dazu führen, dass Vorstufen von Fresszellen, die sich im Blut befinden in das Gewebe übertreten und sich zu Fresszellen umwandeln. Die Bakterien werden von diesen Fresszellen aufgenommen und vernichtet. Ein Blutpfropf ver-

schließt die Wunde. Die Entzündungssymptome sind schließlich nicht mehr vorhanden.

Hinweis: Die dritte Abwehrstufe mit B- und T-Zellen käme zum Einsatz, wenn Krankheitserreger in das Blut und in den gesamten Organismus gelangt wären.

2.

Der Bedarf an Organen, die transplantiert werden müssten, ist weitaus größer als die Zahl der Organe, die zur Verfügung stehen. Ursachen hierfür sind, dass in der Regel Organe von Verstorbenen genutzt werden; Lebendspenden sind eher selten. Ein weiterer Grund liegt in der notwendigen, großen Übereinstimmung der MHC-Marker zwischen Empfänger und Spender, damit es nicht zu Abstoßungsreaktionen kommt. Die Tabelle zeigt deutlich, wie groß der Bedarf an Organen ist. 2015 standen 7530 Personen auf der Warteliste für eine Nierentransplantation. 2015 wurden in Deutschland jedoch nur 799 Nieren transplantiert und die Wartezeit für eine Spenderniere lag bei fünf bis sechs Jahren. Die Wartezeit für eine Herz- oder Lebertransplantation beträgt 0,5 bis zwei Jahre.

Stellungnahme: Individuelle Lösung, z. B. mit folgenden Argumenten: Wichtig ist Aufklärung über die Problematik (jeder kann selbst einmal betroffen sein). Viele Menschen entscheiden sich nicht für einen Organspenderausweis, sodass diesen Menschen nur nach Zustimmung der nächsten Angehörigen nach deren Tod Organe entnommen werden dürfen. Schwierig ist in diesem Fall jedoch, die Angehörigen in einer solchen Situation mit dieser Entscheidung zu konfrontieren. Aus ethischer Sicht ist es sinnvoll, einen Organspenderausweis mitzuführen. Die Vorstellung, dass der eigene Körper nach dem Tod als „Ersatzteillager" verwendet wird, hält viele Menschen davon ab. Auch Gleichgültigkeit spielt sicher eine große Rolle. Bestünde ein Gesetz, das es erlaubt bei allen Toten Organe zu entnehmen, bei denen kein ausdrückliches Verbot durch den Menschen zu Lebzeiten oder durch die Angehörigen vorliegt, so stünden viel mehr Organe zur Transplantation zur Verfügung.

3.

Am ehesten kommt der Spender mit Organ 3 in Frage. Er weist die größte Übereinstimmung der MHC-Marker zum Empfänger auf. Organ 1 und 2 besitzen MHC-Marker, die der Empfänger nicht besitzt; das Immunsystem würde diese Organe als fremd erkennen und es würde zur Abstoßungsreaktion kommen.

7.5 Immunisierung

Die erste Impfung		Immunantwort bei einer Infektion	**2.**
	Abb. 1		Abb. 3

Vergleich von aktiver und passiver Immunisierung	**1.**	Wirkung von Impfungen am Beispiel der Kinderlähmung	**4.**
	Abb. 2		Abb. 1, 5

Versuche von Pasteur	**3.**	Anwendung der passiven Immunisierung	**5.**
	Abb. 4		Abb. 2

1.

a)

Merkmal	aktive Immunisierung	passive Immunisierung
Zeitpunkt der Gabe des Impfstoffs	vor einer Infektion	nach einer Infektion
Impfstoff	Lebendimpfstoff oder Totimpfstoff (= abgeschwächte Erreger)	Serum mit Antikörpern
Bildung von Antikörpern	ja	nein
Bildung von Gedächtniszellen	ja	nein
Dauer der Schutzwirkung	mehrjährig, manchmal lebenslang	kurze Zeit (bis zum Abbau der Antikörper)

Bei einer aktiven Immunisierung werden Menschen abgeschwächte oder abgetötete Erreger injiziert. Der Organismus reagiert auf bestimmte Bestandteile der Erreger und produziert durch das Immunsystem passende Antikörper. Abgeschwächte Erreger können durch eine gezielte Infektion von Pferden gewonnen werden. Die Tiere schwächen die Erreger durch ihr Immunsystem, zusätzlich werden diese abgeschwächten Erreger nach der Gewinnung aus dem Blut des Tieres einer chemischen Behandlung unterzogen.

Bei einer passiven Immunisierung werden dem Menschen passgenaue Antikörper injiziert. Zur Gewinnung dieser Antikörper werden Pferde gezielt mit einem bestimmten Erreger infiziert. Das Tier reagiert auf diese Infektion mit der Bildung von Antikörpern im eigenen Organismus. Nach einiger Zeit können die Antikörper aus dem Blut des Tieres isoliert und gereinigt werden. Passgenaue Antikörper können auch aus dem Blut ausgeheilter oder geimpfter Menschen gewonnen werden.

b) Passive Impfungen müssen aufgrund der kurzen Dauer des Schutzes wiederholt werden.

Bei aktiven Immunisierungen werden im Lauf der Zeit (manchmal Jahre) die Gedächtniszellen abgebaut. Damit fehlt bei einer erneuten, späteren Infektion die „Wiedererkennung" des Erregers, um schnell viele Antikörper herstellen zu können.

Bei einer erneuten Impfung werden (bei der aktiven Immunisierung) erneut Antikörper und Gedächtniszellen gebildet.

2.

a) Abbildung 3 zeigt die Anzahl der Antikörper gegen Antigen A über eine Zeitspanne von 56 Tagen. Nach dem ersten Kontakt mit dem Antigen A werden Antikörper gebildet, des Weiteren auch entsprechende Gedächtniszellen. Nach dem zweiten Kontakt mit dem Antigen A fällt die Immunreaktion deutlich stärker aus: Es werden wesentlich mehr Antikörper gebildet und die Produktion der Antikörper erfolgt in wesentlich kürzerer Zeit.

b) Der Kurvenverlauf wäre im Prinzip wie in Abbildung 3 dargestellt; dabei ist der Zeitpunkt des ersten Kontakts gleichzusetzen mit der aktiven Immunisierung/Impfung und der zweite Kontakt entspricht dem „ersten" Kontakt mit dem Erreger (Infektion).

3.

a)
– Isolierung von Cholera-Bakterien aus dem Kot erkrankter Hühner → Kultivierung → Aufbringen der Bakterien auf Brot → Verfütterung an Hühner → Hühner erkranken und sterben
– Brot mit Bakterien aus einer alten (geschwächten) Bakterienkultur → Verfütterung an Hühner → Hühner sterben nicht
– Brot mit Bakterien aus einer jungen Bakterienkultur → Verfütterung an Hühner, die noch keinen Kontakt mit dem Erreger hatten und an Hühner, die mit der alten Kultur Kontakt hatten → ? (siehe b)

b) Die Hühner, die noch keinen Kontakt mit dem Erreger hatten, werden sterben; genau wie es auch der erste Versuch gezeigt hat. Die Hühner, die bereits Kontakt mir der alten Kultur hatten, werden überleben. Bei ihnen hat durch den Kontakt mit den abgeschwächten (alten) Erregern eine Immunisierung stattgefunden.

4.

a) Kinderlähmung ist eine Krankheit, die durch Viren hervorgerufen wird. Schutz bietet eine geeignete Impfung (Schluckimpfung).
In den Jahren 1955 bis 1966 hat die Anzahl der Erkrankten und damit auch der Todesfälle abgenommen. In den Jahren 1967 bis 2004 blieb die Anzahl der Erkrankten und auch der Todesfälle im Durchschnitt niedrig.

b) Die Anzahl der Erkrankten lässt sich auf die fehlende Impfung der entsprechenden Personen zurückführen. Da es sich um eine Virus-Infektion handelt, können Medikamente die Krankheit nicht ursächlich behandeln und heilen. Durch eine Impfung wären die 14 Todesfälle vermutlich nicht eingetreten. Das Ergebnis zeigt die unnötige Gefahr an dieser Krankheit zu erkranken und zu sterben. Problematisch sind auch die entstehenden „Impflücken": Je mehr Menschen nicht geimpft sind, umso einfacher ist die Ausbreitung eines Virus.

5.

Geeigneten Tieren, z. B. Pferden, wird eine für sie unschädliche Menge des zuvor gewonnenen Schlangengiftes gespritzt. Die Körper der Tiere produzieren daraufhin Antikörper gegen das Schlangengift. Aus ihrem Blut werden dann die entsprechenden Antikörper isoliert. Sie stehen nun für eine passive Immunisierung von Menschen bereit, die von einer Schlange gebissen wurden.

7.6 Antibiotika

| Entdeckung des Penicillins | Abb. 4 |

| Wirkung von Antibiotika | **1.** Abb. 1–3 |

| Resistenzbildung durch Mutationen | **2.** Abb. 5 |

| Probleme bei häufigem Antibiotikaeinsatz | **3.** |

1.

Beschreibung: Die Abbildung zeigt eine Petrischale mit Nährboden. In der Mitte der Petrischale sieht man einen Schimmelpilz, der sich ausbreitet. Der Nährboden um den Schimmelpilz ist klar; dort sind keine Bakterien gewachsen. Bakterienwachstum findet man nur am äußersten Rand der Petrischale. (Abbildung 2 zeigt unbeeinträchtigte Bakterien, Abbildung 3 zeigt im Vergleich dazu die Wirkung von Penicillin: Die Bakterienzellen sind verformt und verkleben miteinander.)

Erklärung: Der Schimmelpilz gibt ein Antibiotikum in den Nährboden ab. Das Antibiotikum diffundiert auch in die angrenzenden Bereiche und verhindert dort das Bakterienwachstum. Nur an den äußeren Bereichen, wo kein Antibiotikum ist, können sich die Bakterien vermehren.

2.

a) Mehrere Petrischalen werden mit Nährboden gefüllt; einige von ihnen enthalten zusätzlich ein Antibiotikum im Nährboden. Eine Petrischale mit Bakterien (ohne Antibiotikum) wird mittels der Stempeltechnik auf drei Petrischalen ohne Antibiotikum überführt und anschließend für 48 Stunden inkubiert. Nach dieser Zeit sind auf allen drei Petrischalen Bakterien gewachsen; die Anordnung ent-

spricht der ersten Petrischale, da durch den Stempel die Bakterien 1:1 übertragen werden. Eine Petrischale wird wiederum mittels Stempel auf Nährboden mit und ohne Antibiotikum übertragen und inkubiert. Die Petrischale ohne Antibiotikum zeigt die Bakterien wie auf der ersten Petrischale. Auf dem Nährboden mit Antibiotikum sind keine Bakterien gewachsen; das Antibiotikum hat dies verhindert, da diese Bakterien nicht resistent gegen das Antibiotikum sind.

Die beiden anderen Petrischalen werden mit UV-Licht bestrahlt. Hierbei kommt es zu Mutationen in der DNA der Bakterien. Auch diese Bakterien werden mittels Stempel übertragen und inkubiert. Die Petrischale ohne Antibiotikum zeigt wiederum Bakterienwachstum wie die ursprüngliche Petrischale. Die beiden Petrischalen mit Antibiotikum zeigen jedoch Bakterienkolonien. Dies kommt daher, dass durch die Bestrahlung Mutationen erfolgt sind, die dazu führen, dass die Bakterien resistent gegen das Antibiotikum geworden sind. Die unterschiedliche Anordnung der Bakterien in den beiden Petrischalen ist durch die Zufälligkeit der Mutationen zu erklären.

b) Die Bedingungen in den Petrischalen sind vergleichbar. Wie in Abbildung 1 zu sehen ist, wurde in den Petrischalen bei Fleming das Bakterienwachstum durch eine Antibiotikum-Abgabe des Schimmels unterbunden bzw. die Bakterien abgetötet. In dem Stempelversuch aus Abbildung 5 ist zwar kein Schimmel in den Petrischalen, aber in den Schalen, die ein Antibiotikum im Nährmedium enthalten, ist das Bakterienwachstum ebenfalls unterbunden oder vermindert.

c) Der Schimmelpilz gibt eine Substanz ab, das Antibiotikum Penicillin. Es hemmt das Bakterienwachstum und tötet sie ab. Die zwei Bakterienkolonien in Petrischale X haben bereits durch Mutationen bei der UV-Licht-Bestrahlung eine Resistenz gegenüber dem Antibiotikum im Nährboden entwickelt. Alle Nachkommen besitzen dieses Resistenzmerkmal.

Wurde im Nährboden das Antibiotikum Penicillin verwendet, wird der Schimmelpilz bei Zugabe in die Petrischale X gegen die Bakterien nichts ausrichten können, da sie bereits gegen sein Penicillin resistent sind.

Handelt es sich bei dem Antibiotikum im Nährboden nicht um Penicillin, dann sollte bei Zugabe des Schimmelpilzes das Wachstum der Bakterienkolonien gehemmt werden. Es ist allerdings nicht auszuschließen, dass bei den Mutationen unter UV-Licht-Bestrahlung auch eine Resistenz gegen Penicillin entwickelt wurde, dann wird die Kolonie mit der zusätzlichen Penicillinresistenz trotz Schimmelpilz weiter wachsen.

3.

Durch häufige Gabe von Antibiotika in Kombination mit der hohen Mutationsrate bei Bakterien können schnell resistente Stämme entstehen. Bei ihnen wirkt das Antibiotikum nicht mehr; die Krankheit kann mit diesem Antibiotikum nicht mehr geheilt werden. Daher muss die Medizin ständig neue Wege suchen, manchen Krankheiten zu begegnen. *Hinweis/Zusatzinformation:* Außerdem werden durch die Antibiotikum-Gabe auch ungefährliche Bakterien getötet; damit unterliegen die resistenten Bakterien einer geringeren Konkurrenz.

7.7 Multiresistente Bakterien und Antibiotika

Problem multiresistenter Bakterien	**1.** Abb. 2, 1
Übertragungswege von Bakterien, die gegen Antibiotika resistent sind	**2.** Abb. 3
Hygienemaßnahmen zur Vorbeugung	**3., 4.** Abb. 1

1.

Individuelle Lösung. Möglicher Stichwortzettel:
- MRSA: Multi-resistente Staphylococcus aureus
- Entstanden durch Selektion und Genaustausch
- problematisch, wenn multiresistente Keime in OP-Wunden oder Blutbahn gelangen
- Folgen: Wundinfektion, Lungenentzündung, Blutvergiftung
- durch Resistenz der Bakterien mit gängigen Antibiotika nicht wirksam zu behandeln
- vorbeugende Maßnahme: Hygiene in Krankenhäusern verbessern, Aktion saubere Hände

2.

Hühner, Schweine und Rinder sind Beispiele für Nutztiere, die in Massentierhaltungen Produkte für die menschliche Ernährung erzeugen. Über die Umwelt, die Wasser- und Futtermittelversorgung sind diese Nutztiere ständig mit Bakterien, darunter auch krankheitserregende, in Kontakt. Massentierhaltung bedeutet, dass sehr viele Tiere auf sehr engem Raum gemeinsam leben müssen. Durch den engen Kontakt kann die Infektion eines einzelnen Tieres schnell zur Verbreitung der krankheitserregenden Bakterien auf alle anderen Tiere im Bestand führen. In der Tiermedizin wurden in den letzten Jahrzehnten mit steigender Tendenz Antibiotika eingesetzt. Durch einen übermäßigen Einsatz von Antibiotika wurden solche Erreger ausgelesen (selektiert), die antibiotikaresistent waren. Die antibiotikaresistenten Bakterien können durch die Lebensmittelprodukte infizierter Tiere auch Menschen als Konsumenten solcher Nahrung infizieren. In deren jeweiligen sozialen Umfeld können die resistenten Bakterien weitere Menschen infizieren.

Auch in der Humanmedizin wurden in den letzten Jahrzehnten zunehmend Antibiotika eingesetzt. Dadurch wurden Bakterien, die keine Resistenzen entwickelt haben, abgetötet, und die Patienten wurden geheilt. Durch einen übermäßigen Einsatz von Antibiotika wurden aber wie in der Tiermedizin solche Erreger ausgelesen (selektiert), die antibiotikaresistent waren. Besonders in Krankenhäusern stieg für die Patienten die Gefahr der Infektion mit multiresistenten Bakterien. Nach der Entlassung von Patienten, die derartige Bakterien in ihren Körpern haben, können weitere Kontaktpersonen infiziert werden.

3.

Situation a): unbedingt die eigenen Hände desinfizieren, damit beim Händeschütteln und beim Berühren von Türklinken, Möbeln etc. keine Bakterien übertragen werden können.

Situation b): Das mit dem Messer geschnittene rohe Fleisch könnte Krankheitserreger enthalten. Diese werden beim anschließenden Braten oder Kochen abgetötet, verbleiben aber an dem Messer. Wird das Messer nicht gründlich gereinigt, können z.B. Bakterien übertragen werden. Rohkost bleibt unbehandelt, so können die Bakterien aufgenommen werden.

Situation c): Antibiotika sollten nicht vorbeugend eingenommen werden, sondern nur auf ärztliche Verschreibung. Ein unnötiger Einsatz von Antibiotika fördert die Verbreitung resistenter Bakterienstämme.

Situation d): Eine Antibiotika-Behandlung muss komplett durchgeführt werden, auch wenn es einem schon besser geht. Die Behandlungsdauer ist darauf ausgelegt, dass alle krankheitserregenden Bakterien abgetötet werden. Bei vorzeitigem Abbruch der Einnahme der Medikamente verbleiben überlebende Bakterien im Körper. Diese können sich schnell vermehren, die Therapie bleibt dann erfolglos. Eine weitere Behandlung mit einem Antibiotikum wird nötig. Dadurch steigt auch die Gefahr der Entstehung resistenter Bakterienstämme.

4.

Beurteilung: Plakate wie das in Abbildung 1 gezeigte, sollten überall dort hängen, wo Möglichkeiten der Handdesinfektion vorgesehen sind. Das ist vor allem dort der Fall, wo immungeschwächte Personen leben (Krankenhäuser, Pflegeeinrichtungen), oder wo möglicherweise infizierte Personen vermehrt ein- und ausgehen, z.B. Ärztehäuser, Arztpraxen, etc.

7.8 Pandemie – Krankheitserreger breiten sich über die Erde aus

Pandemie oder Epidemie? **1.** Abb. 1	Entstehung von Pandemien **3.**
Grippepandemien und Evolution **2.** Abb. 2	Grippevirus und Wirte **4.** Abb. 3

1.

a) Individuelle Lösung, z. B.:

Bei Pandemien breiten sich bestimmte Krankheitserreger weltweit aus. Bei Epidemien sind einzelne Regionen stark betroffen.

SARS: Am 12. März 2003 stufte die Weltgesundheitsorganisation (WHO) SARS wegen der weltweiten Bedrohung als Pandemie ein.

HIV: Die Verbreitung von HIV hat sich seit Anfang der 1980er Jahre zu einer Pandemie entwickelt, bei der nach Schätzungen der Organisation UNAIDS bisher etwa 39 Millionen Menschen starben. Ende 2014 waren geschätzt 36,9 Millionen Menschen weltweit mit HIV infiziert.

Ebola: Die WHO hat im August 2014 den globalen Gesundheitsnotstand zur Bekämpfung der Ebola-Epidemie ausgerufen. Insgesamt sind der Epidemie mehr als 11500 Menschen zum Opfer gefallen, mehr als 28000 hatten sich infiziert. 2016 hat die WHO den wegen der Ebola-Epidemie in Westafrika mit mehr als 11000 Toten ausgerufenen globalen Gesundheitsnotstand für beendet erklärt. Eine weltweite Ausbreitung von Ebola ist nicht eingetreten. Bei Ebola handelt es sich um eine Epidemie und nicht um eine Pandemie.

b) *Spanische Grippe 1918:* Die Spanische Grippe war eine Pandemie, die zwischen 1918 und 1920 durch das Influenzavirus H1N1 verursacht wurde. Die Zahl der Todesopfer weltweit wird in der Fachliteratur mit bis zu 50 Millionen angegeben.

Asiatische Grippe 1957: Die Asiatischen Grippe war eine Pandemie des 20. Jahrhunderts, die durch das Influenza-Virus H2N2 verursacht wurde. Sie gilt nach der Spanischen Grippe als zweitschlimmste Grippe-Pandemie des 20. Jahrhunderts mit mindestens 700000 Todesopfern weltweit.

Hongkong-Grippe: Der Erreger der Asiatischen Grippe mutierte zum Virus H3N2. Dieser galt als Auslöser der Hongkong-Grippe, die in den Jahren 1968 bis 1970 grassierte. Sie war die letzte große Grippepandemie, bei der weltweit zwischen 1968 und 1970 mindestens 750000 Menschen starben.

Ebola: Die Bezeichnung für diese Infektionskrankheit geht auf den Fluss Ebola in der Demokratischen Republik Kongo zurück, in dessen Nähe Ebolaviren 1976 den ersten allgemein bekannten großen Ausbruch verursacht hatten. Mindestens 1553 Menschen starben an dem sogenannten Ebolafieber. Die Verbreitung blieb als Epidemie lokal begrenzt (zu Ebola 2014 s. unten).

Russische Grippe: Das Influenzavirus H1N1 verursachte die Spanische Grippe, die zwischen 1918 und 1920 als Pandemie weltweit verbreitet war. Der Erreger der Russischen Grippe von 1977 unterschied sich nur geringfügig von dem Erreger der Spanischen Grippe und wurde ebenfalls als H1N1 bezeichnet. Bis Januar 1978 hatte sich die Russische Grippe mit mindestens 700000 Todesfällen weltweit verbreitet. Vor allem Kinder, Jugendliche und junge Erwachsene unter 23 Jahren waren betroffen. Durch diese Beschränkung der Erkrankung auf junge Menschen wird die Russische Grippe trotz weltweiter Verbreitung als Epidemie eingestuft.

HIV: Eine Infektion mit dem menschlichen Immunschwächevirus (englisch: human immunodeficiency virus) führt unbehandelt zu AIDS (engl. acquired immunodeficiency syndrome). Seit ca. 1981 hat sich die Infektion weltweit verbreitet. Durch diese Pandemie starben weltweit mindestens 30 Millionen Menschen.

Vogelgrippe: Das Virus H5N1 verursacht die Vogelgrippe. Die Krankheit kann vom Tier auf den Menschen übertragen werden. Diese Gefahr besteht weltweit. Durch diese Pandemie starben seit 1997 mindestens 371 Menschen.

Nipah-Virus: 1999 wurden ca. 230 Fälle einer besonders schwer verlaufenden Entzündung des Gehirns (Enzephalitis) bei Menschen in Malaysia festgestellt. Der Erreger dieser Epidemie wurde kurze Zeit später in Singapur nachgewiesen. Eine weltweite Verbreitung liegt jedoch nicht vor. Mindestens 250 Menschen starben an der Infektion mit Nipah-Viren.

SARS-Coronavirus: Das Schwere Akute Respiratorische Syndrom (englisch: severe acute respiratory syndrome) ist eine Infektionskrankheit, die durch das Coronavirus übertragen wird. 2002 wurde diese Erkrankung erstmals in China beobachtet. 2003 stufte die Weltgesundheitsorganisation (WHO) SARS wegen einer weltweiten Bedrohung als Pandemie ein.

Grippe H9N2, H7N7: Zwischen 2002 und 2009 infizierten sich mehrere Menschen mit mutierten Grippeerregern der Virustypen H9N2 und H7N7. Diese Erreger galten bis dahin als Erreger von Tierseuchen und wurden für den Menschen als nicht gefährlich angesehen. 2003 gab es in den Niederlanden 89 Infektionen von Menschen mit dem Erreger H7N7. Ein Mensch starb, 30000 Nutzvögel mussten getötet werden. 2015 gab es weitere Fälle in England und in Deutschland. Insgesamt wurden 90000 Hühner getötet, um zu verhindern, dass aus lokal auftretenden Epidemien globale Pandemien der Vogelgrippe mit einer potenziellen Gefährdung von Menschen entstanden.

Infektionen mit dem Grippevirus H9N2 wurden bei Menschen in nur wenigen Fällen, z. B. in China nachgewiesen. Es liegt weder eine Epidemie noch eine Pandemie vor. Ein höheres Gefährdungspotenzial für den Menschen könnte durch Vermischung von Genen der H9N2-Erreger mit solchen Virustypen geben, die Menschen infizieren können.

Schweinegrippe H1N1: 2009 wurde der Virustyp H1N1 als global auftretender Erreger der Pandemie der „Neuen Grippe" bzw. „Schweinegrippe" identifiziert. Ein ähnlicher Erreger aus der Gruppe H1N1 hatte die Spanische Grippe-Pandemie 1919/20 mit 50 Millionen Todesopfern verursacht. Nach der Erkrankung einiger Menschen durch die H1N1-Erreger der Schweinegrippe warnte die Weltgesundheitsorganisation (WHO) 2009 vor einer weltweiten Pandemie. Mindestens 15000 Todesfälle waren die Folge dieser Virusinfektion.

MERS Coronavirus: 2012 wurde erstmals ein Virus aus der Gruppe der Coronaviren identifiziert, das beim Menschen eine schwere Infektion der Atemwege, Lungenentzündung und Nierenversagen verursachen kann. Bislang hatten alle Infektionen ihren Ursprung auf der Arabischen Halbinsel, besonders in Saudi-Arabien. Es handelt sich um eine Epidemie, durch die mindestens 54 Menschen starben.

Vogelgrippe H7N9: Das Grippevirus H7N9 kommt besonders bei Hühnervögeln vor. Infektionen beim Menschen traten 2013 erstmals in China auf. Eine weltweite Verbreitung existiert nicht. Es handelt sich um eine Epidemie mit mindestens 44 Todesfällen.

Ebola: Die WHO hat im August 2014 den globalen Gesundheitsnotstand zur Bekämpfung der Ebola-Epidemie ausgerufen. Insgesamt sind der Epidemie mehr als 11500 Menschen zum Opfer gefallen, mehr als 28000 hatten sich infiziert. 2016 hat die WHO den wegen der Ebola-Epidemie in Westafrika mit mehr als 11000 Toten ausgerufenen globalen Gesundheitsnotstand für beendet erklärt. Eine weltweite Ausbreitung von Ebola ist nicht eingetreten. Bei Ebola handelt es sich um eine Epidemie und nicht um eine Pandemie.

2.

Die Spanische Grippe war eine Pandemie, die zwischen 1918 und 1920 durch das Influenzavirus H1N1 verursacht wurde. Etwa 50 Millionen Menschen starben an dieser Krankheit. Möglicherweise sorgte eine Genveränderung in einem ähnlichen Virus dafür, dass eine Neukombination der Eiweiße Hämagglutinin (H) und Neuroamidase (N) auf der Oberfläche entstand. Dieses Virus mit der neuen Antigenkombination H1N1 war jetzt nicht mehr wie bisher nur für z. B. Vögel infektiös, sondern konnte nach dem Schlüssel-Schloss-Prinzip auch menschliche Zellen infizieren. In den menschlichen Wirtszellen wurden diese Viren vermehrt. Da das menschliche Immunsystem noch keine passenden Antikörper für die neue Antigenkombination besaß, konnten die Viren schnell andere Menschen infizieren. Die Viren besaßen nun vorteilhafte, erblich bedingte Merkmale. Diese Angepasstheit ermöglichte die weltweite Verbreitung.

1957 wurde durch das Grippevirus H2N2 die Asiatische Grippe als zweitschlimmste Grippe-Pandemie des 20. Jahrhunderts mit mindestens 700000 Todesopfern weltweit verursacht. Das H2N2-Virus konnte entstehen, wenn Virustypen, die Menschen infizieren, und Tierviren wie z. B. Grippeviren von Vögeln gleichzeitig einen Wirt infizieren. Es kann dann zu einer Neukombination der Viruserbinformationen und damit zu stark veränderten Viren kommen, die Menschen sehr gefährlich werden können. Die H2N2- Viren besaßen neue erblich bedingte Merkmale, die für ihre Ausbreitung vorteilhaft waren. Diese Angepasstheit ermöglichte die weltweite Verbreitung.

Der Erreger der Asiatischen Grippe mutierte durch eine Neukombination von bestimmten Vogelviren und menschlichen Grippeviren in einem menschlichen Wirtsorganismus zum Virus H3N2. Dieser galt als Auslöser der Hongkong-Grippe, die in den Jahren 1968 bis 1970 grassierte. Sie war die letzte große Grippepandemie, bei der weltweit im Zeitraum von 1968 bis 1970 mindestens 750000 Menschen starben.

Die Gefahr einer neuen Pandemie in der Zukunft besteht darin, dass z. B. Tierviren von Vögeln und Schweinen mit menschlichen Grippeviren neue erblich bedingte Merkmalskombinationen HxNx bilden. Besitzen diese HxNx- Viren neue erblich bedingte Merkmale, die für ihre Ausbreitung vorteilhaft sind, kann diese Angepasstheit eine weitere Pandemie ermöglichen.

Die Pandemie-Ära ist möglicherweise Teil der Evolution und damit nicht zu Ende.

3.

Individuelle Lösung, z. B. Nennung von Gefährdungsszenarien und Interventionsmöglichkeiten.

4.

Grippeviren mit dem erblich bedingten Oberflächenmerkmal H7 sind an Hausgeflügel, Wasservögel und Pferde als Wirte angepasst. Für den Menschen sind einzelne Fälle bekannt. Das Oberflächenmerkmal N9 gibt es bei bestimmten Grippeviren, deren Wirte Hausgeflügel und Wasservögel sind.

Auch bei N9 sind einzelne Fälle bei Menschen aufgetreten. Bei einer Kombination von H7 und N9 in Wasservögeln oder Hausgeflügel kann demnach bei einer Vogelgrippe mit diesem Erreger eine Übertragung auf den Menschen nicht ausgeschlossen werden.

7.9 Aids

Struktur und Funktion des HI-Virus	Grundwissen, Abb. 1,2
Persönliche Aspekte	**1.**
Gesellschaftliche Aspekte	**2.** Abb. 3, 4, 5
Sexuell übertragbare Krankheiten	**3.**
Medizinische Aspekte	**4.** Abb. 6

1.

a) Mögliche Gründe:
- Angst vor einer Ansteckung
- Unwissenheit über Ansteckungswege und die reale Gefahr einer Ansteckung im normalen Zusammenleben
- Angst vor der Gewissheit, nach einer Infektion an Aids zu sterben
- Angst vor der privaten, sozialen und beruflichen Isolation nach Bekanntwerden einer Infektion

b)
- Ungeschützten Geschlechtsverkehr vermeiden
- Thema in einer neuen Partnerschaft offen mit dem Partner besprechen
- Spritzen bei Drogenkonsum nicht mehrfach verwenden oder mit anderen teilen

2.

In vielen angegebenen Regionen ist die Zahl der HIV- Neuinfektionen in der Bevölkerung größer als in West- und Mitteleuropa. Extrem stark betroffen ist das südliche Afrika. In der Karibik und in Ozeanien sind die Zahlen der HIV-Neuinfizierten niedriger als in West- und Mitteleuropa (Abb. 5).

Die weltweite Anzahl der HIV-Infizierten ist von 2001 (29,4 Millionen) bis 2012 (35,3 Millionen) ständig gestiegen (Abb. 4).

Im Jahr 2011 gab es weltweit 34 Millionen HIV-infizierte Menschen, davon befanden sich 8 Millionen Patienten in einer Therapie. 1,7 Millionen HIV-Infizierte starben 2011 und 2,5 Millionen Menschen waren HIV-Neuinfizierte.

Die wirksamste Maßnahme zur Begrenzung einer HIV-Epidemie ist die Vermeidung von Neuinfektionen. Alle nichtinfizierten Menschen müssen die Infektionsrisiken durch geeignete Präventionsmaßnahmen kennen, vermeiden oder sich entsprechend schützen.

Die mit HIV infizierten Menschen müssen verstehen und wissen, wie die Weitergabe der Infektion verhindert werden kann. Entsprechende Maßnahmen sind weltweit notwendig und gehören zu den Aufgaben einer Politik für die Weltgesundheit.

3.

Individuelle Lösungen.

4.

Die relative HIV-Konzentration ist einige Monate nach der Infektion relativ hoch. Das Immunsystem vernichtet die meisten HI-Viren, aber es werden nicht alle zerstört. Über die Jahre steigt die Konzentration immer mehr an, da sich die HI-Viren mit jeder Zellteilung der T–Helferzellen vermehren. Im Gegensatz dazu wird über die Jahre die Anzahl der T-Helferzellen immer geringer, da sie durch die massenhafte Vermehrung des Virus absterben. Ein Test unmittelbar nach der Infektion mit HIV ist nicht aussagekräftig, da die Konzentration der HI-Viren nicht ausreicht, um diese im Blut nachzuweisen.

Vor allem ist die Konzentration von Antikörpern gegen HIV für einen Nachweis zu gering. Die Krankheitssymptome sind unspezifisch und nur schwach ausgeprägt. Während dieser Zeit ist die Infektion nicht nachweisbar und trotzdem besteht das Risiko, andere Personen zu infizieren.

7.10 Allergien

Allergische Reaktion – Auslöser, Verlauf und Symptome	**1.** Grundwissen, Abb. 1, 2
Allergene in Lebensmitteln	**2.** Abb. 3
Behandlungsmöglichkeiten	**3.** Abb. 4

1.

(1) Es findet der Erstkontakt mit dem Allergen statt. Allergene können beispielsweise Gräserpollen sein, die beim Einatmen über die Nasen-Mund-Schleimhaut in den Körper gelangen.

(2) Das Immunsystem wird erstmals aktiv, wenn die Allergene an B-Plasmazellen mit passenden Rezeptoren binden. Die B-Plasmazellen produziert daraufhin Antikörper gegen das Allergen.

(3) Diese Antikörper binden an die Oberflächen von Mastzellen und bewirken, dass die Mastzellen in ihrem Zellinnern vermehrt den Botenstoff Histamin bilden.

(4) Bei einem erneuten Kontakt mit dem Allergen sind bereits Mastzellen mit dem passenden Antikörper an ihrer Oberfläche im Körper vorhanden. Das Allergen bindet nun sofort an diese Antikörper.

(5) Daraufhin schütten die Mastzellen das Histamin aus und es kommt zu einer allergischen Reaktion. Die erhöhte Histaminkonzentration im Körper kann unter anderem zur Erweiterung der Blutge-

fäße, erhöhter Darmtätigkeit und Säureproduktion im Magen oder Atemnot führen.

2.

Individuelle Lösungen.

Die 14 Hauptallergene, die Allergien oder Unverträglichkeiten auslösen können, müssen im Zutatenverzeichnis aufgeführt und auch deutlich hervorgehoben werden (z. B. durch Fettdruck).

Beispiel: Mürbgebäck

Zutaten: Zucker, **Weizenmehl**, pflanzliche Öle (Palmöl, Sonnenblumenöl), Rosinen, **Vollmilchpulver**, Backtriebmittel, **Erdnüsse**, Glucose-Fruktose-Sirup, Dextrose, Salz, modifizierte Maisstärke, Emulgator: **Sojalecithin**. Kann Spuren von **Schalenfrüchten**, **Lupine** und **Eier** enthalten.

Hinweis: Bei Schalenfrüchten handelt es sich um Fruchtkerne, die von einer harten, meist holzigen Schale umgeben sind. Dazu zählen Mandeln, Haselnüsse, Walnüsse, Cashewnüsse, Pekannüsse, Paranüsse, Pistazien, Macadamianüsse.

Glutenhaltige Getreide sind z. B.: Roggen, Weizen, Gerste, Dinkel, Grünkern.

3.

Die Wirkung von Mastzellenstabilisatoren ist genannt. Sie verhindern die Ausschüttung von Histamin.

Eine langfristige Gabe des Allergens in niedriger Dosierung hat das Ziel, das Immunsystem an die Allergie auslösenden Stoffe zu gewöhnen. Dadurch soll die allergische Reaktion verhindert oder zumindest in ihrer Intensität abgemildert werden.

Antihistaminika haben eine ähnliche Struktur wie Histamin selbst (Abb. 4). Deshalb konkurrieren sie um die Histaminrezeptoren an der Oberfläche der

Gewebszellen. Antihistaminika verhindern zumindest teilweise die Bindung von Histamin. Es kommt dadurch nicht oder nur in geringerem Umfang zu den durch Histamin hervorgerufenen Wirkungen einer allergischen Reaktion.

7.11 Der Rinderbandwurm – ein Endoparasit

Der Bandwurm ist ein Parasit mit Wirtswechsel	Abb. 1

Entwicklungszyklus bei Rinder- und Fuchsbandwurm	**1.** Abb. 1-3

Angepasstheiten beim Rinderbandwurm	**2.** Abb. 1

Landschaftsstruktur und Fuchsbandwurm	**3, 4** Abb. 3, 4

1.

Beim Rinderbandwurm ist der Mensch der Endwirt, das Rind ist der Zwischenwirt. Beim Fuchsbandwurm ist die Maus (bzw. der Mensch) der Zwischenwirt, der Fuchs ist der Endwirt.

Die Entwicklungsstadien sind bei beiden Bandwürmern ähnlich: Eier werden mit der Nahrung vom Zwischenwirt aufgenommen und in einem Organ des Zwischenwirtes entwickeln sich Zwischenstadien (Rinderbandwurm: Finne im Muskel; Fuchsbandwurm: Zyste in der Leber). Wenn der Zwischenwirt vom Endwirt gefressen wird, nimmt dieser die Zyste/Finne auf und in seinem Darm entwickelt sich der geschlechtsreife Bandwurm. Die Zyste des Fuchsbandwurmes enthält mehrere Kopfanlagen, die Finne des Rinderbandwurmes nur eine. Beide Bandwurmarten leben im Darm des Endwirts. Sie bestehen aus einem Kopf und vielen Proglottiden, in denen Eier heranreifen. Einzelne Proglottiden werden abgestoßen und gelangen mit dem Kot nach außen. Wenn der Zwischenwirt Nahrung zu sich nimmt, an der Eier haften, schließt sich der Kreis.

Der Rinderbandwurm kann sehr lang (4-10 m) und alt werden; der Fuchsbandwurm ist viel kleiner, im Darm des Fuchses können aber bis zu 60000 Bandwürmer vorkommen. Der Fuchsbandwurm kommt heute sehr viel häufiger vor als der Rinderbandwurm. Er ist für den Mensch gefährlich, da der Mensch Zwischenwirt sein kann und Fuchs-bandwurmzysten in der Leber unbehandelt zum Tode führen können. Der Rinderbandwurm ist in Deutschland praktisch ausgestorben, und der Befall des Darms (Mensch ist Endwirt) ist weniger gefährlich.

2.

a) Der Bandwurm im Darm besteht nur aus Kopf und Proglottiden. Er hat keinen eigenen Darm. Die Nährstoffe werden direkt aus dem umgebenden Darmbrei aufgenommen. Organe wie ein Verdauungssystem oder ein Blutkreislauf fehlen. Sie sind nicht notwendig, da die Transportwege der Nähr und Abfallstoffe sehr kurz sind.

Der Bandwurm produziert sehr viele Proglottiden mit Geschlechtsorganen, so werden sehr viele Eier gebildet. Dadurch erhöht sich die Wahrscheinlichkeit, dass zumindest einige Eier von Zwischenwirten aufgenommen werden.

Die Finne/Zyste kann sehr lange im Gewebe überdauern. Sie „wartet" in diesem Zustand, bis sie vom Endwirt aufgenommen wird.

b) Täglich werden bis zu 5 Proglottiden abgegeben, die jeweils ca. 90 000 Eier enthalten, d. h. es werden ca. 450 000 Eier pro Tag, d. h. ca. 13 500 000 = 13,5 Millionen Eier im Monat abgegeben.

c) Bandwürmer sind für die Produktion von Geschlechtszellen und damit von Eiern „optimiert". Es sind Zwitter. Männliche und weibliche Geschlechtsorgane liegen in jeder Proglottide nah beieinander, sodass ohne viele Verluste eine große Zahl von befruchteten Eiern entsteht und mit dem Kot abgegeben werden kann.

Die Produktion von Eiern ist so wichtig, da diese mit dem Kot des Wirts nach außen gelangen und es völlig zufällig ist, ob ein geeigneter Zwischenwirt sie frisst und so die weitere Entwicklung möglich ist. Je mehr Geschlechtszellen und Eier produziert werden, umso höher ist die Wahrscheinlichkeit, dass der Entwicklungskreislauf sich schließt und sich der Bandwurm vermehren kann.

Im Gegensatz zu anderen Tieren benötigen Bandwürmer aufgrund ihrer parasitischen Lebensweise im Darm keine anderen Organe (Nahrungsaufnahme, Blutkreislauf, Fortbewegung).

3.

In der Abbildung sind für vier verschiedene Landschaftsstrukturen verschiedene Messwerte im Zusammenhang mit dem Fuchsbandwurm dargestellt: Das Nahrungsangebot für den Fuchs durch den Menschen ist im Stadtzentrum am größten, dann folgen Stadtrandzone, Landschaft/Naherholung und Wald. Gleiches gilt für die Anzahl der Füchse pro Fläche. Die Anzahl der Mäuse pro Fläche ist in den Naherholungsgebieten am größten, in alle anderen Gebieten ist sie gleich niedrig. Füchse jagen am meisten Mäuse im Wald und in Naherholungsgebieten, im Stadtzentrum nur sehr wenig. Fuchsbandwurmeier sind in den Naherholungsgebieten und in der Stadtrandzone am häufigsten.

4.

In der Stadt und am Stadtrand stellt Müll des Menschen Nahrung für Füchse dar, dementsprechend nimmt die Anzahl der Füchse pro Fläche hier zu. Mäuse kommen am meisten in der Naherholungsregion vor, somit werden hier und im Wald auch am meisten Mäuse von Füchsen gejagt. Für den Entwicklungszyklus des Fuchsbandwurms müssen End- und Zwischenwirt zusammenkommen. Es finden sich daher am meisten Fuchsbandwurmeier in den Regionen Naherholung und Stadtrand, in denen sowohl Füchse als auch Mäuse häufig sind und viele Mäuse von Füchsen gefressen werden.

8 Nicht zu viel und nicht zu wenig: Zucker im Blut

8.1 Hormone als Botenstoffe

Hormone als Signalstoffe, Beispiele wichtiger Hormondrüsen, Hormone und ihre Wirkung	Abb. 1

Allgemein: Die fünf Ebenen der Hormonwirkung	**1.** Abb. 2

Hormone wirken nur auf bestimmte Zellen (Zielzellen) – Das Schlüssel-Schloss-Prinzip	**2.** Abb. 4

Wachstumshormone	**3., 4.** Abb. 3, 5

1.

Ebene 1: Das Gehirn erhält Informationen über die Sinne. Nervensystem und Hormonsystem arbeiten eng zusammen, sodass äußere Reize hormonelle Reaktionen beeinflussen können.

Ebene II: Die Verbindungsstelle zwischen dem Nervensystem und dem Hormonsystem ist der Hypothalamus. Dieser besitzt für die anderen Hormondrüsen eine übergeordnete Funktion. Der Hypothalamus produziert Hormone, die die Freisetzung weiterer Hormone aus der Hypophyse beeinflussen.

Ebene III: Die Hypophyse produziert Hormone, die direkt auf die Zielzellen in bestimmten Organen wirken (Somatotropin, Prolactin). Außerdem werden Hormone gebildet, die andere Hormondrüsen im Körper anregen, ihrerseits Hormone zu bilden (FSH, Thyreotropin, ACTH).

Ebene IV: Die Hormondrüsen bilden spezifische Hormone. Diese Botenstoffe werden in das Blut abgegeben und so im ganzen Körper verteilt.

Ebene V: Jedes Hormon wirkt nur auf spezielle Zellen in bestimmten Organen. Diese Zellen nennt man Zielzellen.

Hinweis: ACTH wird im Grundwissentext nicht genannt. Aus Abbildung 2 lässt sich erschließen, dass ACTH eine Hormonbildung in den Nebennieren bewirkt.

2.

Abbildung 4 zeigt jeweils eine Zelle unterschiedlicher Hormondrüsen (A-D). Die spezifische Struktur der Hormonmoleküle ist schematisch dargestellt:

Hormon A: kreisförmig
Hormon B: sternförmig
Hormon C: dreieckig
Hormon D: quadratisch

Die Hormone A-D werden in ein Blutgefäß abgegeben und gelangen so zu den Zielzellen (1-4). Die Zielzellen 1-4 besitzen wie ein Schloss passgenaue Rezeptoren auf ihren Zellmembranen. Nur solche Hormonmoleküle, deren Struktur wie ein Schlüssel exakt in diese Rezeptoren passen, können dort andocken und damit ihre Wirkung entfalten.

Hormon A: passt zum Rezeptor der Zielzelle 3
Hormon B: passt zum Rezeptor der Zielzelle 4
Hormon C: passt zum Rezeptor der Zielzelle 2
Hormon D: passt zum Rezeptor der Zielzelle 1

Hinweis: Zur Vereinfachung sind die Strukturen nur zweidimensional angegeben.

3.

Die Hypophyse produziert das Wachstumshormon Somatotropin (Abb. 1, 2). Bei einer Tumorerkrankung ist die Anzahl der hormonproduzierenden Zellen deutlich erhöht. Allgemein sind Regulationsprozesse gestört.

Hypothese: Durch die Tumorerkrankung wird die Konzentration der Somatotropinmoleküle erhöht. Dadurch erhalten mehr Zielzellen die Information zur Wirkungsentfaltung: Die Folge ist ein gesteigertes Körperwachstum.

4.

Bis zur Entfernung der Wachstumshormonzellen in der Hypophyse zeigen beide Gruppen ein gleichmäßiges Körperwachstum. Nach der Zerstörung der Wachstumshormonzellen weist die Gruppe der Versuchstiere, die kein Wachstumshormon erhielt, nur noch ein sehr geringes Wachstum auf und die Versuchstiere bleiben klein. Die Versuchstiere, die nach der Zerstörung der Wachstumshormonzellen mit Wachstumshormonen behandelt wurden, zeigen dagegen ein nahezu gleichmäßiges und kontinuierlich starkes Körperwachstum. Dies entspricht vermutlich ungefähr dem natürlichen Wachstum der Ratten, da die Steilheit der Kurve bestehen bleibt.

Die Versuchsergebnisse deuten eine ursächliche Wirkung der Wachstumshormon produzierenden Zellen auf die Entwicklung der Körperlänge bei Ratten an. Gleichzeitig zeigt das Versuchsergebnis, dass eine wirkungsvolle Behandlung mit Wachstumshormonen möglich ist.

Hinweis/Anmerkung: Ein Rückbezug zu Aufgabe 3 wäre denkbar: Die Experimente in Abbildung 5 zeigen eindeutig die Wirkung der Wachstumshormone der Hypophyse. Ließe sich dieses Tiermodell auf den Menschen übertragen, wäre eine Verifizierung der Hypothese aus Aufgabe 3 möglich.

M   Steuerung und Regelung

1.

Jemand spart 1000 € auf einem Sparkonto mit einer jährlichen Verzinsung von 2%. Am Ende des Jahres hat er 1020€.

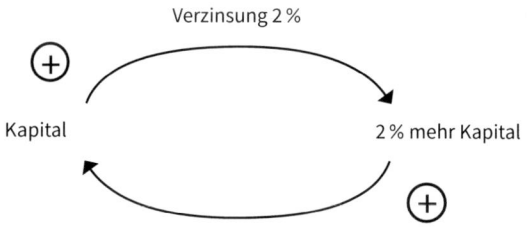

Ein rollender Schneeball wird durch Anlagerung von Schnee größer, was zur Folge hat, dass noch mehr Schnee angelagert wird.

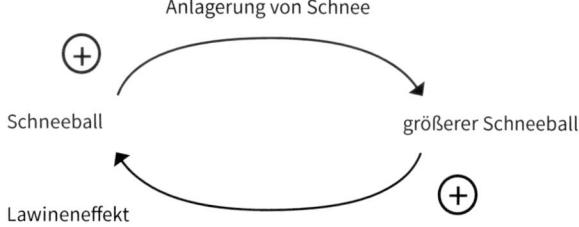

Je größer die Anzahl der Hasen in einem Gebiet ist, desto mehr Füchse finden dort Nahrung. Je mehr Füchse in einem bestimmten Gebiet leben, desto stärker nimmt die Anzahl der Hasen ab.

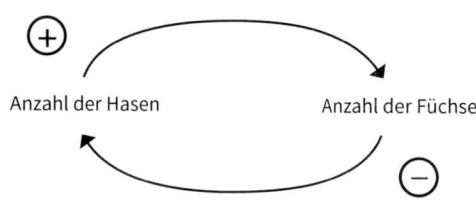

Je höher der Kohlenstoffdioxid-Gehalt im Blut eines Menschen ist, desto intensiver erfolgt die Atmung.

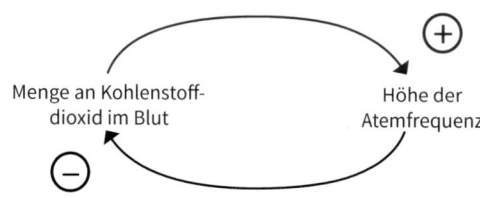

2.

Individuelle Lösung z. B.: Die innere Körpertemperatur gleichwarmer Tiere bleibt konstant.

Beim Menschen liegt sie normalerweise bei ca. 37 °Celsius. Sinkt sie ab, friert der Mensch, steigt sie an, wir dem Menschen warm. Auf beide Signale kann der Mensch mit seinem Verhalten reagieren, z. B. indem er sich mehr anzieht oder aus der Sonne in den Schatten geht. Das ist aber nicht alles. Der Körper verfügt über weitere Regelmechanismen, die im Gegensatz zum Verhalten unbewusst über das Zentrale Nervensystem gesteuert werden. Mechanismen, die die innere Körpertemperatur erhöhen sind erhöhter Stoffwechsel, Zittern, verminderte Durchblutung der Haut und der Extremitäten. Mechanismen die die Körpertemperatur senken sind verstärkte Durchblutung der Haut und Schwitzen (Ausnutzen von Verdunstungskälte). Bei diesen Regelungsvorgängen sind das Nervensystem, Temperatursensoren in Haut und Körperinnerem, Muskeln und Hautdrüsen beteiligt.

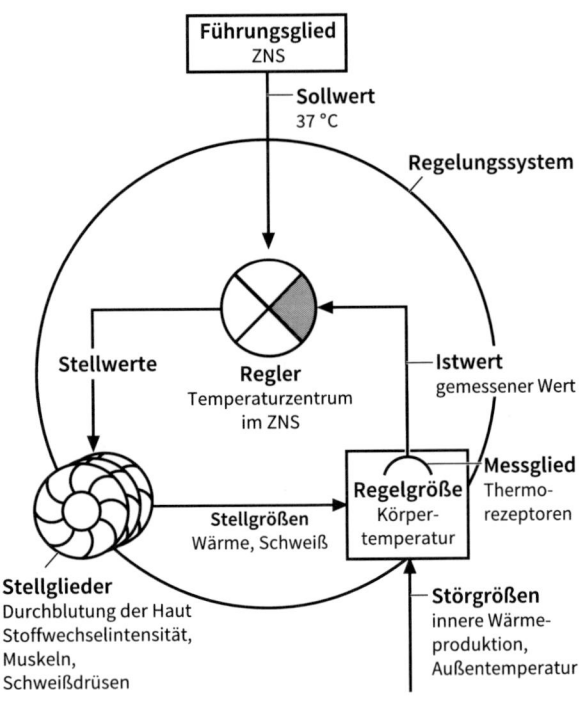

8.2 Regelung des Blutzuckerspiegels

Glucosestoffwechsel	Abb. 1, Grundwissen	Pfeildiagramm zum Blutzuckerspiegel	**2.** Abb. 3
Zuordnungen der Beschreibungen zu den physiologischen Abläufen im Schema	**1.** Abb. 1, 2	Einflüsse auf den Blutzuckerspiegel	**3., 4.** Abb. 1, Grundwissen

1.

A: 1 Anstieg der Blutzuckerkonzentration, zum Beispiel nach einer kohlenhydrathaltigen Mahlzeit

B: 8 Die Zellen der Bauchspeicheldrüse geben Insulin in das Blut ab.

C, D: 9 Die Leber- und Muskelzellen nehmen mehr Glucose auf.

D: 3 Die Leberzellen nehmen Glucose auf und speichern sie als Glykogen.

E: 7 Der Blutzuckerspiegel sinkt auf den Normalwert; die Insulinabgabe lässt nach.

F: 4 erniedrigter Blutzuckerspiegel, z. B. durch Auslassen von Mahlzeiten

G: 6 Die Zellen der Bauchspeicheldrüse geben Glukagon in das Blut ab.

H: 2 Die Leberzellen bauen Glykogen ab und geben Glucose in das Blut ab.

I: 5 Der Blutzuckerspiegel steigt auf den Normalwert; die Abgabe von Glukagon lässt nach.

2.

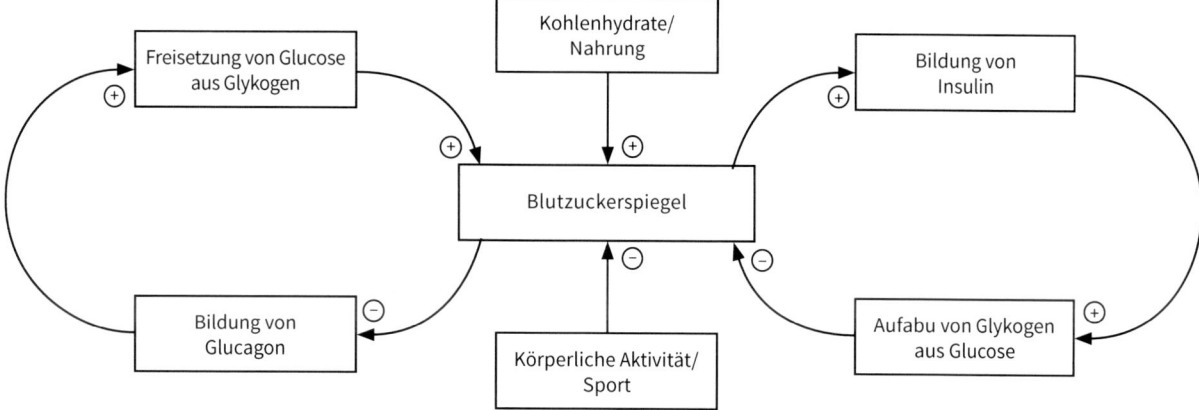

3.

a: Glucose gelangt nach der Verdauung der kohlenhydrathaltigen Schokolade in das Blut. Der Blutzuckerspiegel wird dadurch erhöht. Zellen der Bauchspeicheldrüse werden angeregt, Insulin zu bilden. Insulin gelangt mit dem Blut zu allen Zellen, bindet dort an passgenaue Rezeptoren und bewirkt so die Durchlässigkeit der Membran für Glucose. Im Zellinneren dient Glucose als Ausgangsstoff für die Zellatmung, in Zellen der Leber und der Muskulatur bewirkt Insulin auch die Umwandlung von Glucose in Glykogen. Es entsteht ein Gleichgewicht, sodass der natürliche Blutzuckerspiegel von etwa 100 Milligramm Glucose pro 10 Milligramm Blut wieder erreicht wird.

b: Ohne das Hormon Insulin ist der Transport von Glucose in das Zellinnere fast nicht möglich. Auch die Bildung von Glykogen ist stark eingeschränkt. In der Folge bleibt der Blutzuckerspiegel dauerhaft erhöht.

c: Beim Diabetes Typ II können die Zellen der Bauchspeicheldrüse zunächst noch ausreichend Insulin produzieren, allerdings ist die Anzahl der Insulinrezeptoren reduziert. Dadurch gelangen nur wenige Glucosemoleküle durch die Zellmembran in das Zellinnere. Der Blutzuckerspiegel bleibt dauerhaft erhöht.

d: Glucagon, bewirkt die Umwandlung von Glykogen in Glucose. Glucagon ist ein Gegenspieler zu Insulin. Wird Glucagon in zu geringer Menge gebildet, bleibt der Blutzuckerspiegel dauerhaft erniedrigt.

4.

Nicht nur Ernährung, Krankheit oder Arzneimittel wirken sich auf den Blutzuckerspiegel aus, sondern auch Stress. In Stresssituationen schüttet der Körper viel Adrenalin aus. Dies führt zu einem raschen Anstieg des Blutzuckerspiegels. Es kommt zu einer schnellen Mobilisierung der Glykogenreserven. Dabei wird Glykogen zu Glucose umgewandelt, welche dann an das Blut abgegeben wird. Das führt in der Bauchspeicheldrüse zur Herstellung von Insulin, was den Blutzuckerspiegel sinken lässt.

Diabetiker sollen daher in Zeiten, in denen sie viel Stress haben, ihren Blutzuckerspiegel häufiger überprüfen, um sich dann gegebenenfalls Insulin zu spritzen, damit der Blutzuckerspiegel abgesenkt werden kann.

8.3　Diabetes – gestörte Regelung

Leben mit Diabetes	Abb. 1-3

Diabetes Typ 1	**1.** Abb. 4

Diabetes Typ I und Typ II	**2.** Abb. 5

Ursachen des Diabetes Typ II	**3, 4.** Abb. 6

1.

a) Individuelle Lösung, z. B.
Annas Ergebnisse des Zuckertests:

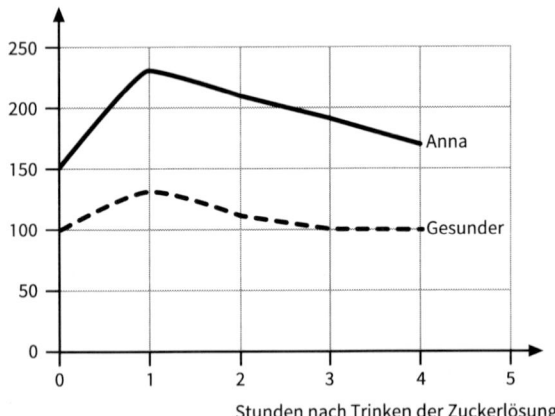

Blutzucker mg/100ml

Stunden nach Trinken der Zuckerlösung

b) Annas Blutzuckerspiegel ist schon zu Beginn des Versuches höher als bei der gesunden Testperson. Er beginnt unmittelbar nach dem Trinken der Zuckerlösung stark zu steigen. Nach einer Stunde ist, wie auch beim Gesunden, der höchste Wert erreicht, allerdings liegt dieser um 100 Einheiten höher als beim gesunden Menschen. Im Verlauf der zweiten Stunde sinkt Annas Wert um den gleichen Betrag wie bei der Kontrollperson. Während der gesunde Mensch aber nach drei Stunden wieder seinen Ausgangswert erreicht, bleibt der Blutzuckerspiegel bei Anna deutlich erhöht. Auch nach vier Stunden ist Annas Blutzuckerspiegel noch über dem Ausgangswert.

Die Notwendigkeit von Insulingaben muss der behandelnde Arzt ermitteln. Grundsätzlich ist aber eine gesunde Ernährung mit vielen kleinen Mahlzeiten und viel Bewegung von Vorteil. Auf keinen Fall sollte Alkohol oder Nikotin genossen werden.

2.

Die Blutzuckerwerte eines gesunden Menschen schwanken im Tagesverlauf nicht unerheblich. Am höchsten sind die Werte jeweils nach den Mahlzeiten. Den tiefsten Wert erreichen sie am späten Nachmittag. Einen ähnlichen Verlauf aber auf deutlich höherem Niveau zeigen im dargestellten Beispiel die Blutzuckerwerte der beiden Diabetiker. Die Werte des Typ II-Diabetikers, der nur mit Diät und Bewegung behandelt wird, liegen dabei höher als die Werte des Typ I-Diabetikers, der mit Diät und Insulingaben behandelt wird.

Durch die Mahlzeiten wird dem Körper Glucose zugeführt, die abgebaut werden muss. Das geschieht beim gesunden Menschen durch einen erhöhten Insulinausstoß. Bei dem Typ I-Diabetiker wird eine ähnliche Entwicklung durch die Diät und Insulingaben erreicht. Zusätzliche Bewegung könnte hier ein weiteres Absinken des Blutzuckerspiegels bewirken. Bei dem Typ II-Diabetiker reicht augenscheinlich die Diät in Kombination mit Bewegung nicht aus, um den Blutzuckerspiegel auf ein normales Maß zu senken. Hier sollten zusätzliche Insulininjektionen für ein Absinken sorgen.

3.

a) Es ist eine Zunahme der Übergewichtigkeit bei Kindern und Jugendlichen zu beobachten. Als Folge der Übergewichtigkeit erkranken immer mehr Kinder und Jugendliche an Diabetes Typ II Ursachen für das Übergewicht sind Bewegungsmangel und ungesunde Ernährung. Forderung an die Eltern: Erziehung zur gesunden Ernährung als Prävention und Ermunterung zu sportlichen Aktivitäten.

b) Die vorgeschlagenen Verhaltensänderungen sind sehr sinnvoll, da sie eine der wesentlichen Ursachen des Diabetes Typ II, nämlich das Übergewicht, verhindern können. Die gesellschaftliche Bedeutung ist erheblich, da durch die Zunahme des Diabetes Typ II hohe Krankheitskosten entstehen, die letztlich alle bezahlen müssen.

4.

Übergewicht: In der Wohlstandsgesellschaft herrscht ein Überfluss an Nahrungsmitteln. Jeder kann immer das kaufen und essen, worauf er gerade Lust hat. Zeiten mit Nahrungsmangel gibt es nicht. Da wird leicht zu viel und zu fett gegessen.
Ungesunde Ernährung: Durch Wohlstand lassen sich kostspielige und ungesunde Fast Food- oder Fertiggerichte konsumieren. Auch teure Süßigkeiten und mit Zucker verarbeitete Lebensmittel

(z. B. Fruchtjoghurts und Softdrinks) sind verfügbar. Da kommen Grundnahrungsmittel wie Reis, Brot, Kartoffeln sowie Gemüse und Obst, die für eine ausgewogene Ernährung wichtig sind, oft zu kurz.
Bewegungsmangel: Im Wohlstand muss kaum noch jemand schwere körperliche Arbeit verrichten, bei der der Körper einen hohen Energiebedarf hätte. Auch die Fortbewegung erfolgt oft mit Hilfsmitteln wie dem Auto. Durch Wohlstand lassen sich auch Computerspiele und Konsolen finanzieren, die zusätzlich verhindern, dass man sich in der Freizeit bewegt.
Das erhöhte Nahrungsangebot der Wohlstandsgesellschaft, aber auch die Gewöhnung an Fast Food und Softdrinks sowie die zahlreichen im Sitzen vollzogenen Tätigkeiten und Freizeitaktivitäten wie Computerspielen oder Internetsurfen, sind Folgen des Überflusses. Sie führen zu Übergewicht, ungesunder Ernährung und Bewegungsmangel, den Risikofaktoren für die Entstehung von Diabetes II, Man kann also bei Diabetes II mit gewisser Berechtigung von einer Wohlstandserkrankung sprechen.

M   Präsentieren von Ergebnissen

1.

Das Lernplakat erfüllt alle Kriterien (Tipps für das Erstellen eines Lernplakats):
Es hat eine große Überschrift (hier in der Mitte).
Es behandelt verschiedene Aspekte, die deutlich mit Zwischenüberschriften gekennzeichnet sind. Es enthält Bilder, die die Inhalte verdeutlichen. Die Texte dazu sind kurz und verständlich.
Die Schrift ist gut lesbar.
Kritik: Die Überschrift "Diabetes" wirkt durch die Verwendung von bunten Buchstaben ein wenig unseriös und das Plakat verliert dadurch an Bedeutung.

2.

Folie 1 lässt sich sofort überblicken. Der Inhalt ist auf das Wichtigste reduziert und in Stichworten dargestellt. Die Gestaltungselemente sind sparsam gewählt (zweifarbig, Aufzählung). Thematisch passende Bilder zu den Lebensmitteln könnten ergänzt werden. Sie sind aber nicht notwenig, um den dargestellten Inhalt zu verdeutlichen.
Folie 2 besteht nur aus zwei Textblöcken, die nicht weiter strukturiert sind. Sogar eine Überschrift fehlt. Wahrscheinlich zeigt die Folie genau den Text, der dazu gesprochen wird. Diese Folie ist für das Publikum nicht hilfreich.

3.

Individuelle Lösung.

9 Gene – Puzzle des Lebens

9.1 Die Bedeutung des Zellkerns

Größe des Zellkerns	**1.** Abb. 1, 2
Versuche an Krallenfröschen	**2.** Abb. 4
Versuche mit Acetabularia	**3., 4.** Abb. 3, 5, 6

1.

Bei einem Zellkerndurchmesser von 10 cm müsste der Mensch 1,944 km groß sein.

2.

In Teilversuch a wurde ein unbefruchtetes Froschei mit ultravioletter Strahlung bestrahlt. Dadurch wurde der Zellkern zerstört und das Ei stirbt ab, da die Erbinformation zerstört ist (gespeichert im Zellkern). In Teilversuch b wurde wie in a verfahren. Des Weiteren wurden einer Kaulquappe Darmzellen entnommen und aus diesen ein Zellkern isoliert. Dieser wurde in das kernlose Ei transplantiert. Dieses präparierte Ei entwickelte sich normal zu einer Kaulquappe und weiter zu einem Frosch. Durch die Übertragung des Zellkerns war die Erbinformation wieder vorhanden und die Zelle entwickelte sich normal. Möglich ist dies, weil alle Zellkerne eines Lebewesens die gleiche Erbinformation besitzen, unabhängig davon, ob der Zellkern (wie in diesem Fall) aus Darmwandzellen gewonnen wurde.

3.

Eine junge, einzellige Alge vor der Schirmausbildung wurde in drei Teile geschnitten: Wurzelregion, Stiel und Schirmregion. Aus der Wurzelregion entwickelte sich eine vollständige neue Alge mit Schirm; der Stiel wuchs nicht weiter und aus der Schirmregion entwickelte sich ein neuer Schirm. Im Stiel befinden sich weder der Zellkern noch „bewegliche Moleküle" (Grundwissentext), die die abgelesene Erbinformation enthalten. Dadurch kann der Stiel nicht weiter wachsen. Die „beweglichen Moleküle" sind jedoch in der Schirmregion enthalten und können die Stoffwechselreaktionen zur Ausbildung des Schirms einleiten. Aus der Wurzelregion entwickelt sich eine normale Alge, da sie den Zellkern mit allen Erbinformationen besitzt.

Dies zeigt sich auch in Experiment b: Nach Überführung des Zellkerns aus der Wurzelregion in den Stiel kann auch dieser zu einer vollständigen Alge wachsen, da er die vollständige Erbinformation enthält.

4.

Aus der Wurzelregion von Acetabularia crenulata kombiniert mit dem Stiel von Acetabularia mediterranea entwickelt sich der Schirm von Acetabularia mediterranea, da die „beweglichen Moleküle" im Stiel bereits zu der Ausprägung des Merkmals führen. Schneidet man nun wiederum den Schirm ab, entwickelt sich ein neuer Schirm, dessen Ausprägung zwischen den Merkmalen der beiden Schirme ist. Dies kommt durch das Vorhandensein „beweglicher Moleküle" sowohl von Acetabularia mediterranea als auch von Acetabularia crenulata. Schneidet man den Schirm wieder ab, entwickelt sich ein Schirm mit den Merkmalen des Schirms von Acetabularia crenulata, da die Information für die Ausprägung jetzt ausschließlich aus dem Zellkern von A. crenulata stammt.

9.2   Chromosomen als Träger der Erbinformation

Aufbau eines Chromosoms	**1.** Abb. 1
Erstellung eines Karyogramms	**3.** Abb. 3, 4
Anzahl der DNA-Moleküle im Verlauf der Zellteilung	**2.** Abb. 2

1.

Individuelle Lösung, z. B.:

Chromosomen enthalten die Erbinformation und sie kommen bei Eukaryoten im Zellkern vor. Ein Ein-Chromatid-Chromosom enthält ein DNA-Molekül als langes, spiralig aufgebautes Molekül. Die Grundbausteine der DNA sind Nucleotide. Es gibt vier verschiedene Nucleotide: Cytosin, Guanin, Adenin und Thymin. In der Reihenfolge dieser Bausteine ist die Erbinformation verschlüsselt. Die Nucleotide sind paarweise miteinander verbunden, sodass sich eine Ähnlichkeit mit einer Leiter ergibt. Cytosin und Guanin bilden ein Paar, Adenin und Thymin verbinden sich auch zu einem Paar. Die Leiter besteht aus einem spiralförmigen Doppelstrang.

2.

Die Zahl der DNA-Moleküle beträgt
– direkt vor der Zellteilung: 92
– zwischen zwei Zellteilungen: 46
– in den Geschlechtszellen: 23

Begründung: Zu Beginn der Zellteilung liegen die Chromosomen als Zwei-Chromatid-Chromosom vor. Jedes Zwei-Chromatid-Chromosom enthält zwei DNA-Moleküle und ist zweifach vorhanden; die Zahl der DNA-Moleküle beträgt also 92. Zwischen zwei Zellteilungen besitzt jede Körperzelle den diploiden Chromosomensatz, also 46 Ein-Chromatid-Chromosomen mit 46 DNA-Molekülen. Eizellen und Spermiumzellen sind haploid. Sie haben von jedem Chromosomenpaar (46 Chromosomen) jeweils nur das mütterliche oder das väterliche Chromosom, also 23 Ein-Chromatid-Chromosomen und damit auch 23 DNA-Moleküle.

3.

Zuordnungen:

1 – W	7 – U	13 – I	19 – M
2 – T	8 – Q	14 – P	20 – B
3 – O	9 – S	15 – V	21 – E
4 – J	10 – F	16 – R	22 – N
5 – H	11 – A	17 – G	23 – K
6 – D	12 – C	18 – L	

Die Überprüfung auf Vollständigkeit zeigt, dass ein vollständiger Chromosomensatz vorliegt, da sich die jeweils homologen Autosomen und Gonosomen paarweise vollständig zuordnen lassen. Zusammen sind es 46 Chromosomen, wie in jeder Körperzelle eines Menschen. An Position 23 ergibt sich das Gonosomenpaar XY. Es wurde ein männliches Individuum untersucht.

9.3   Mitose – erbgleiche Zellteilung

Wachstum durch Zellteilung	

Ablauf der Mitose	**1., 2.** Abb. 1, 3

Modell zur Mitose	**4.** Abb. 2

Unterschiede bei verschiedenen Zelltypen	**3., 5.** Abb. 4

1.
Individuelle Lösung.

2.
c: Interphase – vor einer Mitose

d: Prophase – Beginn der Mitose, Membran des Zellkerns ist aufgelöst

b: Metaphase – Zwei-Chromatid-Chromosomen sind sichtbar und in der Zellmitte in einer Ebene angeordnet

f, a: Anaphase – Zwei-Chromatid-Chromosomen werden getrennt und durch Spindelfasern jeweils zu den Polen gezogen

e: Telophase – Ausbildung neuer Kernmembranen, Chromosomen verlieren aufgerollte Struktur, zwei Zellen sind durch erbgleiche Teilung entstanden, wobei die Aufteilung des Zellplasmas noch nicht ganz beendet ist

3.
Die Tabelle macht deutlich, dass die Phasendauer der Verdopplung der DNA und der Mitose bei allen Zelltypen gleich ist. Unterschiedlich ist die Dauer der Interphase. In der Interphase wächst die Zelle und nimmt ihre Stoffwechselfunktion wahr. Die unterschiedliche Dauer der Interphase steht im Zusammenhang mit den unterschiedlichen Funktionen der Zelltypen.

4.
Individuelle Lösung, orientiert an den Abbildungen 1 und 2.

5.
Die Zellen befinden sich in der frühen Interphase, weit vor der Mitose. Ihre Chromosomen liegen noch als Ein-Chromatid-Chromosomen (bestehend aus einem einzelnen DNA-Strang) vor, während in anderen Zellen des Gewebes bereits Zwei-Chromatid-Chromosomen gebildet wurden.

9.4   Meiose – Bildung der Geschlechtszellen

Ablauf der Meiose – Bildung von Geschlechtszellen	**1.** Abb. 1

Vergleich von Mitose und Meiose	**2., 3.** Abb. 1

Entstehung der Eizelle in der Meiose	**4.**

Bedeutung der Neukombination	**5., 6.** Abb. 1

Hinweis: Der Begriff „Doppelchromosom" wird hier synonym zu dem Begriff „Zwei-Chromatid-Chromosom" verwendet.

1.

Individuelle Lösung.

2.

A Mitose

B Meiose [aber auch Mitose (homologe Doppelchromosomen → Chromosomen)]

C Meiose

D Mitose/Meiose

E Mitose/Meiose

F Meiose

G Meiose

H Mitose/Meiose

I Meiose

J Mitose/Meiose

K Mitose/Meiose

3.

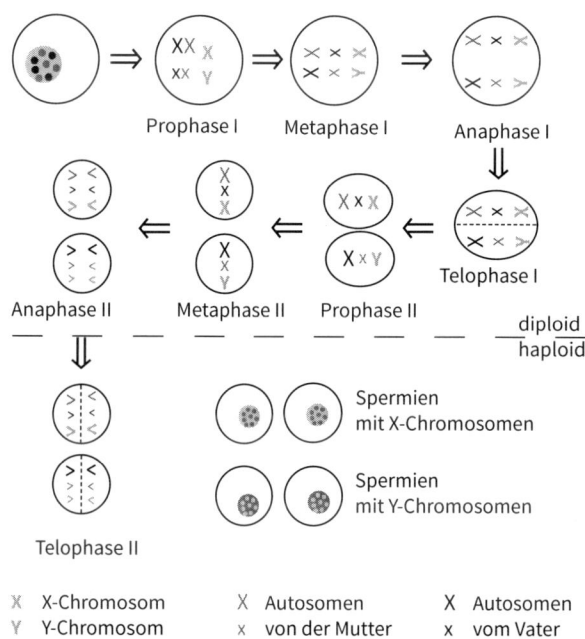

X   X-Chromosom   X   Autosomen   X   Autosomen
Y   Y-Chromosom   x   von der Mutter   x   vom Vater

4.

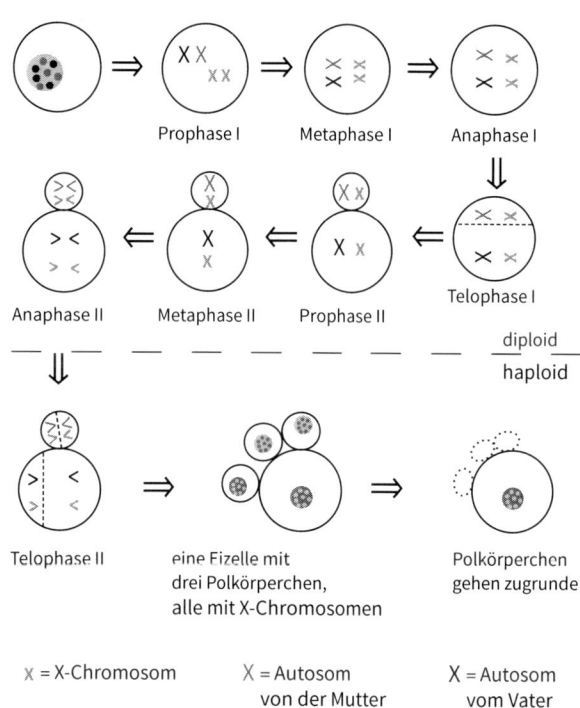

x = X-Chromosom   X = Autosom   X = Autosom
                           von der Mutter   vom Vater

5.

In den Geschlechtsorganen werden durch Meiose die haploiden Geschlechtszellen gebildet. Durch Crossing over in der Prophase I und der zufälligen Trennung der homologen Doppelchromosomen in der Metaphase I (welches Chromosom des homologen Doppelchromosoms zu welchem Pol gezogen wird) wird die Erbinformation neu kombiniert und es entstehen genetisch unterschiedliche Geschlechtszellen.

Bei der Befruchtung entsteht aus einer männlichen und einer weiblichen Geschlechtszelle die diploide Zygote, aus der sich durch Mitose die diploiden Körperzellen bilden. Bei der Befruchtung findet also eine weitere Neukombination des genetischen Materials von Vater und Mutter statt. So ergibt sich eine große Vielfalt an unterschiedlichen Nachkommen.

6.

Die Entscheidung „fällt" bereits in der Phase Meiose I, da dort das X-Chromosom und das Y-Chromosom voneinander getrennt werden.

9.5 Genetische Vielfalt durch Neukombination in der Meiose

Menschen sind unterschiedlich **Abb. 1**	Familie Kurze **2.** **Abb. 1**
Berechnung der Kombinations- möglichkeiten **1.** **Abb. 2**	Chromosomenvergleich bei Zwillingen **3.**

1.
Zahl der Kombinationsmöglichkeiten:

Regenwurm: $y = 16 \rightarrow x = 65536$
Stechmücke: $y = 3 \;\; \rightarrow x = 8$
Karpfen: $y = 52 \rightarrow x = 4{,}5 * 10^{15}$
Rind: $y = 30 \rightarrow x = 1073741824$
Erbse: $y = 7 \;\; \rightarrow x = 128$
(Mensch: $y = 23 \rightarrow x = 8388608$)

2.
Individuelle Lösungen.
a) Mögliche Chromosomen für ein weiteres Kind

3.
Eineiige Zwillinge haben identische Chromosomenkombinationen, da sie aus einer befruchteten Eizelle hervorgegangen sind.

Zweieiige Zwillinge haben wie sonstige Geschwister unterschiedliche Chromosomenkombinationen, da sie aus zwei unabhängig voneinander befruchteten Eizellen hervorgegangen sind. Sowohl die Kombination von der Mutter als auch vom Vater sind bei beiden unterschiedlich. Einzelne Chromosomen, die gleich sind, haben sie beide nur zufällig.

Geschwister haben generell unterschiedliche Kombinationen; mit einer sehr, sehr geringen Wahrscheinlichkeit könnten auch sie identisch sein, doch liegt diese Wahrscheinlichkeit dicht bei 0.

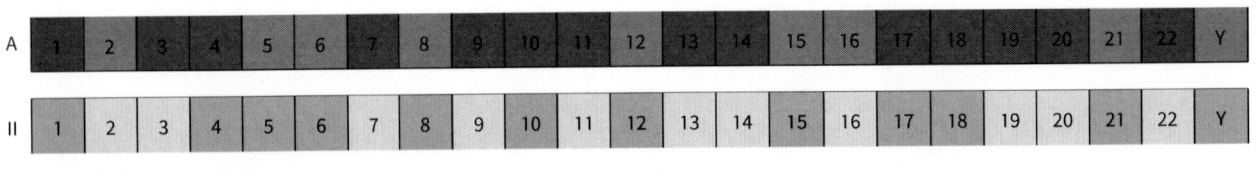

b) Mögliche Eizellen von Isabel

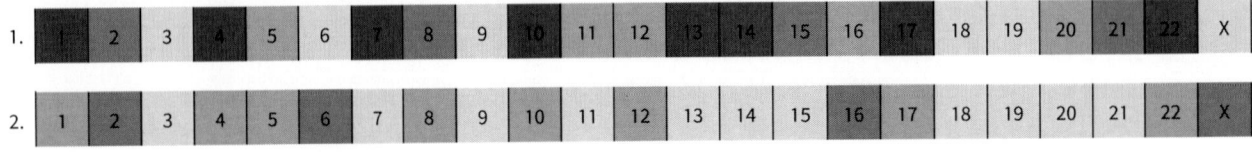

 entspricht orange    entspricht blau

 entspricht gelb    entspricht rot

9.6   Gen – Genprodukt – Ausprägung von Merkmalen

Genwirkketten	**1.**	Abb. 1

Erforschung einer Genwirkkette	**3.**	Abb. 3

Aussagen über Genwirkketten	**2.**	Abb. 2

1.

a) Die Genwirkkette für die Blütenfarbe der Gauklerblume besteht aus drei Genen und deren Genprodukten: Gen 1 enthält die Information für das Enzym 1, welches den Ausgangsstoff in das Zwischenprodukt 1 umwandelt. Gen 2 enthält die Information für das Enzym 2, das das Zwischenprodukt 1 in das Zwischenprodukt 2 (Blütenfarbstoff gelb) umwandelt. Im letzten Schritt dieser Genwirkkette wandelt Enzym 3 als Genprodukt von Gen 3 das Zwischenprodukt 2 in den Blütenfarbstoff Rot um.

b) Wenn das Gen 3 inaktiv ist, wird das Enzym 3 nicht gebildet. Die Genwirkkette läuft nur bis zur Produktion des Farbstoffes Gelb ungestört ab. Die Blütenfarbe wäre dann gelb.

Hinweis zum Begriff „Zwischenprodukt": Es besteht hier eine Verwechslungsgefahr. Ein Gen enthält die Information zum Bau des Genproduktes. Das sind in diesem Fall die Enzyme. Mit dem hier verwendeten Begriff „Zwischenprodukt" bezieht sich der Autor auf Merkmale.

2.

A: Der letzte Satz ist falsch, es muss heißen: Jedem Merkmal können ein oder mehrere Gene zugeordnet werden, [...]

B: Die Aussage ist falsch. Es kommt nicht darauf an, welche Merkmale bei den „Elternteilen" ausgebildet sind, sondern welche Gene zufällig vererbt wurden. Daraus resultiert dann die Merkmalsausbildung.

C: Fehlt ein Gen einer Genwirkkette, so bleibt die Synthese eines Stoffes an dieser Stelle stehen. Die Zuordnung von weiß zu „keiner Blütenfarbe" ist falsch. Die Farbe des betreffenden Zwischenproduktes, das als letztes gebildet wird, ist dann die Blütenfarbe der Blüte.

D: Rot ist nicht das Genprodukt. Genprodukte sind die jeweils gebildeten Proteine, die in diesem Beispiel Enzyme sind. Rot ist das sichtbare Merkmal, das aus der Genwirkkette resultiert. Die Ausführungen zur Züchtung sind falsch. Der Züchtungsbegriff ist hier nicht definiert und daher so nicht anwendbar. Außerdem werden nicht zwangsläufig die ganzen Genwirkketten von einer Pflanze vererbt.

E: Die Äußerungen sind völlig unwissenschaftlich. Eine Pflanze „merkt" nicht, ob sie bestäubt wird oder nicht, sie trifft auch keine Entscheidungen und kann sich auch keine Blütenfarbe aussuchen.

F: Die Äußerung ist für die Merkmale „Rot" und „Gelb" richtig und lässt sich als Hypothese erweitern.

3.

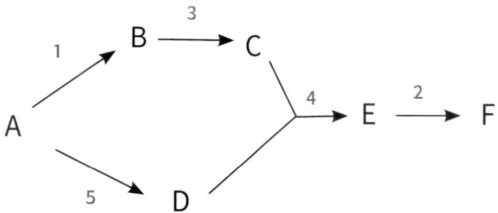

9.7 Gregor Mendels Versuche zur Vererbung

Gregor Mendel	Abb. 1, Grundwissen

Selbstbestäubung bei Erbsen	Abb. 3, Grundwissen

Künstliche Fremdbestäubung	**1.** Abb. 2

Mendels Versuchsansatz	**2.** Abb. 4

Mendels Hypothesen	**3.** Abb. 5

1.

Bei der künstlichen Fremdbestäubung wird mit einem Pinsel Pollen der einen Pflanze auf die Narbe einer anderen Pflanze übertragen. Der bestäubte Fruchtknoten reift zur Hülse mit Samen, die ausgesät werden können. So können kontrollierte Kreuzungsexperimente zwischen zwei ausgewählten Pflanzen durchgeführt werden.

Hinweis: Um eine Selbstbestäubung zu verhindern, hat Mendel vorher die Staubblätter der Blüte entfernt, deren Narbe bestäubt wird.

2.

a) In den Vorzuchten aus Elternpflanzen mit gelber Blütenfarbe (1a und 1b) entstehen fast immer Nachkommen mit gelber Blütenfarbe, in den Zuchten aus Elternpflanzen mit violetter Blütenfarbe (2a, 2b) fast nur solche mit violetter Blütenfarbe. Allerdings tauchen in der Vorzucht 1a in der 3. und 6. Nachkommengeneration auch einzelne Pflanzen mit violetter Blütenfarbe auf, und in der Vorzucht 2a immer wieder wenige Pflanzen mit gelber Blütenfarbe. Die Elternpflanzen dieser Vorzuchten können also nicht reinerbig sein; von Reinerbigkeit kann man nur bei den Pflanzen der Vorzuchten 1b und 2b ausgehen, da hier bis zur 6. Nachkommengeneration keine Pflanzen mit abweichender Blütenfarbe auftreten.

b) 1a: Allel für gelb (g) und Allel für violette Blütenfarbe (v)

1b: gg

2a: gv

2b: vv

3.

Gemeinsamkeiten: Sowohl Mendel aus auch Galton gehen davon aus, dass Erbinformationen von der Elterngeneration an die Tochtergeneration weitergegeben werden. Jeder Nachkomme erhält Erbinformationen von jedem Elternteil.

Unterschiede: Mendel geht davon aus, dass jedes Individuum zwei Erbanlagen eines Merkmals trägt. Nachkommen erhalten entweder die eine oder die andere Erbanlage, aber nicht beide. Die Zahl der Erbanlagen pro Individuum bleibt daher in jeder Generation immer gleich. Nach Galton werden alle vorhandenen Erbanlagen immer an die nächste Generation weitergegeben. Die Menge an Erbanlagen pro Individuum steigt so mit jeder Generation.

9.8 Mendel stellt Regeln zur Vererbung auf

Erbschema	Abb. 3
Uniformitätsregel	Abb. 1
Spaltungsregel	**1.** Abb. 2, 4
Phänotyp, Genotyp, Allele	**1.** Abb. 1, 2
Dominant-rezessiver Erbgang	**2., 3., 4.** Abb. 2, 3, 5

1.

a) Die mischerbige F_1-Generation trägt zwei verschiedene Allele für das Merkmal Samenfarbe: gelb (A) und grün (a). Bei der Kreuzung gibt jede Pflanze nur ein Allel weiter, es bilden sich so die Allelkombinationen AA, Aa und aa im Verhältnis 1:2:1 (Genotyp). Der Phänotyp wird durch das dominante Allel A bestimmt und es treten daher im Verhältnis 3:1 Pflanzen mit gelber (Genotyp AA oder Aa) und grüner Samenfarbe (Genotyp aa) auf.

b) Samenfarbe: gelb = dominant, grün = rezessiv
Samenform: rund = dominant, runzelig = rezessiv
Hülsenform: einfach gewölbt = dominant, eingeschnürt = rezessiv
Hülsenfarbe: grün = dominant, gelb = rezessiv
Begründung: In der F_1-Generation haben alle Nachkommen den gleichen Phänotyp, der durch das dominante Allel geprägt ist (Uniformitätsregel).

c) Verhältnis der Phänotypen in der F_2-Generation:
Samenfarbe: gelb / grün = 3,01:1
Samenform: rund / runzelig = 2,96:1
Hülsenform: einfach gewölbt / eingeschnürt = 2,95 :1
Hülsenfarbe: grün / gelb = 2,82:1

In der F_2-Generation tauchen die beiden betrachteten Merkmale im Verhältnis von ca. 3:1 wieder auf (Spaltungsregel).

2.

a) F = Fellfarbe schwarz (dominant), f = Fellfarbe weiß (rezessiv)

F_1-Generation:

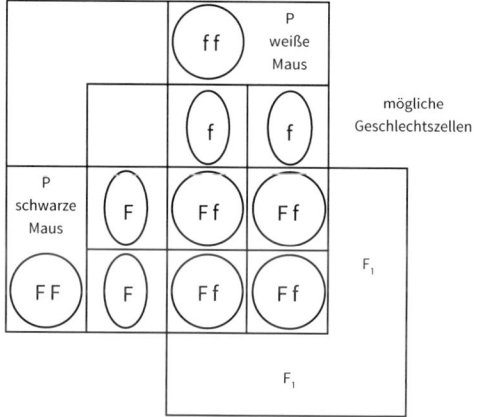

F_2-Generation:

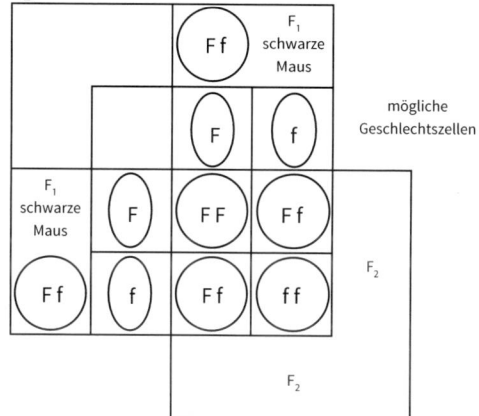

b) In der F_1-Generation haben alle Nachkommen denselben Genotyp und sind alle schwarz.
In der F_2-Generation kommen alle Genotyp-Variationen vor (FF, Ff, ff). Deshalb hat etwa ein Viertel der Tiere weißes Fell (Genotyp ff).

c) In der F_1-Generation sind alle Nachkommen gleich schwarz (entspricht Mendels Uniformitätsregel), der Phänotyp wird durch das dominante Allel (F) für schwarzes Fell bestimmt. Im Genotyp tragen aber alle Tiere der F_1-Generation auch das Allel für weißes Fell (f). In der F_2-Generation tauchen alle Genotyp-Variationen auf (FF, Ff, ff; Verhältnis 1:2:1) und schwarze und weiße Tiere treten im Verhältnis 3:1 auf (entspricht Mendels Spaltungsregel).

3.

a) Individuelle Lösung.
b) Bei der Meiose wird zufällig entschieden, welches Chromosom eines Chromosomenpaares auf welche Seite der Zelle gezogen wird, somit in welcher entstehenden Geschlechtszelle es enthalten ist. Genauso zufällig ist hier, ob die gezogene Münze Kopf oder Zahl zeigt. Nach der Befruchtung liegt jedes Chromosom wieder doppelt vor und die auf ihm liegenden Allele können gleich sein oder verschieden; entsprechend werden die Münzen hier zu Paaren zusammengelegt, die nun die verschiedenen Kombinationen aufzeigen (Kopf/Kopf, Kopf/Zahl, Zahl/Zahl).

4.

Der Maiskolben mit den gelben und blauen Körnern ist der F_2-Generation zuzuordnen. Nach MENDELS Uniformitätsregel sind die Nachkommen zweier reinerbiger Pflanzen gleichförmig. Die erste Tochtergeneration bringt daher ausschließlich gelbe Maiskörner hervor. Erst in der zweiten Generation tauchen wieder beide Merkmale auf (Spaltungsregel). Reinerbig rezessive Maiskörner sind blau gefärbt. Dies entspricht etwa einem Viertel aller Körner im Maiskolben, das Allel für

gelbe Färbung scheint also gegenüber dem Allel für blaue Färbung dominant zu sein (dominant-rezessiver Erbgang).
Die Erbschemata dazu lauten (K = gelbe Körner (dominant), k = blaue Körner (rezessiv)):

F_1-Generation:

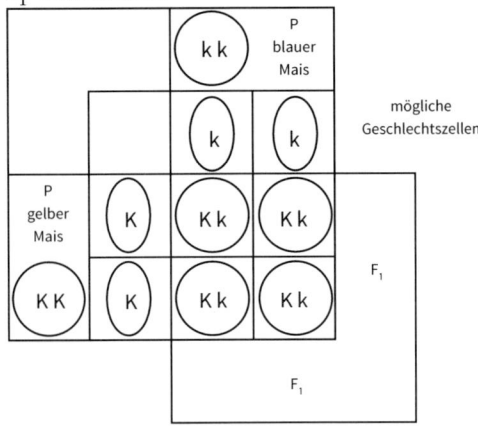

F_2-Generation:

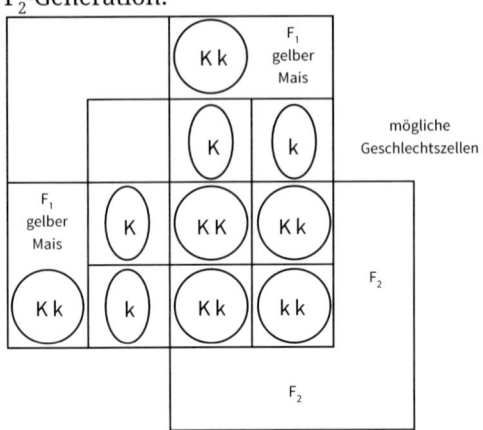

Mendels Untersuchungen zu Erbgängen mit 2 Merkmalspaaren	**3.** Abb. 5
Regel von der Neukombination	Abb. 1
Erklärung am Erbschema	**1.** Abb. 1
Beispiele für Erbgänge	**1., 2., 4.** Abb. 2-4, 6

1.

A = schwarze Farbe (dominant), a = rotbraune Farbe (rezessiv)

B = einfarbig (dominant), b = gefleckt (rezessiv)

Genotyp	Phänotyp
AABB	schwarz/einfarbig
AaBB	schwarz/einfarbig
AABb	schwarz/einfarbig
AaBb	schwarz/einfarbig
aaBB	rotbraun/einfarbig
aaBb	rotbraun/einfarbig
AAbb	schwarz/gefleckt
Aabb	schwarz/gefleckt
aabb	rotbraun/gefleckt

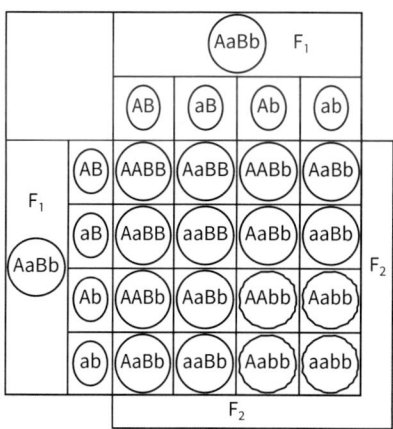

2.

F = braun (dominant), f = weiß (rezessiv)
H = kurzhaarig (dominant), h = langhaarig (rezessiv)

Genotypen der P-Generation:
FFHH, ffhh
Genotypen der F_1-Generation:
alle FfHh (entsprechend der Uniformitätsregel)
Genotypen der F_2-Generation:
FFHH, FfHH, ffHH, FFHh, FfHh, ffHh, FFhh, Ffhh, ffhh
(entsprechend der Spaltungsregel und der Regel von der Neukombination)
Phänotypen der F_2-Generation:
braun/kurzhaarig, braun/langhaarig, weiß/kurzhaarig, weiß/langhaarig;
Verhältnis 9 : 3 : 3 : 1

3.

G = gelber Samen (dominant), g = grüner Samen (rezessiv)
R = runde, glatte Form (dominant), r = runzelig (rezessiv)
H = grüne Hülse (dominant), h = gelbe Hülse (rezessiv)
F_1-Generation:

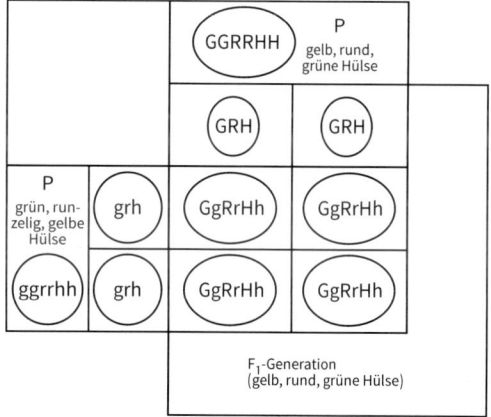

Alle Samen der F_1 Generation haben den Genotyp GgRrHh und sind damit im Phänotyp gelb und rund. Aus ihnen wachsen Pflanzen, die grüne Hülsen ausbilden.

F₁ (gelb, rund, grüne Hülse)								
	GRH	gRH	GrH	GRh	grH	gRh	Grh	grh
F₁: GRH	GGRRHH	GgRRHH	GGRrHH	GGRRHh	GgRrHH	GgRRHh	GGRrHh	GgRrHh
(gelb, gRH	GgRRHH	ggRRHH	GgRrHH	GgRRHh	ggRrHH	ggRRHh	GgRrHh	ggRrHh
rund, GrH	GGRrHH	GgRrHH	GGrrHH	GGRrHh	GgrrHH	GgRrHh	GGrrHh	GgrrHh
grüne GRh	GGRRHh	GgRRHh	GGRrHh	GGRRhh	GgRrHh	GgRRhh	GGRrhh	GgRrhh
Hülse) grH	GgRrHH	ggRrHH	GgrrHH	GgRrHh	ggrrHH	ggRrHh	GgrrHh	ggrrHh
gRh	GgRRHh	ggRRHh	GgRrHh	GgRRhh	ggRrHh	ggRRhh	GgRrhh	ggRrhh
Grh	GGRrHh	GgRrHh	GGrrHh	GGRrhh	GgrrHh	GgRrhh	GGrrhh	Ggrrhh
grh	GgRrHh	ggRrHh	GgrrHh	GgRrhh	ggrrHh	ggRrhh	Ggrrhh	ggrrhh

F_2-Generation:
Genotypen (Anzahl):
GGRRHH (1), GgRRHH (2), GGRrHH (2), GGRRHh (2), GgRrHH (4), GgRRHh (4), GGRrHh (4); GgRrHh (8), ggRRHH(1), ggRrHH (2), ggRRHh (2), ggRrHh (4), GGrrHH(1), GgrrHH (2), GGrrHh (2), GgrrHh (4), ggrrHH (1), ggrr(Hh) (2), ggHHrr (1), ggHhrr (2), GGhhrr (1), Gghhrr (2), gghhrr (1)

Phänotypen (Anzahl):
gelb/rund/grüne Hülse (27),
grün/rund/grüne Hülse (9),
gelb/runzelig/grüne Hülse (9),
gelb/rund/gelbe Hülse (9),
gelb/runzelig/gelbe Hülse (3),
grün/rund/gelbe Hülse (3),
grün/runzelig/grüne Hülse (3)
grün/runzelig/gelbe Hülse (1)

4.

Wenn die Panzerfarbe und die Augenfarbe unabhängige Merkmale wären, für deren Ausprägung es jeweils verschiedene Allele gibt, müssten irgendwann die Merkmalskombinationen weißer Panzer/grüne Augen und brauner Panzer/rote Augen auftreten. Da dies nicht der Fall ist, sind die Panzerfarbe und die Augenfarbe beim Krokodil offensichtlich durch Allele bestimmt, die auf einem Chromosom zusammen liegen, also immer aneinander gekoppelt sind. Mendels Regel der Neukombination gilt nur für voneinander unabhängig vererbte Allele.

9.10 Intermediäre Erbgänge

Correns Versuche mit der Wunderblume – Kodominanz	**2.** Abb. 1, 2

Erbgang mit 2 Merkmalspaaren	**3.**

Rückkreuzung	**4.** Abb. 4

Weitere Beispiele für intermediäre Erbgänge	**1., 5.** Abb. 3, 5

1.

1: WW   5: WW
2: SS   6: SS
3: SW   7: WW
4: SW   8: SW

Minorka-Hühner sind immer mischerbig (SW), bei der Weiterzucht werden daher immer wieder auch reinerbig schwarze (SS) und reinerbig weiße (WW) Hühner auftreten.

2.

Verhältnis weiß : rosa : rot
Versuch 1) 1,02 : 2,03 : 1
Versuch 2) 1 : 2 : 1,01
Die Ergebnisse entsprechen fast genau dem theoretischen Verhältnis 1 : 2 : 1 für intermediäre Erbgänge.

3.

R = rote Blüten, W = weiße Blüten, H = hellgrüne Blätter, D = dunkelgrüne Blätter
F_1-Generation: alle Pflanzen haben rosa Blüten und mittelgrüne Blätter (Phänotyp RW/HD)
F_2-Generation: Es treten Pflanzen mit allen Merkmalskombinationen auf:

Genotyp	Phänotyp
RR/HH	rote Blüten/hellgrüne Blätter
RW/HH	rosa Blüten/hellgrüne Blätter
WW/HH	weiße Blüten/hellgrüne Blätter
RR/HD	rote Blüten/mittelgrüne Blätter
RW/HD	rosa Blüten/mittelgrüne Blätter
WW/HD	weiße Blüten/mittelgrüne Blätter
RR/DD	rote Blüten/dunkelgrüne Blätter
RW/DD	rosa Blüten/dunkelgrüne Blätter
WW/DD	weiße Blüten/dunkelgrüne Blätter

4.

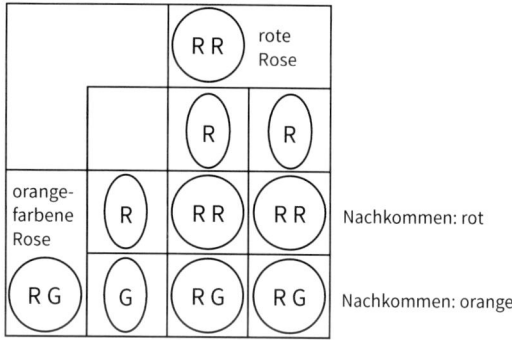

Bei Rückkreuzung einer orangen Rose (Genotyp RG) mit einer reinerbigen roten Rose (Genotyp RR) sind die Nachkommen im Verhältnis 1 : 1 rot (RR) oder orange (RG).

5.

Es handelt sich um einen intermediären Erbgang; nur bei solchen tritt nach Kreuzung zweier reinerbiger Eltern in der F_1-Generation ein Misch-Merkmal auf. Tier a besitzt kein Allel des Dunkelfaktors, es ist reinerbig und im Phänotyp hellgrün. Tier c ist ebenfalls reinerbig und besitzt zwei Allele des Dunkelfaktors, es ist im Phänotyp olivgrün. Tier b ist ein Nachkomme von a und c, es besitzt ein Allel des Dunkelfaktors und prägt eine dunkelgrüne Farbe aus. (Bei einem dominant-rezessiven Erbgang hätte der Nachkomme den Phänotyp des Elternteils mit dominantem Allel.)

9.11 Mendels Ergebnisse werden durch die Zellforschung bestätigt

–

9.12 Gene können durch Mutationen verändert werden

Feldhase – Schneehase → Mutationen	**3.** Abb. 1, 2

Weitergabe von Mutationen und Ausprägung	**1., 2.** Abb. 3

Bedeutung von Mutationen in der Ökologie und Medizin	**4., 5.** Abb. 4, 5

1.

Fehlfunktionen treten nicht immer auf, da diese Organismen diploid sind; wenn das andere Chromosom ohne diese Fehlfunktion ist, muss die Fehlfunktion nicht unbedingt phänotypisch in Erscheinung treten. Das Genprodukt des anderen Chromosoms „kompensiert" die Fehlfunktion.

2.

Durch Röntgenstrahlen können Mutationen in den Erbanlagen entstehen. Um zu verhindern, dass dabei Mutationen in der Keimbahn entstehen, werden die Geschlechtsorgane durch Blei abgeschirmt. Schwangere werden nicht geröntgt, um den Embryo vor Strahlenschäden zu schützen.

3.

Es handelt sich um eine Mutation, die für den Schneehasen von Vorteil ist, da er durch die wechselnde Fellfarbe jeweils besser an seine Umwelt (Jahreszeit) angepasst und somit geschützter vor Feinden ist; er hat damit einen Überlebensvorteil.

4.

Durch eine Mutation ist ein Gen (und Genprodukt) entstanden, das dem Insekt eine Resistenz gegen das Insektizid verleiht. Daher sterben diese Insekten bei einem Insektizideinsatz nicht; die Insekten ohne dieses Gen schon. Auch ein weiterer Insektizideinsatz tötet diese Insekten nicht; vielmehr können sie sich jetzt stark vermehren, da sie keine Konkurrenz haben.

5.

Die Abbildung zeigt, dass der Anteil der 3TC resistenten HI-Viren innerhalb der ersten zwei bis drei Wochen stark ansteigt und nach circa zehn Wochen schon fast bei hundert Prozent liegt. Es verdeutlicht, dass die HI-Viren durch schnelle Mutationen resistent gegen das Medikament werden. Der Einsatz des Medikaments ist fragwürdig, da so resistente Stämme entstehen, gegen die dieses Medikament und eventuell auch andere Medikamente mit gleichem Angriffspunkt nicht mehr wirken.

9.13 Züchtungsmethoden

Impuls: Wie kommen Züchter zu neuen Sorten?	Abb. 1

Mutationszüchtung	**1.** Abb. 3

Kombinationszüchtung	**2.** Abb. 2

Gewebekultur	**3.** Abb. 4

Anwendung der Hybridzüchtung	**4.**

1.

a) Vorteile: Einfache Handhabung; man kann gleichzeitig viele Organismen „behandeln"; wenn das Merkmal phänotypisch sichtbar ist, ist eine einfache Auslese möglich.

Nachteile: Viele Mutationen führen zu Defekten, sodass die Pflanzen unbrauchbar sind; Mutationen sind nicht gerichtet, sondern unterliegen der Willkür; um das gewünschte Merkmal zu halten, muss anschließend eine Auslese- und Kombinationszüchtung erfolgen.

b) Der günstigste Zeitpunkt ist, den Samen zu behandeln; die Pflanze zu behandeln würde eine Mutation ergeben, die nicht in die nächste Generation weitergegeben werden kann.

2.

Mittels Kombinationszüchtung werden die beiden Formen miteinander gekreuzt. Als F_1-Generation entstehen Lupinen mit dem Genotyp BbPp (Bitterstoffe, empfindlich; dominante Merkmale prägen sich aus). Kreuzt man die F_1-Generation miteinander, spaltet sich (3. Mendelsche Regel) die F_2-Generation im Verhältnis 9:3:3:1 auf. Damit erhält man auch die gewünschte Kombination bbpp reinerbig. Diese kann dann durch Auslesezüchtung weiter vermehrt werden.

3.

Um eine Gewebekultur herzustellen wird Pflanzenmaterial zerteilt. Anschließend werden die Pflanzenfragmente mit Enzymen versetzt, die die Zellwände der Zellen auflösen. Es entstehen Protoplasten, die auf einen Nährboden mit Mineralsalzen und Pflanzenhormonen aufgebracht werden, um diese Zellen zu vermehren. Nach der Vermehrung werden die Zellen auf einen weiteren Nährboden überführt; hier wachsen die Zellen zu kleinen Pflanzen heran, die nach einer bestimmten Größe in einzelne Blumentöpfe überführt werden. Durch die Gewebekultur entstehen reinerbige Organismen, die in der Folge Züchtungszwecken dienen.

4.

Die Hybridzüchtung entsteht aus der Kreuzung zweier reinerbiger Pflanzen. Kreuzt man diese weiter, so kommen in der F_2-Generation wieder alle Phänotypen vor. Die gewünschte Ertragssteigerung tritt aber nur bei den mischerbigen Pflanzen der F_1-Generation auf. Die Hybridzüchtung muss daher immer wieder neu aus reinerbigen Pflanzen erzeugt werden.

9.14 Modifikationen – Gene und Umwelt

| Modifikation bei chinesischer Primel und Russenkaninchen | Abb. 1, 2 |

| Reaktionsnorm und Modifikationskurve | **1.-3., 6.** Abb. 3–5 |

| Modifikation beim Menschen | **5.** Abb. 6 |

| Variabilität | **4.** |

1.

a) Mögliche Ursachen für die unterschiedliche Blattlänge der Buchenblätter könnten sein:
– unterschiedlich gute Versorgung mit Wasser und Mineralsalzen
– unterschiedliche Lichtintensität

– unterschiedliche Temperatur (im Schatten, in der Sonne)
– unterschiedliche Position im Baum
Zum Beweis können Teile einer Pflanze separiert und unterschiedlichen Umwelteinflüssen ausgesetzt werden (Temperatur, Licht, Wasser- und Mi-

neralsalzversorgung, etc.). Unterschiede, die in der Blattlänge auftreten, können dann nicht genetisch bedingt sein, da alle Blätter von einer Pflanze stammen und somit dieselbe Erbinformation tragen.

b) *Umschlagende Modifikationen* zeigen sich durch klar abgrenzbare Merkmalsausprägungen: Die Fellfarbe des Russenkaninchens ist entweder nur weiß oder schwarzweiß, genauso blüht die Chinesische Primel entweder weiß oder rot. Dagegen haben *fließende Modifikationen* nicht klar von einander trennbare Übergänge: Die Länge der Buchenblätter kann innerhalb der Reaktionsnorm beliebig variieren.

2.

Die Pflanze, die aus dem kleinen Samen hervorging, wurde unter günstigen Umwelteinflüssen gehalten und bildete große Samen. Die Pflanze, die aus dem großen Samen heranwuchs, wurde unter ungünstigen Umweltbedingungen gehalten und bildete kleine Samen. Die Größe der Samen ist also nicht vererbt, sondern im Rahmen der genetisch vorgegebenen Reaktionsnorm von Umwelteinflüssen abhängig: Unter günstigen Bedingungen können große, unter schlechten Bedingungen nur kleine Samen ausgebildet werden.

3.

Auf der x-Achse ist die Länge der Bohnensamen aufgetragen, auf der y-Achse die Anzahl an Samen. Die Kurve zeigt, dass die Länge der von einer Pflanze nach Selbstbestäubung gebildeten Samen um einen Mittelwert variiert: Sehr viele Samen haben eine mittlere Länge, zu den Seiten (kürzere und längere Samen) fällt die Kurve ab.

4.

Genetische Variabilität geht auf die Durchmischung der Erbanlagen bei sexueller Fortpflanzung zurück. Da jedes Individuum zwei Allele zur Merkmalsausprägung trägt, aber nur eines an die nächste Generation weitergibt, kommt es zu immer neuen Kombinationen der genetischen Informationen, die die Ausprägung von Merkmalen bedingen. Zusätzlich können bei der Ausbildung eines Merkmals Modifikationen durch Umwelteinflüsse auftreten; diese sind nicht vererbbar, führen aber ebenfalls zu einer erhöhten Variabilität innerhalb der Ausprägung eines Merkmals.

5.

Mit zunehmender Zeit und Höhe steigt durch Modifikation die durchschnittliche Anzahl an roten Blutzellen. Diese Veränderungen sind eine Anpassung des Körpers an den niedrigeren Luftdruck in hohen Lagen und damit der zunehmenden Schwierigkeit, Sauerstoff im Blut zu binden. Um dies auszugleichen, produziert der Körper mehr rote Blutzellen, um ausreichend viel Sauerstoff zur Versorgung der Körperzellen aufnehmen zu können.

Wenn Hochleistungssportler an hoch gelegenen Orten trainieren, finden dieselben Anpassungen des Körpers statt und es werden mehr rote Blutzellen gebildet. Bei einem anschließenden Wettkampf an einem niedriger gelegenen Ort sind diese immer noch im Blut der Sportler vorhanden und erhöhen so die Leistungsfähigkeit, da mehr Sauerstoff pro Zeit aufgenommen wird und die Muskeln besser versorgt werden können.

Bleiben die Sportler länger wieder auf geringer Höhe über dem Meeresspiegel, so passt sich der Körper wieder an den höheren Sauerstoffgehalt an und es werden wieder weniger Rote Blutzellen gebildet.

6.

Modifikationen beschreiben die unterschiedliche Ausprägung eines Merkmals bei gleicher Erbinformation durch Umwelteinflüsse. Die unterschiedliche Körpergröße der Menschen in Deutschland beschreibt keine Modifikation, da alle Menschen unterschiedliche Erbinformation für das Merkmal Körpergröße tragen; mögliche zusätzliche Modifikationen durch Umwelteinflüsse (z. B. Ernährung) können von den großen genetischen Unterschieden nicht getrennt werden.

10   Genetische Familienberatung

10.1   Trisomie 21 – eine Chromosomen-Fehlverteilung

Finn - ein Kind mit Trisomie 21	Abb. 1

Nicht-Trennung der Chromosomen bei **1.** der Meiose als Ursache der Trisomie 21	Abb. 2, 4

Vorgeburtliche Diagnostik: Amniozentese	**2.** Abb. 3

Ethische Problemstellungen: Vier Positionen zur Amniozentese	**3.**

Mögliche Zusammenhänge mit dem Alter der Mutter	**4.** Abb. 5

1.

Die Bildung der Eizellen beginnt im Eierstock des weiblichen Fetus. Bis zur Geburt erfolgt nur der erste Teil der Meiose. Man spricht von der Paarung der homologen Zwei-Chromatid-Chromosomen. Die Meiose wird dann unterbrochen und erst mit Beginn des Menstruationszyklus fortgesetzt.

Nach dieser zeitlichen Pause trennen sich die homologen Zwei-Chromatid-Chromosomen. Sie werden im Normalfall so auf die Tochterzellen verteilt, dass von jedem Paar Zwei-Chromatid-Chromosomen ein Exemplar in jeder Tochterzelle vorliegt. Im Fall der Trisomie 21 unterbleibt diese Trennung an Position Nr. 21.

Als Folge haben alle haploiden Eizellen an Position 21 eine abweichende Anzahl von Chromosomen (2x oder 0x statt 1x). Wird eine Eizelle mit dem durch Nichttrennung zusätzlich vorhandenem Chromosom 21 befruchtet, liegt die Trisomie 21 vor (Chromosom 21 ist 3x vorhanden).

2.

Bei der Amniozentese erfolgt in der 13. oder 14. Schwangerschaftswoche die Entnahme von Fruchtwasser aus der Gebärmutter. Dazu wird mit einer Kanüle die Bauch- und die Gebärmutterwand durchstochen. In dem Fruchtwasser befinden sich Zellen, die sich vom Fetus abgelöst haben. Durch eine Zentrifugation lassen sich die Zellen von dem Fruchtwasser trennen. Das Fruchtwasser kann mit verschiedenen biochemischen Tests weiter untersucht werden. Bis zur Erstellung eines Karyogramms vergehen noch zwei bis drei Wochen. In dieser Zeit vermehren sich die Zellen in Zellkulturen. Das fertige Karyogramm zeigt in der Abbildung keine Abweichungen. Es handelt sich um einen Jungen ohne Trisomien.

3.

Position 1: Ich will nichts wissen und werde keine Amniozentese machen lassen. Zu dieser Aussage hat die Überlegung geführt, das Kind so zu akzeptieren, wie es zur Welt kommen wird. Eine Abtreibung kommt nicht in Frage, allerdings wird eine potentielle Dilemmasituation auch bewusst vermieden.

Position 2: Ich traue mir ein Leben mit einem behinderten Kind nicht zu und werde gegebenenfalls abtreiben. Die Schwangere sieht durch die Fortsetzung der Schwangerschaft ihre körperliche und seelische Gesundheit gefährdet.

Position 3: Ich will das Ergebnis wissen, werde aber nicht abtreiben, wenn eine Trisomie 21 vorliegt. Zu dieser Aussage hat die Überlegung geführt, das Kind so zu akzeptieren, wie es zur Welt kommen wird, sich im Falle einer Trisomie aber schon vor der Geburt auf die Behinderung des Kindes einstellen zu wollen. Eine Abtreibung kommt nicht in Frage. Im Unterschied zu Position 1 besteht aber hier der Wunsch nach einer frühen Absicherung über die Methode der Amniozentese.

Position 4: Ich weiß gar nicht, wie ich mich verhalten soll. Diese Schwangere befindet sich in einer

Dilemmasituation. Es stehen sich die Handlungs-
möglichkeiten so entgegen, dass jede Entscheidung
zu einem nicht gewünschten Resultat führt. Möglicherweise führt jede denkbare Entscheidung zur
Verletzung von Wertvorstellungen.

4.

Mit zunehmendem Alter der Mutter nimmt die Wahrscheinlichkeit einer Trisomie infolge der Nichttrennung homologer Zwei-Chromatid-Chromosomen
zu. Dies geschieht, da mit steigendem Lebensalter
die Zeit zunimmt, in der die Eizelle im Entwick-
lungsstadium der unterbrochenen Meiose bleibt.
Auch andere Krankheiten und auch Gefahren für
die Mutter werden begünstigt. Zudem sinkt die
Fruchtbarkeit mit zunehmendem Alter, sodass die
Erfüllung des Kinderwunsches womöglich aus-
bleibt.

10.2 Untersuchung von Familienstammbäumen

–

10.3 Anwendung von Stammbaumuntersuchungen

Bluterkrankheit im Hochadel	Abb. 1, 2

Genetische Beratung	Abb. 2

Ohrläppchen – frei oder angewachsen	**1.** Abb. 3, 4

Rot-Grün-Sehschwäche	**2.** Abb. 5

Verwandtenehen	**3.** Abb. 6

1.

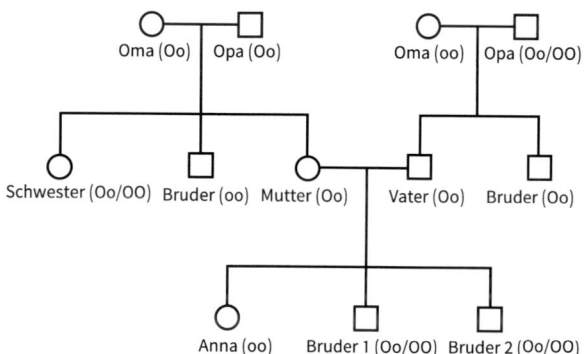

2.

Die Rot-Grün-Sehschwäche wird X-chromosomal-rezessiv vererbt; da Männer nur ein X-Chromosom haben, tritt dieses Merkmal bei ihnen phänotypisch häufiger in Erscheinung. Frauen besitzen zwei X-

Chromosomen; hier reicht ein nicht mutiertes X-Chromosom, sodass das Merkmal nicht auftritt. Allerdings können sie Überträgerinnen eines X-Chromosoms mit dem mutierten Allel sein.

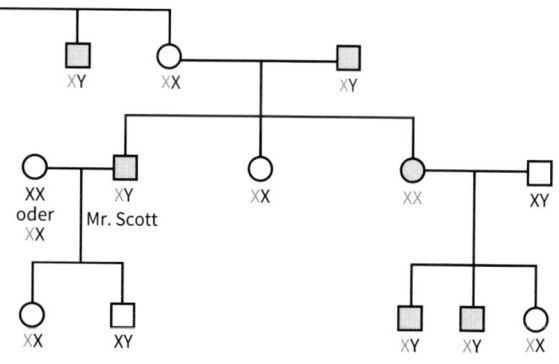

3.

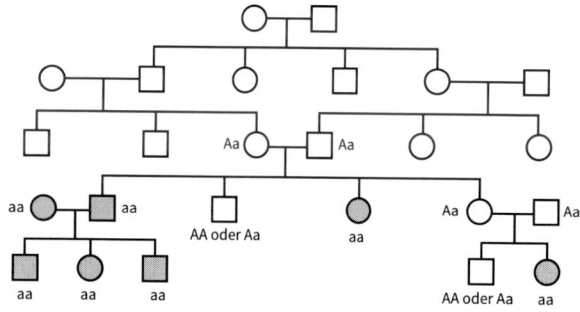

Kinder aus Geschwister- oder Verwandtenehen haben ein sehr stark erhöhtes Risiko für Erbkrankheiten, da die Wahrscheinlichkeit für die Kombinationen von zwei rezessiv mutierten Allelen entsprechend groß ist.

Im dargestellten Stammbaum haben Cousine und Cousin zusammen Kinder und Kindeskinder, bei denen das Merkmal gehäuft auftritt. Es ist zu vermuten dass sie dasselbe Allel mit dem rezessiv vererbten Merkmal von ihrer gemeinsamen Großmutter oder ihrem Großvater geerbt haben.

10.4 PKU – eine erbliche Stoffwechselstörung

Phenylketonurie (PKU) – eine erbliche Stoffwechselstörung		Abb. 2

Phenylalaninstoffwechsel bei verschiedenen Genotypen	**1.**	Abb. 4

Molekulare Grundlagen des Heterozygotentests	**2.**	Abb. 3, 4

PKU in der Familie Kurze	**3., 4.**	Abb. 1, 3, 4

1.

Genotypen und Phänotypen: Aa, gesund, heterozygoter Überträger; AA = gesund; aa = krank

AA: Beim homozygot Gesunden liegen auf beiden Chromosomen 12 die nicht mutierten (dominanten) Gene zur Bildung des Enzyms PAH. PAH setzt Phenylalanin zu Tyrosin um. Da das Gen doppelt vorhanden ist, wird viel Enzym gebildet und es kann viel Phenylalanin umgesetzt werden.

Aa: Beim Heterozygoten ist das Gen zur Bildung des Enzyms PAH auf einem der beiden Chromosomen 12 mutiert. Diese Mutation verhindert die korrekte Synthese des Enzyms. Da allerdings das andere Chromosom das nicht-mutierte Gen trägt, ist die Information zur Bildung von funktionsfähigem PAH vorhanden. Allerdings ist die Menge des synthetisierten Enzyms etwas geringer als beim homozygot Gesunden, wodurch weniger Phenylalanin pro Zeit umgesetzt werden kann.

aa: Beim Kranken sind die entsprechenden Gene auf beiden Chromosomen 12 mutiert, es kann kein PAH hergestellt werden und Phenylalanin kann nicht abgebaut werden.

2.

Gesunde Personen besitzen viele PAH-Enzyme (vgl. Abb. 4a) und setzen das injizierte Phenylalanin schnell in Tyrosin um, was am deutlichen Anstieg des Tyrosin-Gehalts im Blut erkennbar ist. Heterozygote besitzen weniger Enzym PAH (vgl. Abb. 4b), sodass der Umbau des Phenylalanins in Tyrosin langsamer stattfindet; der Tyrosin-Gehalt im Blut steigt nach Phenylanalin-Injektion wesentlich langsamer an. Bei PKU-Kranken verändert sich der Tyrosin-Gehalt im Blut auch viele Stunden nach der Phenylalanin-Injektion nicht, da keinerlei Enzym zur Umwandlung des Phenylalanins in Tyrosin vorhanden ist (vgl. Abb. 4c).

3.

A = funktionsfähiges Allel, a = mutiertes Allel
Elisabeth K.: Aa, heterozygot, gesund
Reiner K.: Aa, heterozygot, gesund
Lukas K.: Aa, heterozygot, gesund
Isabel K.: AA, homozygot, gesund
Jonas K.: aa, homozygot, PKU-krank

4.

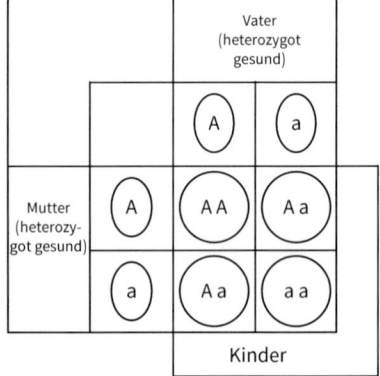

Die Wahrscheinlich für ein weiteres an PKU erkranktes Kind beträgt 25 %.

10.5 Beispiel Mukoviscidose und Sichelzellanämie

Sichelzellanämie: Von der Mutation zur Erkrankung	1. Abb. 2
Mukoviszidose - eine häufige erbliche Stoffwechselstörung	Abb. 1
Mukoviszidose (formale Genetik)	2. Abb. 4
Mukoviszidose: Fallbeispiele zur genetischen Beratung	3. Abb. 4, 3

1.

Wenn im Genom (DNA, molekulare Ebene) zwei Kopien des Sichelzell-Allels vorhanden sind, kann nur Sichelzellen-Hämoglobin gebildet werden und alle roten Blutzellen haben eine sichelförmige Gestalt (zelluläre Ebene). Die Sichelzellen-Blutzellen sind nicht normal funktionsfähig, sodass der Sauerstofftransport beeinträchtigt ist, was zu physischer Schwäche und Blutarmut führt. Außerdem verklumpen Sichel-Blutzellen leicht, wodurch es zur Verstopfung von Kapillaren kommen kann, die Herzversagen, Schmerzen und Fieber, Gehirnschäden und Organschäden auslösen können (Ebene der Organe). Blutarmut, Gehirn- und Organschäden können sich in Beeinträchtigungen der Gehirnfunktionen, Lähmungen, Lungenentzündung und anderen Infektionen, Rheumatismus und Nierenversagen äußern (Ebene des Organismus).

2.

a) rote Personen: an Mukoviszidose erkrankt, zwei rezessive Allele

grüne Personen: gesund, zwei dominante Allele
blaue Personen: gesund, ein mutiertes Allel, das rezessiv ist und sich nicht auswirkt, da noch ein dominantes Allel vorhanden ist

b) A = dominantes Allel , a = rezessives Allel; Genotypen: Aa: gesund, (heterozygoter) Überträger; aa = krank; AA = (homozygot) gesund

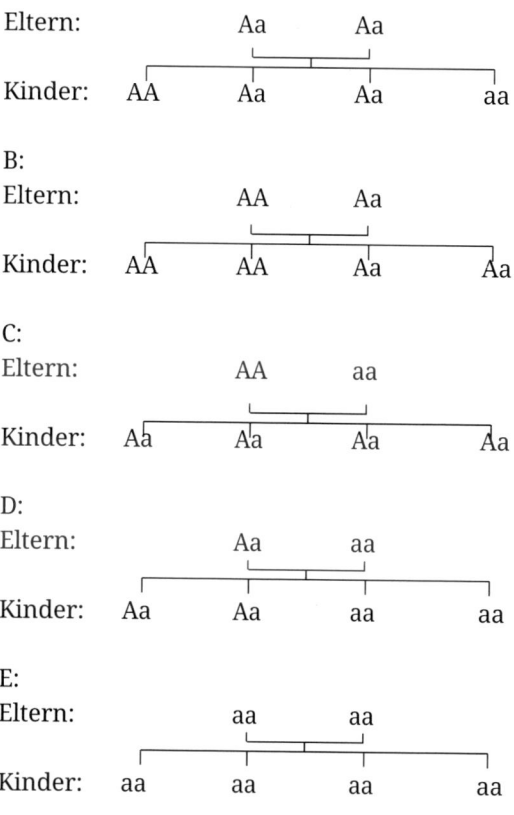

A:
Eltern: Aa Aa
Kinder: AA Aa Aa aa

B:
Eltern: AA Aa
Kinder: AA AA Aa Aa

C:
Eltern: AA aa
Kinder: Aa Aa Aa Aa

D:
Eltern: Aa aa
Kinder: Aa Aa aa aa

E:
Eltern: aa aa
Kinder: aa aa aa aa

3.

Individuelle Lösung. Siehe auch Ergebnisse der Aufgabe 2. Für Elternpaar A besteht eine Wahrscheinlichkeit von 25 %, dass ein Kind an Mukoviszidose erkrankt sein wird. Für Elternpaar D liegt die Wahrscheinlichkeit bei 50%.
Die Elternpaare B und C werden aller Wahrscheinlichkeit nach keine an Mukoviszidose erkrankten Kinder bekommen. Dagegen werden die Kinder von Elternpaar E alle erkrankt sein.

10.6 Ultraviolette Strahlung, Mutationen und Hautkrebs

Wirkungen von UV-Strahlung	Abb. 1

Bedeutung der Ozonschicht	**1.** Abb. 1, 3

„Mondscheinkinder" und DNA-Reparatur	**2.** Abb. 2, 4, 5

Haut und UV-Strahlung	**3.** Abb. 1

1.

a) Ein Ozonmolekül besteht aus drei Sauerstoff-Atomen. UV-Strahlung führt zur Abspaltung eines Atoms, sodass ein Sauerstoffmolekül (O_2) entsteht und ein einzelnes O-Atom. Dieses einzelne O-Atom entreißt einem weiteren Ozonmolekül ein Atom, sodass nun aus ursprünglich zwei Ozonmolekülen ($2 \times O_3$) insgesamt drei Sauerstoffmoleküle ($3 \times O_2$) gebildet wurden (Ozonabbau). UV-Strahlung führt aber auch zum gegenläufigen Prozess, dem Aufbau von Ozon, indem es die Spaltung von Sauerstoffmolekülen in zwei einzelne Sauerstoffatome bewirkt, die sich an andere O_2-Moleküle anlagern sodass Ozon (O_3) entsteht.

b) FCKW bewirkt in der Ozonschicht den Umbau von Ozon (O_3) in Sauerstoff (O_2): Ein Chlor-Atom des FCKW spaltet sich ab und entreißt einem Ozonmolekül ein Sauerstoffatom und in einem zweiten Schritt einem weiteren eines, sodass molekularer Sauerstoff (O_2) frei wird und auch das freie Chlor-Atom des FCKW wieder einzeln vorliegt. Diese Reaktion wiederholt sich immer wieder. Die Ozon-schicht wird dadurch „dünner". FCKW verweilen sehr lange in der Atmosphäre. Die Ausdünnung der Ozonschicht bewirkt ein verstärktes Durchdringen von UV-Strahlung bis auf die Erde, wo sie für die Menschen unter anderem durch Auslösen von Hautkrebs gefährlich ist.

2.

a) Bei Menschen mit Xeroderma pigmentosum ist das DNA-Reparatursystem defekt, das UV-beding-te Mutationen erkennt und beseitigt. Daher ist bei ihnen die Wahrscheinlichkeit, Hautkrebs zu entwickeln, sehr hoch und sie müssen sich konsequent vor der UV-Strahlung im Sonnenlicht schützen. Ohne besondere Schutzkleidung können sie nur nachts nach draußen, sie werden daher auch „Mondscheinkinder" genannt.

b) UV-Strahlung kann im DNA-Molekül dazu führen, dass die Bindungen zweier nebeneinander liegender Thymin-Moleküle eines Strangs zu den komplementären Adenosin-Molekülen des anderen Strangs aufgebrochen werden und sich stattdessen die Thymin-Moleküle miteinander verbinden. Das Reparatursystem erkennt die Stelle, an der eine solche Fehlverbindung vorliegt und das entsprechende Stück des DNA-Strangs wird herausgetrennt und komplementär zum noch ursprünglichen anderen Strang neu gebildet.

3.

Die Pigmentierung der Haut durch Melanin ist wichtig, um das Eindringen von UV-Strahlung zu vermindern, die u.a. zu Sonnenbrand, Hautalterung, Mutationen und damit Krebsbildung führt. UV-Strahlung hat allerdings nicht nur schädigende Wirkung, sondern fördert die Bildung von Vitamin D. Die Pigmentierung zur Abschirmung gegen UV-Strahlung darf daher nicht zu stark sein.

10.7 Gene und Umwelt wirken beim Menschen zusammen

Eineiige Zwillinge im Blick der Forschung	Grundwissen, Abb. 1

Einfluss von Genen und Umwelt auf Merkmale und Verhalten	**1.** Abb. 2, 3

Verschränkung biologischer, psychologischer und soziokultureller Einflüsse	**2.** Abb. 4

Das „unbeschrieben Blatt"	**3.**

1.

Das Modell in Abbildung 3 zeigt den theoretischen mathematischen Zusammenhang genetisch bedingter und umweltbedingter Merkmale. In der Abbildung bedeutet der linke Rand 100 % umweltbedingt, der rechte Rand 100 % genetisch bedingt.

Position I zeigt auf ein mögliches Merkmal, das zu etwa 60 % genetisch bedingt ist.

Position II zeigt auf ein Merkmal, das zu jeweils etwa 50 % umwelt- und genetisch bedingt ist.

Position III zeigt auf ein Merkmal, das zu 60 % umweltbedingt und zu etwa 40 % genetisch bedingt ist.

Abbildung 2 visualisiert drei grundlegende Positionen: Die Position a nimmt an, dass der Mensch und sein Verhalten allein durch seine Gene festgelegt sind. Die Position b ist dazu entgegengesetzt. Sie nimmt an, dass der Mensch als „unbeschriebenes Blatt" („tabula rasa") zur Welt kommt und allein

durch die Umwelt zu dem wird, was er ist. Position c nimmt an, dass jeder Mensch in seinem Verhalten sowohl von den Genen als auch von der Umwelt beeinflusst ist.

Gene und Umwelt wirken zusammen, sie sind keine Gegensätze, die sich ausschließen. Der Mensch ist Teil der Evolution und schon durch die Angepasstheit kein „unbeschriebenes Blatt" Die Gene tragen ein evolutives Erbe, das dem Gehirn ermöglicht, Verhalten, Erfahrungen, Gedächtnisinhalte und Gefühle individuell in Wechselwirkung mit der Umwelt zu verschränken. Am Beispiel des Spracherwerbs wird deutlich, dass die genetischen Voraussetzungen zur Gehirnentwicklung diesen überhaupt erst möglich machen. Die Individualität des Spracherwerbs hängt von der kulturellen Umwelt ab.

2.

Das (aktuelle) Verhalten eines Individuums unterliegt biologischen, psychologischen und sozial-kulturellen Einflüssen. In allen drei aufgeführten Kategorien finden sich individuelle Faktoren. Dadurch wird es unmöglich, den genetischen Anteil und den umweltbedingten Anteil am Verhalten eines Menschen zu beziffern.

3.

Individuelle Lösung, z. B.:

Watsons Behauptungen sind der Position b in Abbildung 2 zuzuordnen, da die offensichtlich auch genetisch bedingten Aspekte wie „Talente" und „Fähigkeiten" missachtet werden sollen. Eine ethische Bewertung erfordert Stellungnahmen zu einer notwendigen Korrektur dieses Ansatzes Watsons, zur Individualität und zur Würde des Menschen.

11 Embryonen und Embryonenschutz

11.1 Embryonenschutz – wann beginnt menschliches Leben?

Embryonenschutz in Deutschland, Übersicht, Begriffsklärungen	Grundwissen

Wann beginnt menschliches Leben? Erörterung verschiedener Positionen, ethische Reflexionen	**1.** Abb. 2

Präimplantationsdiagnostik (PID)	**2.** Abb. 1

Ethische Reflexionen zur PID	

Recherche zu NIPD	**3.**

1.

Zeitpunkt des Beginns menschlichen Lebens:

Deutsches Gesetz zum Embryonenschutz, 1991: Verschmelzung der Zellkerne von Spermium und Eizelle bei der Befruchtung

Buddhismus: Verschmelzung der Zellkerne von Spermium und Eizelle bei der Befruchtung

Denkweise nach Immanuel Kant: Verschmelzung der Zellkerne von Spermium und Eizelle bei der Befruchtung

Britisches Recht: Schon vor dem 14. Tag nach der Befruchtung stellt der Embryo menschliches Leben dar, aber erst nach der Einnistung in die Gebärmutter ist er ein individuelles menschliches Leben („human life" vs. „human being")

Ulrich Steinworth: 14. Tag nach der Befruchtung, wenn keine Zwillingsbildung mehr möglich ist und daher „Individualität gegeben ist"

Prophet Mohammed/Islam: nach manchen Interpretationen: 40. Tag nach der Befruchtung, wenn dem Embryo der „Lebensgeist eingehaucht wird"

Judentum: 49. Tag nach der Befruchtung, wenn die „Beseelung erfolgt"

Strafgesetzbuch § 218a: Bis zu 12 Wochen nach der Befruchtung ist der Schwangerschaftsabbruch unter bestimmten Bedingungen straffrei. Daher fordern manche diesen Zeitpunkt als Beginn menschlichen Lebens.

Prophet Mohammed/Islam: nach anderen Interpretationen: 120. Tag nach der Befruchtung, wenn dem Embryo der „Lebensgeist eingehaucht wird"

Stichworte zum Vergleich und zur Diskussion der verschiedenen Positionen könnten u. a. sein:

– In sehr vielen Kulturen ist der Zeitpunkt der Befruchtung der Beginn menschlichen Lebens.

– Befruchtungszeitpunkt ist das einzige eindeutige, „objektive" Ereignis, alle anderen Zeitpunkte als Beginn menschlichen Lebens sind mehr oder weniger willkürlich oder haben starken religiösen Charakter („Lebenshauch", „Beseelung" etc.). Kant nennt in diesem Sinne die Befruchtung auch die „einzige willkürfreie und eindeutig feststellbare Zäsur".

– Der 14. Tag nach der Befruchtung taucht in mehreren Positionen als kritischer Zeitpunkt auf, weil in diesem Zeitraum die Einnistung erfolgt (ca. sechs Tage nach der Befruchtung) und damit die Schwangerschaft beginnt bzw. weil dies der Zeitpunkt ist, ab dem die Schwangerschaft frühestens bemerkt wird, also für die Mutter die Existenz eines Kindes offenbar wird.

2.

Der Wunsch nach einem gesunden Kind hat zur Entwicklung der Präimplantationsdiagnostik (PID) geführt. Damit ist die Erkennung von erblichen Krankheiten nach künstlicher Befruchtung und vor Einbringung des Embryos in die Gebärmutter gemeint.

Verfahren der PID: Durch hormonelle Stimulation werden mehrere Eizellen gewonnen. Die Eizellen werden außerhalb des Körpers künstlich befruchtet. Bei der künstlichen Befruchtung werden mehrere Eizellen durch jeweils eine Spermiumzelle befruchtet. Es entstehen mehrere Embryonen. Jede befruchtete Eizelle gilt als Beginn menschlichen Lebens. Bis etwa zum 8-Zellen-Stadium kann aus jeder einzelnen Zelle ein Embryo heranwachsen, da diese Zellen totipotent sind. Bei der PID wird jedem Embryo im 8-Zellen-Stadium eine totipotente Zelle entnommen. Die so gewonnene Zelle wird zur umfassenden genetischen Analyse des Embryos genutzt. Es hängt vom Ergebnis der genetischen Analyse ab, welcher Embryo für den Transfer in die Gebärmutter ausgewählt wird. Die nicht implantierten Embryonen werden meistens verworfen.

3.

Individuelle Lösung, z.B.: NIPD gehört nicht zu den Präimplantationstechniken. Unter NIPD fasst man Verfahren zusammen, die Aussagen über den Embryo im Mutterleib zulassen, ohne ihn zu beeinträchtigen. Beispielsweise kann man durch die Untersuchung des mütterlichen Blutes auf bestimmte Krankheiten des Kindes schließen. Diese Untersuchungen können letztlich dazu führen, dass die Eltern sich gegen das Kind entscheiden. Wie bei der PID sind solche Untersuchungen daher ethisch bedenklich, z.B. wenn sie in die Regeluntersuchungen bei Schwangeren eingeführt werden sollen.

11.2 Fortpflanzungsmedizin

Vergleich von künstlicher Besamung und künstlicher Befruchtung	**1.** Abb. 1

Ein Wunschkind um jeden Preis? Ethische Reflexion	**2.** Abb. 1, 3, 4

Embryonentransfer, Leihmutterschaft, Kryokonservierung	Grundwissen

Späte Erstgeburten	**3.** Abb. 2, 5

1.

	natürliche Fortpflanzung	künstliche Besamung	künstliche Befruchtung
Herkunft der Eizelle(n)	Bildung in den Eierstöcken, reife Eizelle nach Eisprung im Eileiter	Bildung in den Eierstöcken, reife Eizelle nach Eisprung im Eileiter	Bildung in den Eierstöcken, Eizelle wird mit einer feinen Kanüle abgesaugt
Herkunft der Spermien	Bildung in den Hoden, dann im Sperma des Mannes	Bildung in den Hoden, dann Konzentrierung der Spermien aus dem Sperma und Förderung ihrer Beweglichkeit im Reagenzglas	Bildung in den Hoden, Spermien werden aus Sperma entnommen
Ort der Befruchtung	im Eileiter der Frau	im Eileiter der Frau	im Reagenzglas
Zeitpunkt der Befruchtung	nach Geschlechtsverkehr, wenn Spermium die reife Eizelle erreicht	nach Übertragung der Spermien in die Gebärmutter, wenn Spermium die reife Eizelle erreicht	wenn Spermien im Reagenzglas zu reifen Eizellen hinzu gegeben werden
Ort der ersten Zellteilungen	im Eileiter	im Eileiter	im Reagenzglas
Ort der Einnistung	Gebärmutter	Gebärmutter	Gebärmutter

2.

Fall 1: „Das späte Kind": Bei der Kryokonservierung werden der Frau Eizellen entnommen, diese bei -196 °C eingefroren und gelagert. Nach dem Auftauen wird ein Spermium in die Eizelle gespritzt und im Reagenzglas beginnen die Zellteilungen des entstandenen Embryos. Mehrere dieser Embryonen werden durch einen Schlauch mit einer Spritze in die Gebärmutter gebracht, wo sie sich einnisten.

Durch diese Technik des Einfrierens (kryos [griech.] = Frost) können Eizellen über lange Zeit aufbewahrt, d.h. konserviert werden. So können auch ältere Frauen, die keine reifen Eizellen mehr in ihren Eierstöcken bilden, noch schwanger werden, indem ihnen eigene konservierte Eizellen, die im Reagenzglas befruchtet wurden, eingesetzt werden.

Probleme: Ältere Frauen sind weniger belastbar in der Schwangerschaft und vor allem im Aufziehen eines Kindes. Die Mutter des Kindes wird alt sein und evtl. auf die Hilfe des Kindes angewiesen sein, wenn dieses selbst noch nicht erwachsen sein wird. Das Kind wird evtl. unter der Vorstellung leiden, nach Kryokonservierung im Reagenzglas entstanden zu sein.

Fall 2: Eine der beiden Frauen kann durch eine künstliche Besamung die Spermien eines (evtl. unbekannten) Mannes, z.B. aus einer Samenbank erhalten. Nach der Geburt des Kindes können beide Frauen des Paares sich gleichberechtigt um das Kind kümmern.

Probleme: Nur eine der beiden Frauen kann das Kind austragen. Mit dem Kind biologisch verwandt sind nur die leibliche Mutter und der unbekannte Samenspender. Das Kind ist später eventuell Diskriminierungen ausgesetzt und leidet vielleicht unter dem Wissen, Produkt einer künstlichen Besamung mit einer anonymen Samenspende zu sein und darunter, keinen (sozialen) Vater zu haben. (In Deutschland müsste der Spender der Spermien genannt werden.)

Fall 3: Eizell- und Samenspenden werden mithilfe der Kryokonservierung aufbewahrt. Nach Auftauen der Proben wird im Reagenzglas eine künstliche Befruchtung durchgeführt. Der entstandene Embryo wird in die Gebärmutter der Leihmutter übertragen, wo er sich einnistet und heranwächst. Nach der Geburt übernehmen die sozialen Eltern den Säugling und das Kind wächst bei ihnen als ihr eigenes auf.

Probleme: Die Leihmutter hat während der Schwangerschaft eine sehr enge Beziehung zum Kind, sodass sie nach der Geburt evtl. das Kind behalten möchte. Das Kind kann später unter den Umständen seiner Entstehung (Kryokonservierung, künstliche Befruchtung mit Ei- und Spermiumzelle aus anonymen Banken, Austragung durch Leihmutter) leiden.

Hinweis: „Samenspende", „Samenbank", „Samenspender" sind gebräuchliche, historisch gewachsene Begriffe und werden deshalb hier verwendet. Geht es aber direkt um die männliche Geschlechtszelle, ist der Begriff Spermium (oder Spermiumzelle) anzuwenden.

3.

Abb. 5: Die Geburtenhäufigkeit in Deutschland ist im Zeitraum von 1990 bis 2010 deutlich gesunken. Die Zahl der jährlichen Geburten betrug 2010 mit 682069 Geburten nur noch 82 %, verglichen mit der Geburtenhäufigkeit in 1990 mit 830019 Geburten.

Abb. 2: Von 1990 bis 2010 ist der Anteil der Geburten bei Müttern in der Altersklasse zwischen 36 und 49 deutlich gestiegen, während der Anteil der Mütter in den Altersklassen 15–20 und 26–35 abgenommen hat (rechts). Auch die allgemeine Altersstruktur der Frauen in diesen drei Altersklassen hat sich im betrachteten Zeitraum demografisch gewandelt: Während 1990 alle drei Klassen fast gleich vertreten waren, stellten die 36 bis 49 Jahre alten Frauen 2010 fast die Hälfte der Frauen im gebärfähigen Alter (links). Dies ist einer der Gründe, warum Mütter 2010 im Durchschnitt älter waren als 1990. Weitere Gründe: Individuelle Lösung, darin z.B.: Spätere Heirat infolge längerer Ausbildungszeiten, Priorität des Berufes in der Zeit nach der Ausbildung, materielle Gründe.

11.3 Klonen und Stammzellen

Übersicht, Begriffserläuterungen (Klon, Stammzellen, reproduktives, therapeutisches Klonen)	**1.**
Reproduktives und therapeutisches Klonen im Vergleich, ethische Reflexionen	**2.** Abb. 1, 2
Dürfen wir alles machen, was machbar ist? Ethische Reflexionen	**3., (2.)** Abb. 3 (1, 2)

1.

Klon: Zellen oder Lebewesen, die genetisch identisch sind (beim Menschen)

Reproduktives Klonen: Künstliche Erzeugung eines Klonembryos durch Einbringen des Zellkerns einer Körperzelle in eine entkernte Eizelle. Der Klonembryo kann in die Gebärmutter einer Frau eingesetzt werden und das sich entwickelte Kind ist genetisch identisch zu dem Menschen, aus dessen Körperzelle der Zellkern entnommen wurde.

Therapeutisches Klonen: Künstliche Erzeugung eines Klonembryos (s. o.), der dann aber nicht in die Gebärmutter eingesetzt wird, sondern dessen Zellen vereinzelt als totipotente Stammzellen zur Züchtung verschiedener Körperzellen und -gewebe verwendet werden, um krankes Gewebe des Zellkernspenders zu ersetzen

Stammzellen: Zellen, die sich in Kultur unbegrenzt teilen und zu verschiedenartigen Zelltypen, z.B. Herz-, Muskel-, Haut- oder Leberzellen ausreifen

Embryonale Stammzellen: Stammzellen des frühen Embryonalstadiums, die totipotent sind und deren Fähigkeit zur Bildung verschiedener Zelltypen nur geringfügig eingeschränkt ist

Adulte Stammzellen: Stammzellen bei Kindern und Erwachsenen, die sich zu bestimmten Zelltypen entwickeln können; z.B. können adulte Stammzellen aus dem Knochenmark verschiedene Arten von Blutzellen bilden.

2.

a) Einer leberkranken Frau wird eine beliebige Körperzelle (z.B. Hautzelle) entnommen und aus dieser Zelle wird der Zellkern herausgenommen. Einer anderen Frau wird aus den Eierstöcken eine Eizelle entnommen und aus dieser wird der Zellkern entfernt. Die entkernte Eizelle wird mit dem Zellkern der leberkranken Frau verschmolzen und beginnt sich zu teilen. Der entstandene Embryo liefert embryonale Stammzellen, die vereinzelt werden und durch gesteuerte Entwicklung zu Leberzellen heranreifen. Aus diesen Leberzellen wird eine Ersatzleber gezüchtet, die der leberkranken Frau implantiert wird.

Das Hauptargument für das therapeutische Klonen (bzw. für die Forschung daran) ist, dass mit dieser Methode eventuell in der Zukunft vielen Menschen mit schweren Krankheiten geholfen werden könnte. Im Beispiel kann mithilfe des therapeutischen Klonens eine Ersatzleber gezüchtet werden, deren Zellen die genetische Information der leberkranken Frau enthalten. Nach der Implantation wird es daher nicht zu Abstoßungsreaktionen kommen, da der Körper die Ersatzleber als körpereigene Zellen erkennt. In ähnlicher Weise kann man sich die Züchtung von anderem Gewebe, z.B. Herz-, Muskel-, Haut- und Nervengewebe vorstellen. Das Hauptargument gegen das therapeutische Klonen besteht in der Tatsache, dass zur Gewinnung der embryonalen Stammzellen künstlich ein Embryo erzeugt wird, der (laut deutschem Embryonenschutzgesetz) bereits ein menschliches Lebewesen darstellt und der zu schützen ist. Er wird beim therapeutischen Klonen lediglich als Zellspender verwendet und getötet. Bei der Diskussion ist auch zu bedenken, dass es nach heutigem Stand der Forschung noch fraglich ist, inwieweit wirklich funktionstüchtige Organe wie eine Ersatzleber in Kultur gezüchtet werden können und ob hierbei embryonale Stammzellen die besseren Erfolgsaussichten bieten als adulte Stammzellen, bei denen die obigen ethischen Bedenken entfallen.

b) Bis zur Entstehung des Embryos gleichen sich die Vorgänge beim reproduktiven und beim therapeutischen Klonen: Einem Menschen wird eine Körperzelle entnommen, deren Zellkern in die entkernte Eizelle einer Frau eingebracht wird und durch Zellteilungen entsteht ein Embryo. Beim reproduktiven Klonen wird dieser Embryo dann in die Gebärmutter einer Frau übertragen, wo er sich einnistet und zu einem Kind heranwächst. Beim therapeutischen Klonen werden dagegen embryonale Stammzellen des entstandenen Embryos einzeln zur gezielten Züchtung bestimmter Zelltypen verwendet, wobei ihre Totipotenz ausgenutzt wird. Das reproduktive Klonen von Menschen wird weltweit abgelehnt, da hier ein künstlicher Mensch gezüchtet wird, der genetisch mit dem Zellkernspender identisch ist. Dieses Vorgehen widerspricht weltweit ethischen, kulturellen und religiösen Vorstellungen, zumal es keinerlei medizinische Gründe gibt, die ein solches Eingreifen in die natürlichen Lebensvorgänge vertretbar machen. Beim therapeutischen Klonen dagegen rechtfertigen viele die Methode, einen Embryo in frühem Stadium als Zellspender zu missbrauchen, durch das Ziel, einen Menschen retten oder ihm bei schwerer Krankheit helfen zu können. Beim therapeutischen Einsatz von adulten Stammzellen stellen sich nicht die oben formulierten Fragen, da lediglich körpereigene Zellen zur Bildung neuer Zellen verwendet werden.

3.

Beschreibung der dargestellten Fortpflanzungstechniken:

Einem Mann wird eine Hautzelle entnommen, deren Zellkern mit der entkernten Eizelle einer Frau im Reagenzglas verschmolzen wird. Durch Zellteilungen entsteht ein Embryo, dessen Zellen genetisch identisch sind mit dem Mann, dessen Hautzelle verwendet wurde (Klonembryo). Die embryonalen Stammzellen differenzieren sich durch gesteuerte Entwicklung zu Eizellen und zu Spermien.

Im 1. Fall werden mithilfe von künstlicher Befruchtung die so gewonnenen Spermien mit einer normalen Eizelle, die einer Frau entnommen wurde, verschmolzen. Das entstehende Kind hat somit eine Mutter (Eizellen-Spenderin) und einen Vater (Hautzellen-Spender).

Im 2. Fall werden die künstlich gezüchteten Spermien mit einer aus denselben embryonalen Stammzellen künstlich gezüchteten Eizelle zusammengebracht. Nach der Befruchtung entsteht ein Kind, das nur einen genetischen Vater hat, den Hautzellen-Spender, da sowohl die Spermien als auch die Eizelle dessen genetische Information enthalten.

Im 3. Fall wird die künstlich gezüchtete Eizelle von normalen Spermien eines anderen Mannes künstlich befruchtet. Es entsteht ein Kind mit zwei genetischen Vätern, dem Spermienspender und dem Hautzellen-Spender.

Mögliche Aspekte zur Bewertung der Fortpflanzungstechniken:

– Vorgehen ist völlig unnatürlich, – widerspricht unseren ethischen, kulturellen und religiösen Wertvorstellungen.
– Generationenfolge und Geschlechtertrennung wird aufgehoben (aus einem Embryo bilden sich Keimzellen; aus männlichen Körperzellen werden Eizellen gebildet).
– Hat ein Kind ein Recht auf Mutter und Vater, soweit dies möglich ist, als Grundlage einer sozialen Familie?
– Die psychischen Auswirkungen für das Kind, die durch das Wissen um seine Entstehung folgen, können nicht eingeschätzt werden.
– 1. Fall entspricht im Ergebnis der Entstehung eines Kindes mit Mutter und Vater im Grunde einer indirekten künstlichen Befruchtung. So könnte also einem Paar, bei dem der Mann komplett unfruchtbar ist und keine Spermien bildet, zum Kinderwunsch verholfen werden, ohne größere ethische Bedenken aufzuwerfen als die der Herstellung eines Klonembryos sowieso.
– Im 2. Fall erhält das entstehende Kind nur Gene seines Vaters. Damit wirft dieser Fall ähnliche ethische Bedenken auf wie das reproduktive Klonen, das weltweit geächtet ist.
– Im 3. Fall hat das Kind zwei genetische Väter, entsprechend denkbar wäre auch ein Kind mit zwei genetischen Müttern. Homosexuellen Paaren könnte so die Zeugung eines eigenen gemeinsamen Kindes ermöglicht werden.

11.4 Das menschliche Leben – von der Befruchtung bis zum Tod

Lebensabschnitte	**1., 2.** Abb. 1, 3

Zeit-Bilanz	**3.** Abb. 2

Altern	**4.** Abb. 4

1.

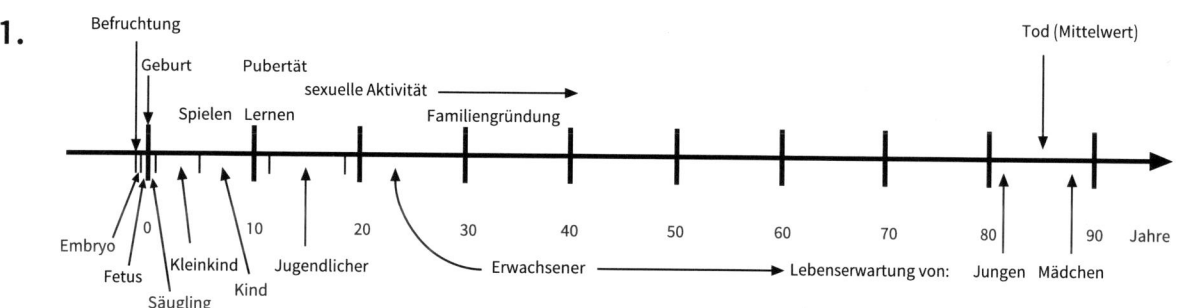

2.
z. B.

1 „Stadien eines Lebens"

2 „Jung und Alt gehören zusammen"

3.
Individuelle Lösung.

4.
Das Bild stellt ein Bad dar, in dem von der linken Seite gealterte Menschen ins Wasser steigen und es auf der rechten Seite verjüngt wieder verlassen. Offenbar handelt es sich nur um Frauen, die das Bad nutzen. Das Bild beschreibt die Sehnsucht nach der ewigen Jugend, nach dem Verlangsamen oder Umkehren des Alterns. Heute ist der Wunsch jung zu bleiben genauso verbreitet wie damals, wenn nicht sogar noch mehr, denn heute gibt es viel mehr ältere Menschen. Die Medien prägen ein jugendliches Schönheitsideal. Die Werbung preist „Anti-Aging"-Produkte an, die Haut soll wieder straffer und jugendlicher werden. Graue Haare werden gefärbt, Falten „gemildert". Mit medizinischen Eingriffen werden Nasen „korrigiert", Gesichter geliftet und über die Jahre angesetztes Fett wird abgesaugt. Das gilt in zunehmendem Maße auch für Männer. Nur selten gilt ein älterer Mensch, dem man das Alter auch ansieht, als schön.

11.5 Pflegeberufe

Berufszweige bei den Pflegeberufen	Abb. 1-3

Tätigkeiten einer Krankenschwester	**1.a** Abb. 1, Grundwissen

Anforderungen an Pflegeberufe	**1.b** Abb. 5, 6, Grundwissen

Berufsaussichten - Bevölkerungs-struktur	**2.** Abb. 4

Gründe für den Einstieg in einen Pflegeberuf	**3.**

1.

a)
– Übernahme von der Nachtschicht
– Patienten versorgen (Waschen, Temperatur messen, Medikamente verteilen, Betten machen)
– OP-Patienten vorbereiten
– Visite begleiten und protokollieren
– Verbände wechseln
– Frühstück austeilen
– Visite ausarbeiten (z. B. die Daten in den Computer eingeben)
– Blut abnehmen und zur Untersuchung geben
– Termine vereinbaren (z. B. für eine Röntgenuntersuchung)
– Neue Patienten einweisen
– Notfall erkennen - Arzt alarmieren
– Mittagessen austeilen
– Übergabe an die Spätschicht

b) Verantwortungsbereitschaft und Eigenständigkeit sind wichtig, da eine Pflegekraft oft auf sich gestellt ist. Oft muss sie Situationen richtig einschätzen und die richtigen Maßnahmen einleiten können. Wenn es um die Gesundheit der Patienten geht kann sie nicht warten, bis sie gesagt bekommt was sie tun soll. Kreativität und Flexibilität zielen in dieselbe Richtung: manchmal müssen ungewöhnliche Lösungen für große und kleine Probleme gesucht werden.

Pflegeberufe bringen körperliche und seelische Belastungen mit sich. Patienten anheben oder stützen, vornüber gebeugt arbeiten, das lässt sich nicht immer vermeiden. Auch das Immunsystem muss fit sein, denn wer mit vielen, z. T. auch noch kranken Menschen zu tun hat, kann sich leicht anstecken.

Pflegekräfte werden mit immer neuen Krankheiten und Problemen konfrontiert. Sie müssen bereit sein, sich zu informieren und lebenslang weiter zu lernen. Es gibt viele Möglichkeiten zur Weiterbildung und auch entsprechende Aufstiegschancen. Wegen der hohen Verantwortung und der Ansprüche an das Wissen von Pflegekräften gelten ein Mindestalter von 16 Jahren und der Realschulabschluss als erforderlich.

2.

1910 wurden nur ganz wenige Menschen älter als 75 Jahre - es gab viel mehr junge Leute als Alte. Heute ist es bereits so, dass viel mehr Menschen älter werden. Im Jahr 2050 wird dieser Trend noch viel deutlicher sein. Laut der Prognose des Statistischen Bundesamtes wird es dann in Deutschland etwa gleich viel unter wie über 50-Jährige geben. Etwa ein Fünftel der Bevölkerung wird über 70 Jahre alt sein. Die Zahl der kranken und pflegebedürftigen Menschen wird steigen weil die Menschen älter werden und auch weil die Pflege innerhalb der Familie sich weiter verringern wird. Der Bedarf an Pflegekräften wird also wohl weiter steigen - ein Arbeitsplatz im Pflegebereich gilt deshalb als sicher.

3.

Individuelle Lösung, z. B. Antworten sammeln und gemeinsam ordnen und diskutieren.

12 Verantwortlicher Umgang mit dem eigenen Körper

12.1 Nahrung versorgt den Körper mit Energie

Tätigkeiten und Energiebedarf	**Abb. 1**
Grundumsatz, Leistungsumsatz, Gesamtumsatz	**1.** Abb. 1, 3
Energiegehalt von Nahrungsmitteln berechnen	**2.a** Abb. 3, 4
Energiebedarf	**2.b,c, 3.** Abb. 1-5
Ursachen von Übergewicht	**4.** Abb. 6

1.

a) mögliche Definition: Unter Energie versteht man die Fähigkeit, Arbeit zu leisten.
Die Bewegung unserer Muskeln, die Aufnahme und Verarbeitung von Sinnesreizen und die Aufrechterhaltung der Körpertemperatur sind Leistungen des Körpers, die Energie benötigen.
b) *Grundumsatz:* die Energie, die bei völliger Ruhe des Körpers benötigt wird.

Leistungsumsatz: der bei Tätigkeiten über den Grundumsatz hinausgehende Energiebedarf. Das ergibt die Formel: Leistungsumsatz = Gesamtumsatz – Grundumsatz.
Als Grundumsatz kann der Gesamtumsatz für ruhiges Liegen verwendet werden, das sind hier 350 Kilojoule pro Stunde. Es ergeben sich folgende Werte für den Leistungsumsatz:

ruhiges Liegen	0
ruhiges Stehen	70
Gehen, 3 km/h	650
Gehen, 8 km/h	1750
Schwimmen, 0,6 km/h	530
Schwimmen, 4,2 km/h	2150
Radfahren, 9 km/h	530
Radfahren, 30 km/h	2750
Laufen, 11 km/h	1850
Laufen, 19 km/h	3750
Büroarbeit	30-70

Die Unterschiede kommen durch die verschiedenen Tätigkeiten zustande. Schnelleres Radfahren, Laufen, ... benötigt mehr Energie als bei geringerem Tempo. Der Leistungsumsatz der Bürotätigkeit ist vergleichsweise niedrig. Ohne anstrengende körperliche Arbeit ist der Leistungsumsatz gering.

2.

a)

Nahrungsmittel (100 g)	Energiegehalt aus Kohlenhydraten in kJ	Energiegehalt aus Fett in kJ	Energiegehalt, gesamt in kJ
Joghurt	78,2	144,3	222,50
Käse	–	1158,3	1158,30
1 Ei	6,8	241,8	248,60
Butter	11,9	3244,8	3256,70
Schweinefleisch	–	741,0	741,00
Mettwurst	–	1755,0	1755,00
Huhn	–	35,1	35,10
Fischstäbchen	170,0	136,0	326,00

Nahrungsmittel (100 g)	Energiegehalt aus Kohlen-hydraten in kJ	Energiegehalt aus Fett in kJ	Energiegehalt, gesamt in kJ
Haferflocken	1128,8	288,6	417,40
Reis	1281,8	85,8	1367,60
Nudeln	1222,3	108,42	1330,72
Roggenbrot, 2 Scheiben	875,5	39,0	914,50
Kartoffeln	147,9	7,8	155,70

b) Nein, er kann seinen täglichen Energiebedarf nicht decken. Der Energiegehalt beträgt insgesamt 6551,7 Kilojoule; es entsteht ein Defizit von 5998,3 Kilojoule.

4 Scheiben Roggenbrot → 1829 kJ
50 Gramm Käse → 579,15 kJ
50 Gramm Mettwurst → 877,5 kJ
50 Gramm Butter → 1628,35 kJ
100 Gramm Kartoffeln → 155,7 kJ
200 Gramm Schweinefleisch → 1482 kJ

c) 300 Gramm Nudeln ergeben einen Energiegehalt von 3992,16 Kilojoule. Damit könnte die Person ungefähr vier (3 km/h) beziehungsweise ungefähr zwei Stunden (8 km/h) gehen oder ungefähr zwei (11 km/h) beziehungsweise ungefähr eine Stunde (19 km/h) laufen.

3.

a) Jäger und Sammler
– viel Bewegung
– Nahrung mit geringen Energiegehalt
– Nahrung enthält insgesamt durchschnittlich viel Energie
– Eiweißbedarf wird v. a. aus tierischem Eiweiß gedeckt
– Nahrung enthält viele Ballaststoffe
– Nahrung enthält kaum Fett

Moderner Mensch
– wenig Bewegung
– Nahrung mit hohem Energiegehalt
– Nahrung enthält insgesamt viel Energie
– Eiweißbedarf wird aus tierischem Eiweiß und pflanzlichem Eiweiß gedeckt
– Nahrung enthält wenig Ballaststoffe
– Nahrung enthält viel Fett

b)
– Jäger und Sammler mussten ihre Nahrung aktiv suchen bzw. erbeuten.
– Moderne Lebensmittel sind häufig verarbeitet und daher ballaststoffarm aber dafür nährstoffreich.
– Nahrung ist in den Industrienationen im Überfluss verfügbar.
– Heute stammt Nahrung aus Ackerbau und Viehwirtschaft, Jäger und Sammler kannten noch keinen Ackerbau und konnten deshalb weniger pflanzliche Eiweiße zu sich nehmen.
– Landwirtschaftlich erzeugtes Fleisch ist fetter als Wild, es werden Pflanzen mit hohem Fettgehalt angebaut.

c) Eskimos brauchen sehr viel Energie, um ihre Körpertemperatur konstant zu halten. Fett hat den höchsten Energiegehalt (39 Kilojoule pro Gramm; Kohlenhydrate 17 Kilojoule pro Gramm); daher ist eine fettreiche Ernährung sehr sinnvoll.

4.

35 g Kohlenhydrate · 17 kJ/g	=	595 kJ
+ 27 g Fett · 39 kJ/g	=	1053 kJ
Gesamtsumme	=	1648 kJ

Energiegehalt des Hamburgers: 1648 Kilojoule (595 Kilojoule aus den Kohlenhydraten und 1053 Kilojoule aus dem Fett)

Ein 15-jähriges Mädchen hat einen Energiebedarf von 9620 Kilojoule. Der Hamburger deckt ungefähr 17 Prozent ihres täglichen Energiebedarfs.

M   Naturwissenschaftliche Erkenntnisgewinnung

1.

Individuelle Lösung.

2.

Ein Kontrollversuch liefert einen Bezugswert, mit dem man die Messergebnisse vergleichen kann. In einer Versuchsreihe kann der erste Messwert (zum Zeitpunkt 0) als Kontrolle angesehen werden.

3.

Die Messergebnisse machen deutlich, dass frisch gepresster Saft mehr Vitamin-C-Gehalt besitzt als gekaufter Saft, der nicht frisch gepresst wurde. Dies liegt vor allem an der Lagerung und Haltbarmachung der gekauften Säfte. Für die Haltbarmachung wird der Saft erhitzt, was den Vitamingehalt negativ beeinflusst.

12.2   Gesunde Ernährung, aber wie?

Gesunde Ernährung, Ernährungskreis	**1.** Abb. 1
Lässt sich gesunde Ernährung im Alltag realisieren?	**2.** Abb. 3

body-mass-index (BMI)	**3.** Abb. 2
Kennzeichnung von Lebensmitteln	**4., 5.** Abb. 4, 5

1.

Der Ernährungskreis zeigt auf, dass die Tageskost aus sieben verschiedenen Lebensmittelgruppen zusammengesetzt werden sollte. Dabei fallen etwa 30 % auf Getreideprodukte und 20 % auf verschiedene Gemüsesorten. Der Anteil an Obst und ungesüßten Getränken sollte jeweils bei etwas mehr als 12 % liegen. Milchprodukte wie Joghurts und Käse sowie Fleisch, Fisch und Eier sollten jeweils ca. 10 % der Tageskost ausmachen; Öl, Margarine und Butter dagegen sogar nur 5 %.
Die Speisen sollten schonend zubereitet werden und dann in Ruhe gegessen werden, sagt die Deutsche Gesellschaft für Ernährung (DGE).

2.

Für die Befragten sind Lebensmittel wie Obst und Gemüse mit vielen Vitaminen von großer Bedeutung. Über 75 % sagen, dass dies ein wichtiger Bestandteil gesunder Ernährung sein sollte. Etwas mehr als die Hälfte der Personen dagegen finden

es wichtig, fettarme, ballaststoffreiche Lebensmittel zu sich zu nehmen und abwechslungsreich zu essen. Die Selbsteinschätzung zur Umsetzung der selbst gestellten Vorgaben weicht allerdings deutlich davon ab. Im Alltag schafft nicht einmal mehr die Hälfte der Befragten vitaminreich und fettarm zu essen. Frische Zutaten werden im Alltag nur von 43 % der Personen verwendet. Lediglich das Umfrageergebnis zur Rohkost und Obst liegt über 50 %.
Die Ergebnisse zeigen, dass zwar der Wunsch nach gesunder Ernährung oder das Bewusstsein für gesunde Ernährung vorhanden ist, sich aber im Alltagsstress nicht so leicht umsetzen lässt. Beruf, Schule und Freizeitaktivitäten in Vereinen dominieren den Alltag. Dies führt dazu, dass geregelte Essenszeiten, bei denen auch die Familienmitglieder gemeinsam und in Ruhe speisen, seltener geworden sind. In diesem Zusammenhang ist es für viele angenehmer und vor allem zeitsparender, das große Fast-Food Angebot anzunehmen, was aber zu Lasten einer gesunden Ernährung geht.

3.

Person	BMI
Angelina Jolie	19,7
Mario Götze	20,7
Lena Gercke	17,8
Ralf Möller	33,5

Anhand der Tabelle erkennt man, dass Lena Gercke Untergewicht und Ralf Möller Übergewicht hat. Angelina Jolie und Mario Götze liegen im Normbereich. Der BMI spiegelt ihren Tätigkeitsbereich wieder. Obwohl diese Schönheitsideale zunehmend in Frage gestellt werden, sind Models oft immer noch sehr schlank und untergewichtig und ein „Mister Universum" hat deutlich mehr Körper- bzw. Muskelmasse als andere Männer seiner Größe im Durchschnitt haben. Gleichzeitig zeigen diese Ergebnisse, dass ein muskulöser Mensch einen hohen BMI erreichen kann, ohne Fett anzusetzen. Der BMI-Wert muss also individuell beurteilt werden.

4.

a) Die Ampelkennzeichnung auf Lebensmittelverpackungen nennt den Gehalt an Fetten, gesättigten Fettsäuren, Zucker und Salz. Die Kennzeichnung erfolgt in den Farben einer Verkehrsampel. Rot symbolisiert einen hohen, Gelb einen mittleren und Grün einen niedrigen Gehalt. Zusätzlich werden die Werte in Gramm pro 100 Gramm oder 100 ml angegeben.
GDA ist eine Abkürzung von „Guideline Daily Amount", eine Richtlinie für die tägliche Menge von Zucker, Fett, gesättigten Fettsäuren und Salz in der aufgenommenen Nahrung. Die angegebenen Werte beziehen sich auf eine ebenfalls angegebene Portion in Gramm. Die Angaben der GDA-Kennzeichnung werden in kleinen Feldern dargestellt.
b) Individuelle Lösung.

5.

Hinweis: Es empfiehlt sich eine Internetrecherche.
Mögliche Argumente für die GDA-Kennzeichnung:
- Die GDA-Angaben informieren über den Energiegehalt des Lebensmittels und über enthaltene Stoffe wie Zucker, Fett, gesättigte Fettsäuren und Salz (Natrium).
- Die GDA-Angaben geben die jeweiligen Mengen auch in Prozent der empfohlenen Tageszufuhr für einen Erwachsenen an.

Mögliche Argumente gegen die GDA-Kennzeichnung:
- Die GDA-Angaben beziehen sich auf eine Portion, deren Größe der Hersteller selbst wählt. Je kleiner die Portion, desto kleiner wird natürlich die Prozentangabe und damit der Anteil an der empfohlenen Verzehrmenge pro Tag. Menschen essen aber durchschnittlich größere Portionen als die Hersteller angeben. Unterschiedlich große Portionen machen es zudem sehr schwer, Produkte miteinander zu vergleichen.
- Der Richtwert, auf dem die GDA-Angaben fußen, ist vom Europäischen Verband der Lebensmittelindustrie selbst festgesetzt worden.
- Auch bei den speziell für Kinder beworbenen Produkten wird der Kalorienbedarf einer erwachsenen Frau angesetzt. Bezogen auf den täglichen Kalorienbedarf von Kleinkindern wären die Prozentangaben viel höher.

Mögliche Argumente für die Ampel-Kennzeichnung:
- Auf einen Blick wird der Verbraucher durch eine Grafik auf der Vorderseite von Lebensmittelverpackungen über die wichtigsten Nährwerte informiert und kann Produkte schnell vergleichen.
- Zur Orientierung wird jeder Wert mit einer der bekannten Signalfarben Rot, Gelb und Grün hinterlegt, je nachdem, ob es sich um einen hohen, mittleren oder niedrigen Gehalt handelt. Das ist so einfach wie möglich und so komplex wie nötig.
- Die Angaben beziehen sich genormt auf 100 Gramm und nicht auf eine Portion.

Mögliche Argumente gegen die Ampel-Kennzeichnung:
- Ein rotes Ampelsignal auf Lebensmitteln bedeutet „Stopp, nicht essen!" Mit auch nur einer roten von vier Ampeln wird ein Produkt zum Ladenhüter.
- Kalorienwerte und die Anteile der empfohlenen Tagesmenge werden nicht angegeben.
- Ernährung ist komplex, die Kennzeichnung mit den Ampelfarben dagegen ist zu vereinfachend. Dadurch werden Lebensmittel in „gute" und „schlechte" Produkte eingeteilt und Lebensmittel mit einem roten Punkt diskriminiert.
- Die Beschränkung auf Produkte mit wenig Fett, Zucker oder Salz stellen keine ausgewogene Ernährung dar. Die Ampel ist damit sogar gesundheitsschädlich, weil sich ältere Menschen, Untergewichtige oder Magersüchtige dadurch möglicherweise falsch ernähren.

12.3 Vollwertige Ernährung

Nahrungsbestandteile und ihre Funktion	**1.** Abb. 2

Faktoren, die unser Essverhalten beeinflussen	**2., 4.** Abb. 1, 4

Ernährung früher und heute	**3.** Abb. 3

Vollwertige Ernährung	**5., 6.** Grundwissen

1.

Beschreibung: Dargestellt sind die Grundelemente der Nahrung und deren Funktion und die Beziehung zueinander. Neben den Nährstoffen Kohlenhydrate, Fette und Eiweiße sind auch Mineralsalze/ Spurenelemente, Vitamine und Wasser abgebildet. Gerade die Nährstoffe dienen als Energiequelle und so als Grundlage für Stoffwechsel und Wachstum.

Merksätze: Kohlenhydrate, Fette und Eiweiße dienen als Energiequellen. Eiweiße, Mineralsalze, Spurenelemente und Vitamine benötigt der Mensch für Wachstum und Entwicklung von Geweben. Für die Regulation von Stoffwechselvorgängen werden Eiweiße, Vitamine und Wasser benötigt.

2.

Individuelle Lösung, z. B.:
Die Abbildung zeigt eine Familie bei einer Mahlzeit im Grünen, vielleicht im eigenen Garten. Sie essen gemeinsam, und reden und lachen miteinander. In der dargestellten Situation wird deutlich, dass Essen nicht nur Nahrungsaufnahme ist, sondern auch soziale Aspekte hat, zum Beispiel Menschen gesellig verbindet.

3.

Ernährungsregeln bei Frühmenschen	und bei heute lebende Menschen
– Iss möglichst viel. – Bewege dich nur, wenn es sein muss. – Iss, wann immer du die Möglichkeit dazu hast. – Vermeide Nahrungsmittel mit geringem Energiegehalt. – Iss möglichst viel Fett.	– Iss nicht zu viel. – Bewege dich möglichst viel. – Iss nicht dauernd zwischendurch. – Vermeide energiereiche Lebensmittel. – Iss wenig Fett.

Begründung: Die Ernährungsregeln heute sind das Gegenteil der Ernährungsregeln zur Zeit der Frühmenschen. Früher stand Nahrung nicht in der Menge zur Verfügung, wie es heute der Fall ist. Die Frühmenschen mussten daher, wenn sie Nahrung fanden, möglichst viel und fettreich essen, um ihren Energiebedarf zu decken. Heute hat sich das Tätigkeitsfeld der meisten Menschen sehr verändert. Durch viele „geistige" und weniger „körperliche" Beanspruchung des Körpers braucht man nicht so viel und nicht so fettreiches Essen. Außerdem muss der „Energieüberschuss" durch viel energiereiche Nahrung durch Bewegung wieder ausgeglichen werden.

4.

a) Der Abbildung ist zu entnehmen, dass besonders für Alkohol und Süßigkeiten geworben wird, also für Produkte, die nicht von der Deutschen Gesellschaft für Ernährung (DGE) empfohlen werden. Auch Fleisch wird im Fernsehen stark beworben, obwohl es bei unserer Ernährung zurückhaltender verzehrt werden sollte. Obst und Gemüse, Lebensmittel, die für die DGE von großer Bedeutung für eine gesunde Ernährung sind, finden in der Fernsehwerbung dagegen kaum Berücksichtigung.
b) Individuelle Lösung.
c) Die in den Medien vorherrschende Werbung für nicht empfehlenswerte Lebensmittel muss kritisch betrachtet werden. Häufig werden Vorzüge herausgestellt, die das Produkt gesund erscheinen lassen,

wobei es aber dann trotzdem nicht als Bestandteil einer „Vollwertigen Ernährung" angesehen werden kann.

5.

Individuelle Lösung in Anlehnung an die Empfehllungen der DGE.

6.

Unter einer „Vollwertigen Ernährung" versteht man die ausgewogene Aufnahme von Nährstoffen, die unser Organismus benötigt. Curry-Ketchup besteht vor allem aus eingedickten Tomaten, Zucker (dazu gehört auch Glucose-Fruktose-Sirup) und Essig. Bei den Nährstoffen überwiegen eindeutig die Kohlenhydrate. Das meiste davon ist Zucker. Eiweiß und Fett ist nur in ganz geringen Mengen enthalten. Weitere Inhaltsstoffe sind Stärke (oder andere Verdickungsmittel), Salz, Gewürze und manchmal auch Konservierungsstoffe.

Als positiv kann man ansehen, dass Curry-Ketchup zu einem großen Teil aus verarbeiteten Tomaten besteht. Er basiert also auf einer pflanzlichen Grundlage.

Da sich bei Curry-Ketchup aber ein großes Ungleichgewicht der Nährstoffe (Hauptbestandteil Zucker) erkennen lässt, kann man bei diesem Produkt nicht von einer „Vollwertigen Ernährung" sprechen. Außerdem enthält der Curry-Ketchup oft noch künstliche Zusatzstoffe.

12.4 Wirkung von Enzymen

Funktion der Enzyme als Biokatalysatoren	
Amylase spaltet Stärke	Abb. 1
Ablauf einer enzymkatalysierten Reaktion – das Schlüssel-Schloss-Prinzip	**1.** Abb. 2
Substratspezifität von Enzymen	**2.** Abb. 3
Resistenzen gegen Medikamente	**3.**
Versuche mit Speichel	**4.** Abb. 4

1.

a) Herstellung eines Pappmodells mit geeigneten Formen, siehe Abb. 2.

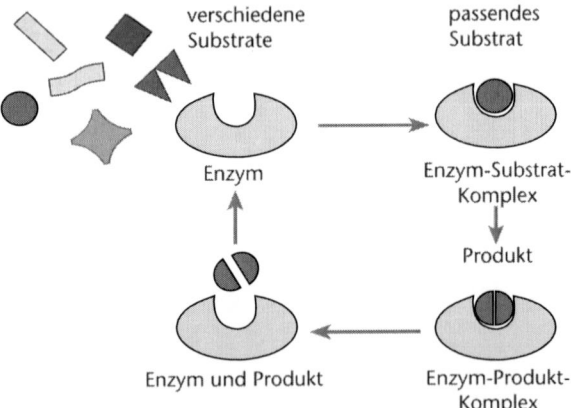

b) Veranschaulicht werden können
- Die Substratspezifität des Enzyms durch entsprechende Formen von Substrat und Enzym
- Die Bildung des Enzym-Substrat-Komplexes durch Verknüpfung von Enzym und Substrat

2.

a) Beobachtung: Der Agar in den Petrischalen 2, 4, 6 ist trübe. In der Mitte der Petrischale 4 ist ein klarer Bereich entstanden.

Der Agar in den Petrischalen 1, 3, 5 ist dunkel gefärbt. In der Mitte der Petrischale 1 ist ein heller Fleck entstanden.

Deutung: Pepsin ist ein Enzym, das Eiweiße wie Albumin spalten kann. Dadurch entsteht in Petrischale 4 ein klarer Bereich. Speichel enthält keine Enzyme, die Eiweiße spalten. Deshalb tritt bei Petrischale 3 keine Veränderung ein.

Speichel enthält Amylase. Das Enzym spaltet Stärke. An den Stellen, an denen Amylase in Petrischale 1 wirkt, kann sich der blaue Iod-Stärke-Komplex nicht bilden. Der Agar wird farblos. Amylase kann aber Albumin nicht spalten. Deshalb tritt in Petrischale 2 keine Veränderung auf.

b) Die Petrischalen 5 und 6 dienen der Kontrolle. Dadurch wird bewiesen, dass die in den anderen Petrischalen beobachteten Veränderungen tatsächlich auf die zugesetzten Stoffe zurückzuführen sind.

3.

Manche Bakterien sind resistent gegen einige der Wirkstoffe in den Medikamenten. Sie verfügen über Enzyme, die die Wirkstoffe spalten und so unwirksam machen. Deshalb werden Wirkstoffe leicht in ihrer Zusammensetzung verändert. Häufig sind sie dann wieder wirksam. Das liegt daran, dass sich durch die leichte Veränderung des Wirkstoffes kein Enzym-Substrat-Komplex mehr zwischen dem Wirkstoff und dem abbauenden Enzym ausbilden kann. „Schlüssel" und „Schloss" passen nicht mehr zueinander. Die Veränderung in der Molekülstruktur des Wirkstoffes ist aber nicht so groß, dass er nicht mehr gegen die Bakterien wirken kann.

4.

Versuch a): In Wasser befindet sich Stärke. Diese Mischung wird durch einen Filter gegossen. Stärke bleibt im Filter zurück, das Wasser passiert den Filter. Versuch b): Eine Maltoselösung wird durch den Filter gegossen. Maltose gelangt mit dem Wasser durch den Filter. Versuch c): In Wasser befindet sich Stärke und Speichel. Die Lösung wird durch einen Filter gegossen. Es ist zu erwarten, dass die Stärke durch die im Speichel enthaltene Amylase in Maltosemoleküle gespalten wird, diese gelangen dann durch den Filter und befinden sich in der filtrierten Lösung.

Ein experimenteller Nachweis sollte zeigen, dass in Versuch c) keine Stärke mehr enthalten ist, sondern Maltose. Dies erfordert eine Recherche zum Thema Nachweismethoden für Stärke und Maltose. Mögliche experimentelle Untersuchung: Wenn man der Lösung aus Versuch c Iodkaliumiodidlösung zugibt, darf keine Verfärbung auftreten. Das beweist, dass keine Stärke enthalten ist. Gibt man Fehling-Lösung zu und erwärmt, erwartet man einen roten Niederschlag. Der Niederschlag zeigt an, dass die Stärke zu Maltose abgebaut wurde. (Anmerkung: Fehling-Lösung ist kein spezifischer Maltose-Nachweis. Da Amylase als Enzym mit Stärke Substrat- und wirkungsspezifisch reagiert, lässt die Rotfärbung auf Maltose als Reaktionsprodukt schließen.)

12.5 Verdauung im Überblick

–

1.

a)

Modell oben links: $2 \cdot 5 \text{ cm}^2 + 14 \cdot 4 \text{ cm}^2 = 66 \text{ cm}^2$

Modell mitte links: $4 \cdot 4 \text{ cm}^2 + 8 \cdot 3 \text{ cm}^2 + 4 \cdot 2 \text{ cm}^2 = 48 \text{ cm}^2$

Modell mitte: $9 \cdot 5 \text{ cm}^2 + 3 \cdot 4 \text{ cm}^2 + 3 \cdot 2 \text{ cm}^2 + 1 \cdot 3 \text{ cm}^2 = 66 \text{ cm}^2$

Modell mitte unten: $4 \cdot 4 \text{ cm}^2 + 12 \cdot 3 \text{ cm}^2 = 52 \text{ cm}^2$

Modell rechts oben: $8 \cdot 3 \text{ cm}^2 + 8 \cdot 2 \text{ cm}^2 = 40 \text{ cm}^2$

Modell unten rechts: $2 \cdot 5 \text{ cm}^2 + 2 \cdot 4 \text{ cm}^2 + 8 \cdot 3{,}5 \text{ cm}^2 + 4 \cdot 2 \text{ cm}^2 = 54 \text{ cm}^2$

b) Prinzip der Oberflächenvergrößerung: Ein Körper vergrößert seine Oberfläche durch die Anzahl und die Länge der Ausstülpungen.

c) Individuelle Lösungen, z. B.

Gemeinsamkeiten:

– Mit der Anzahl der Ausstülpungen steigt die Oberfläche von Darm und Würfelmodell.

– Der Darm und das Würfelmodell sind aus Untereinheiten aufgebaut (Zellen und Würfeln).

– …

Unterschiede:

– Der Dünndarm ist aus verschiedenen Gewebsschichten und Zellen aufgebaut. Dagegen besteht das Würfelmodell aus gleichartigen Würfeln.

– Der Dünndarm wird in verschiedenen Vergrößerungen dargestellt. Das Würfelmodell zeigt immer einen Körper bestehend aus 16 gleich großen Würfeln.

– …

Das Würfelmodell kann lediglich das Prinzip der Oberflächenvergrößerung darstellen, weil es ein Strukturmodell ist. Dagegen kann es nicht die Nährstoffaufnahme durch die Darmoberfläche zeigen oder dessen Aufbau aus verschiedenen Gewebsschichten zeigen.

d) Kennzeichen und Eigenschaften von Modellen am Beispiel des Würfelmodells:

– Es stellt die Wirklichkeit in vereinfachter Form dar: Würfel stehen für Zellen des Gewebes.

– Es hebt hervor, was der Ersteller für wesentlich hält: Ausstülpungen vergrößern Oberfläche.

– Es dient der Veranschaulichung eines biologischen Sachverhalts: Prinzip der Oberflächenvergrößerung.

2.

a) Petra will das Prinzip der Oberflächenvergrößerung des Dünndarms veranschaulichen. Dafür legt sie vier DIN-A4-Blätter glatt hintereinander und klebt sie mit Tesafilm zusammen. Dies steht für einen Darm ohne Ausstülpungen. Sie reiht jetzt acht DIN-A4-Blätter hintereinander und klebt sie mit Tesafilm aneinander. Außerdem faltet sie diese Blattreihe an den Klebestellen ziehharmonikaartig, sodass sie auf die nicht gefaltete Blattreihe genau passt. Das gefaltete Dünndarmmodell hat genau die 2-fache Oberfläche vom nicht gefalteten Dünndarmmodell (8 Blattflächen gegenüber 4 Blattflächen).

b) Das Papiermodell eignet sich gut zur Veranschaulichung der Oberflächenvergrößerung. Die Verdoppelung der Oberfläche durch die Faltungen bei gleicher Grundfläche wird sehr gut verdeutlicht, weil die eingefaltete Papierfläche direkt auf der glatten Papierfläche liegt.

c) Individuelle Lösung. Verbesserungsmöglichkeiten z. B.:

– gefaltete und glatte Papierfläche durch verschiedenen Farben hervorheben,

– größeres Modell mit einer zu einem Rohr gebogenen, glatten Papierfläche und im Inneren des Papierkreises die gefaltete Papierfläche anordnen. Damit würde ein engerer Bezug zum Darmrohr hergestellt.

3.

a) Beim Modellversuch darf nur das Tuchmaterial verändert werden. Alle anderen Faktoren wie die Grundfläche der Tücher müssen gleich bleiben, damit die Versuchsergebnisse auf die Saugkraft der unterschiedlichen Tuchmaterialien schließen lassen.

b) Individuelle Lösungen, z. B.

Das Frotteetuch kann mehr Wasser festhalten, weil es durch die vielen Ausstülpungen des Stoffes eine viel größere Oberfläche hat. Damit ist auf der gleichen Grundfläche viel mehr saugfähiger Stoff vorhanden und kann mehr Wasser aufnehmen.

c) Das Frotteemodell ist besser geeignet, weil es genauso wie der Darm viele Ausstülpungen aufweist.

d) Der Modellversuch zeigt, dass eine Stoffoberfläche mit vielen Ausstülpungen mehr Wasser aufnehmen kann als eine relativ glatte Stoffoberfläche.

Damit ist dieser Modellversuch geeignet zu zeigen, dass durch die Oberflächenvergrößerung der Darmschleimhaut die Aufnahme von Nährstoffen steigt.

e) Es wurden nicht berücksichtigt,
- dass der Darm nicht aus Frottee besteht, sondern aus lebenden Zellen.
- dass neben Wasser im Darm auch Nährstoffe aufgenommen werden.
- dass die Nährstoffe nicht einfach aufgesaugt werden, sondern von den Darmzellen durch Membranen hindurch aufgenommen werden und anschließend ins Blut abgegeben werden.

4.

Individuelle Lösung, z. B.: Genau 50 ml Wasser werden in den Filter mit dem glatten Rundfilter gegossen und die Zeit gestoppt bis 25 ml Wasser in das darunter stehende Becherglas geflossen sind. Anschließend wird der gleiche Versuch mit dem Faltenfilter wiederholt und die Zeit gestoppt. Durch den Faltenfilter fließen die 25 ml Wasser schneller, weil durch die Einfaltungen für den Wasserdurchtritt eine größere Oberfläche zur Verfügung steht. Das Wasser soll für die Nährstoffe stehen und der Faltenfilter aus Papier soll die stark ausgestülpten Zellmembranen der Darmzellen repräsentieren. Das Wasser (Nährstoffe) wird in das Becherglas (Darmzelle) durch den Faltenfilter (Zellmembran) aufgenommen.

M   Concept-Map

1.
Individuelle Lösung.

2.
Individuelle Lösung.

12.6   Sucht ist vielfältig

Verschiedene Suchtformen	Abb. 1
Suchtbegriffe	**1.**
Gewohnheiten und ausweichendes Verhalten	**2., 3.**
Sucht isoliert	**4.** Abb. 2
Aspekte der Sucht	**5.**

1.

Abhängigkeit (Sucht): Unter Abhängigkeit oder Sucht versteht man den Zustand eines Menschen, in dem er kaum oder gar nicht fähig ist, auf Drogen oder bestimmte Verhaltensweisen zu verzichten.

Legale Drogen: Alkohol, Tabak und bestimmte Medikamente, deren Erwerb unter bestimmten Voraussetzungen (z. B. Altersbeschränkung, Rezeptpflicht) gesetzlich erlaubt ist.

Illegale Drogen: Drogen, deren Erwerb, Verbreitung und Gebrauch unter Strafe steht. Beispiele hierfür sind Haschisch, Heroin, Kokain oder Ecstasy.

Stoffungebundene Sucht: Manche Formen von Abhängigkeit sind nicht an einen oder mehrere Stoffe gebunden. Zu diesen Verhaltenssüchten zählt man z. B. Computerspiel- oder Internetsucht, Kaufsucht, Magersucht und Glücksspielsucht.

Gewöhnung: Nach anfänglich nur gelegentlichem Konsum von Drogen kann der Körper eine Gewöhnung für die zugeführte Droge entwickeln. Die Wirkung lässt nach, sodass der Konsument der Droge diese dem Körper häufiger und in größerer Menge zuführt.

Entzugserscheinungen: Wenn eine süchtige Person ihre Droge nicht einnimmt, treten Entzugserscheinungen auf. Diese äußern sich als körperliche Reaktionen wie Unruhe, Zittern, Frieren, Erbrechen und Schmerzen.

2.

a) Individuelle Lösung.

Wichtig ist, dass die Schülerinnen und Schüler zum Nachdenken über ihr eigenes Verhalten angeregt werden.

b) Individuelle Lösungen, z. B. die gemeinsame Suche nach alternativen Handlungsweisen. Hierzu können z. B. gehören: Fußball spielen, Musik machen, sich mit Freunden treffen oder bei Projekten von Greenpeace, DRK usw. mitmachen.

3.

Ausweichendes Verhalten meint das Vermeiden der direkten Auseinandersetzung mit zum Teil ganz alltäglichen Problemen, wie z. B. dem Erledigen der Hausaufgaben oder dem Aufräumen des Zimmers. Sucht ist immer auch mit ausweichendem Verhalten verbunden. Es gibt viele Wege, Alltagsprobleme aus dem Weg zu gehen. Wer nicht lernt, dass man auch unangenehme Situationen durchstehen kann oder dass Streit zwischen Menschen manchmal notwendig und gewinnbringend sein kann, wird eher versuchen, Problemen auszuweichen, als jemand, der bereits früh in der direkten Auseinandersetzung mit Alltagsproblemen ein Verhaltensrepertoire entwickeln kann, mit dem er der Realität später sachlich und angemessen begegnen kann. Menschen, die Problemen oder Konflikten aus dem Weg gehen, können innere Spannungen aufbauen, die schließlich unerträglich werden. Mithilfe der Sucht werden Spannungen eine Zeit lang ausgehalten. Die zugrunde liegenden Probleme bleiben dabei bestehen.

4.

In dem Text „Der kleine Prinz und der Säufer" geht es vor allem um das mangelnde Selbstwertgefühl eines Drogenabhängigen. Der Abhängige empfindet aufgrund seines Kontrollverlustes, also der Unfähigkeit mit dem Trinken aufzuhören, eine wachsende Unfreiheit, die ihm anderen Menschen gegenüber peinlich ist. Er versucht zu verdrängen und den Kontakt mit anderen Menschen zu meiden. Die Folge ist eine zunehmende soziale Isolation, aus der er ohne Hilfe von außen kaum noch in die Gesellschaft zurückkehren kann.

5.

Mögliche Mindmap:

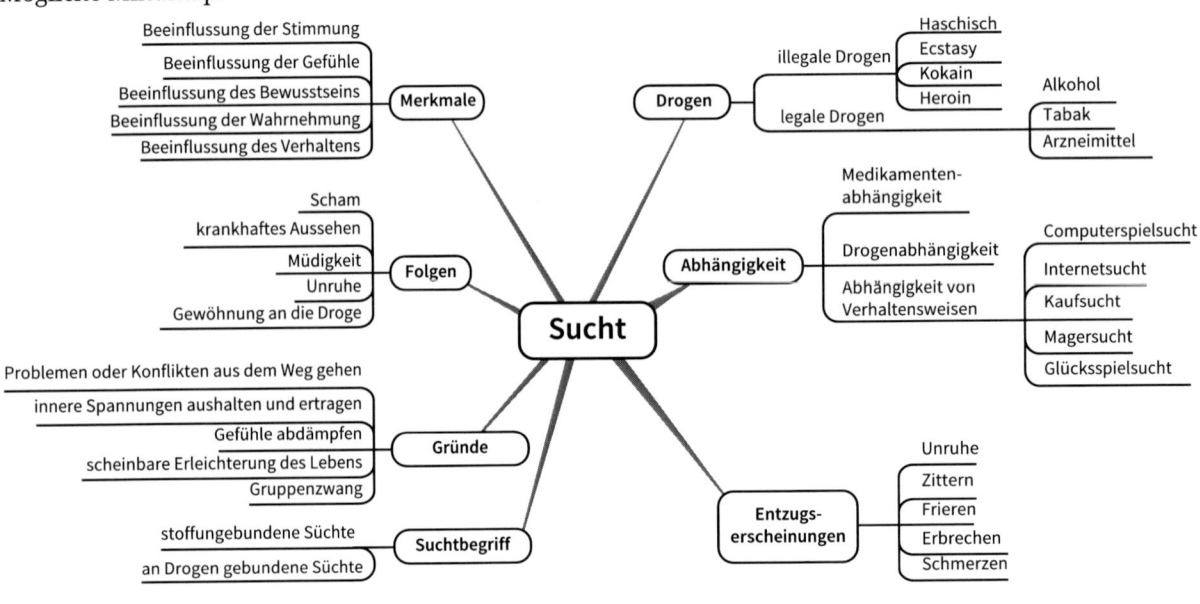

12.7 Entstehung von Drogensucht

Entstehung von Drogensucht Das 4-M-Modell Abb. 1	Das 5-Faktoren-Modell **3.** Abb. 3, 1
Analyse eines Fallbeispiels **2.** Abb. 2, 1	Das Eisberg-Modell **4.** Abb. 4
Gedanken zum Foto **1.** Abb. 1	Vermeintliche Verbesserungen **5.**

1.

Individuelle Lösung. Die Lösungen können deutlich variieren, da sie von Empathie und eigenen Erfahrungen und Assoziationen beeinflusst sind.
Mögliche Stichworte zum Bild: Einsamkeit, Sehnsucht, Suizidgedanken, wegschwimmen, Kälte, Ziellosigkeit, nicht wissen wohin, den Kopf frei kriegen, Weite, Spannungen abfließen lassen, …

2.

Mensch: Peter ist eigentlich eher schüchtern und zurückhaltend. Offensichtlich hat er Schwierigkeiten, seine Gefühle auszudrücken. Auch scheint er unter Minderwertigkeitsgefühlen zu leiden: „Hätte ich nein zum Alkohol gesagt, wäre ich ein Schwächling gewesen." „In der Gruppe galt ich früher als Schwächling, keiner akzeptierte mich. Der Alkohol half, mich lockerer zu machen, cooler."
Mittel: Alkohol bewirkt, dass Peter seine Unsicherheit verliert und sein Selbstwertgefühl subjektiv zunimmt.

Milieu: Peter wächst in einem sozialen Umfeld auf, in dem das Trinken alkoholischer Getränke offensichtlich selbstverständlich ist. Seine „Vorbilder" sind seine Freunde, seine Eltern.
Markt: Jugendliche kommen leicht an die Droge Alkohol. Alkohol ist in Deutschland eine legale Droge und wird kulturell toleriert. Gesetzliche Einschränkungen, wie z. B. Altersbegrenzungen, werden häufig umgangen.

3.

Beide Modelle wurden entwickelt, um zu erklären, wie es zur Sucht kommt. Das 4M-Modell versucht mit den 4 Faktoren Mensch, Mittel, Milieu und Markt die Ursachen und Bedingungen einer Sucht zu ergründen. Verhaltenssüchte bleiben unklar. Das 5-Faktoren-Modell zur Entstehung einer Drogensucht legt die Faktoren Voraussetzungen, Begünstigende Faktoren, Entstehungszusammenhänge, Gesellschaftliche Rahmenbedingungen und Anlässe zu Grunde.

4M-Modell		5-Faktoren-Modell	
Mensch	Das Selbstwertgefühl eines Menschen und seine Möglichkeiten, Belastungen zu ertragen, Probleme zu lösen, Gefühle auszudrücken sowie Beziehungen zu anderen Menschen zu knüpfen, sind entscheidende Faktoren, die an der Entwicklung einer Sucht beteiligt sind oder sie verhindern können. Hinzu kommen noch genetische Faktoren.	Voraussetzungen	Positive Wirkung der Droge, Konsum-Vorbild
		Begünstigende Faktoren	Biografische Voraussetzungen, Erziehungsfehler
Mittel	Auch die Droge selbst ist an der Entwicklung einer Abhängigkeit beteiligt. Dabei sind folgende Fragen wichtig: Wie wirkt die Droge? Wie muss sie aufgenommen werden? Wie schnell gewöhnt sich der Körper an die Droge? Welche Begleit- und Entzugserscheinungen treten auf?	Entstehungszusammenhänge	z. B. dass jüngere Menschen empfindlicher auf Drogenwirkungen reagieren
Milieu	Unter dem Milieu versteht man die Umgebung, den Lebensbereich eines Menschen. Auch Vorbilder, die einen Menschen stark beeinflussen, sind an der Entwicklung eines Suchtverhaltens beteiligt. Zum Milieu-Einfluss zählen insbesondere die Familie, Freunde und Freundinnen, die Clique sowie die Gesellschaft mit bestimmten Traditionen, Gesetzen und Modevorschriften.	Anlässe	Bestimmte Situationen in einer Gruppe
Markt	Das Drogenangebot, der Preis und die Werbung für Drogen sind nicht zu unterschätzende Faktoren bei der Entwicklung einer Sucht.	Gesellschaftliche Rahmenbedingungen	Moralvorstellungen, Gesetze des Marktes

Vergleich: Beide Modelle berücksichtigen weitgehend gleiche Faktoren, allerdings unter anderer Schwerpunktsetzung. Das 4M-Modell wirkt differenzierter (z. B. bei dem Faktor „Mittel"), während die Faktoren des 5-Faktoren-Modells die vernetzten und die soziologischen Zusammenhänge stärker berücksichtigen.

4.

a) Im Rahmen des Eisberg-Modells verstehen wir jeden Menschen als einen Eisberg. Der größte Teil des Berges befindet sich unter Wasser. Er ist für die Mitmenschen also nicht sichtbar. Hier finden wir Gefühle, Abhängigkeiten von anderen Menschen, von bestimmten Werten und Normen, aber auch Beziehungen zu anderen Menschen und die Probleme, die es dabei gibt. Für alle sichtbar, ist nur die „Spitze des Eisbergs": die Sucht. Die ganz individuellen und sehr persönlichen Gründe, die einen Menschen süchtig gemacht haben, bleiben den meisten Menschen verborgen.

Hinweis: Ergänzt werden könnten Wörter wie z. B. Schüchternheit, mangelndes Selbstbewusstsein, negative Erlebnisse, mangelnde Problemlösefähigkeit.
b) Das Hauptproblem des Eisberg-Modells ist die Beschränkung auf die Person des Süchtigen. Die für die Entstehung einer Sucht wichtigen Aspekte, wie das soziale Umfeld und die Drogenart und ihre Wirkung, bleiben unberücksichtigt. Dies ist jedoch gleichzeitig auch die Stärke des Eisberg-Modells: Die Hilfe für den Süchtigen sollte zunächst beim Süchtigen selbst ansetzen. Dafür ist es notwendig, mehr über den „unsichtbaren Bereich" dieser Person zu erfahren. Das Eisberg-Modell bietet hierbei eine sinnvolle Hilfe. Außerdem kann es im Gegensatz zum 4M-Modell bei der Erklärung der Entstehung von Verhaltenssüchten helfen.

5.

Das Hineinversetzen in einen Menschen ist eine wichtige Sichtweise, um zu beurteilen inwiefern der Drogenrausch für diesen Menschen eine Verbesserung seiner Lebensbedingungen darstellt. Dies allein reicht jedoch noch nicht aus, um die Entstehung der Sucht eindeutig zu begründen. Auch andere Aspekte, wie „Mittel", Markt" oder „Milieu", aber auch die Drogenart und das soziale Umfeld beeinflussen das Entstehen einer Sucht sehr stark. Diese Aspekte sind individuell verschieden und von anderen meist schwer nachzuvollziehen.

12.8 Synthetische Drogen

Synthetische Drogen und das körpereigene Belohnungssystem	Abb. 1

Amphetamine und Ecstasy wirken an den Synapsen	**1.** Abb. 2

Recherche und Präsentation: Wirkung und Langzeitfolgen von Christal Meth und Liquid Ecstasy	**2.**

Dosissteigerung und Entzugserscheinungen	**3.** Abb. 2, 3

1.

1. Basiskonzept „Struktur – Eigenschaft – Funktion": Unter Struktur versteht man in der Biologie den Bau von Lebewesen und den Bau ihrer Teile (Moleküle, Zellorganelle, Zellen, Organe). Mit ihrem Bau sind Lebewesen und ihre Teile an bestimmte Aufgaben (Funktionen) angepasst. Man kann den Strukturen von Lebewesen und Lebensprozessen stets eine biologische Bedeutung zuordnen.

Die Abbildung 2a zeigt den normalen, ungestörten Ablauf der Informationsübertragung an einer Synapse mit dem Neurotransmitter Dopamin. Im Axonendknöpfchen einer vorgeschalteten Nervenzelle befinden sich Vesikel mit dem Neurotransmitter Dopamin. Bei einer aktivierten Synapse verschmelzen einige Vesikel mit der präsynaptischen Membran, sodass Dopaminmoleküle in den synaptischen Spalt gelangen. Diese gelangen nach dem Schlüssel-Schloss-Prinzip an passende Rezeptoren in der Membran der nachgeschalteten Zelle. Die Rezeptoren werden durch die Bindung des Neurotransmitters Dopamin aktiviert, die Information

wird übertragen. Bei dem normalen Ablauf werden nicht alle Rezeptoren aktiviert. Freie Transmittermoleküle gelangen durch eine tunnelähnliche Struktur in der präsynaptischen Membran in das Axonendknöpfchen zurück. Die Informationsübertragung ist beendet. Die passgenauen Strukturen von Neurotransmittermolekülen und spezifischen Rezeptoren gewährleisten eine geregelte Informationsübertragung mit biologischer Bedeutung.

In Abbildung 2b gelangen wie in 2a Dopaminmoleküle in den synaptischen Spalt. Die Strukturen der zugeführten Amphetamin- oder Ecstasy-Moleküle passen offensichtlich nach dem Schlüssel-Schloss-Prinzip zur Struktur des Kanalmoleküls in der präsynaptischen Membran. Unter normalen Bedingungen gelangen Dopaminmoleküle durch diesen Kanal in die präsynaptische Zelle zurück. Durch die Blockierung häufen sich Dopaminmoleküle im synaptischen Spalt an und alle Rezeptoren im Bild werden aktiviert. Die Amphetamin- und Ecstasymoleküle bewirken dadurch eine verstärkte Wirkung der Dopaminmoleküle. Der Botenstoff Dopamin ist ein wichtiger Transmitter im Belohnungszentrum im Gehirn des Menschen. Die Wirkung der Drogen erhöht das subjektive Wohlbefinden der Konsumenten.

2.

Individuelle Lösung.
Die Recherchen werden die Wirkung anderer körpereigener Stoffe wie Noradrenalin und Serotonin klären. Zusätzlich wird das selbstzerstörerische Verhalten bei Drogenkonsum deutlich.

3.

Mögliches Fließschema:

Amphetamine/Ecstasy blockieren die Wiederaufnahme von Dopamin in die Synapse
↓
Dopamin bleibt länger und in erhöhter Konzentration im synaptischen Spalt
↓
viele Rezeptoren in der postsynaptischen Membran werden aktiviert
↓
angenehmes Gefühl wird erzeugt
↓
längerer Drogenkonsum
↓
verminderte Rezeptorenanzahl und zu verminderte Dopamin-Ausschüttung
↓
die gefühlte Wirkung der Droge lässt nach
↓
Dosissteigerung
↓
die wenigen Rezeptoren für die Dopamin-Aufnahme bleiben häufiger und länger besetzt
↓
Absetzen der Droge führt aufgrund der erniedrigten Dopamin-Konzentration und der geringeren Menge an Rezeptoren kaum noch zur Aktivierung des Belohnungssystems
↓
Innere Unruhe, Angstzustände und starkes Bedrücktsein sowie körperliche Symptome

12.9 Essstörungen

Magersucht und Ess-Brech-Sucht (Bulimie)	**1., 2.**	Abb. 1, 2, 3
Die Bedeutung von gesellschaftlichen Idealen und Werbung	**3.**	Abb. 4, 5
Binge-Eating-Störung		Grundwissen

1.

Biologische Bedingungen:
– Möglicherweise spielen genetisch bedingte Veranlagungen eine Rolle.
Psychologische Bedingungen:
– Mangelnde Fähigkeit zur Lösung von Konflikten
– Bedingungen in der Familie
Gesellschaftliche Einflüsse:
– In der Gesellschaft gelten schlanke Menschen als schön.
– Das Schlankheitsideal wird durch Werbung und Medien bestätigt und verstärkt.

Körperwahrnehmungsstörung:
– Trotz zum Teil extremer Gewichtsabnahme halten sich Magersüchtige für zu dick.
Verändertes Essverhalten:
– Die Betroffenen vermeiden zu essen und essen nur noch geringste Nahrungsmengen.
Gewichtsverlust:
– Magersüchtige nehmen immer weiter ab.
Körperliche Veränderungen:
– Menstruation bleibt aus.

– Der Blutdruck nimmt ab, der Herzschlag verlangsamt sich.
– Die Körpertemperatur sinkt.
– Es kann zu Hautproblemen, Haarausfall, Muskelschwäche sowie Vitamin- und Mineralsalzmangel kommen.
Psychische Veränderungen:
– Panische Reaktionen auf Gewichtszunahme im Grammbereich.
– Die Kontrolle über das Körpergewicht erhöht das Selbstwertgefühl der Magersüchtigen.

2.
Individuelle Lösung, z. B.

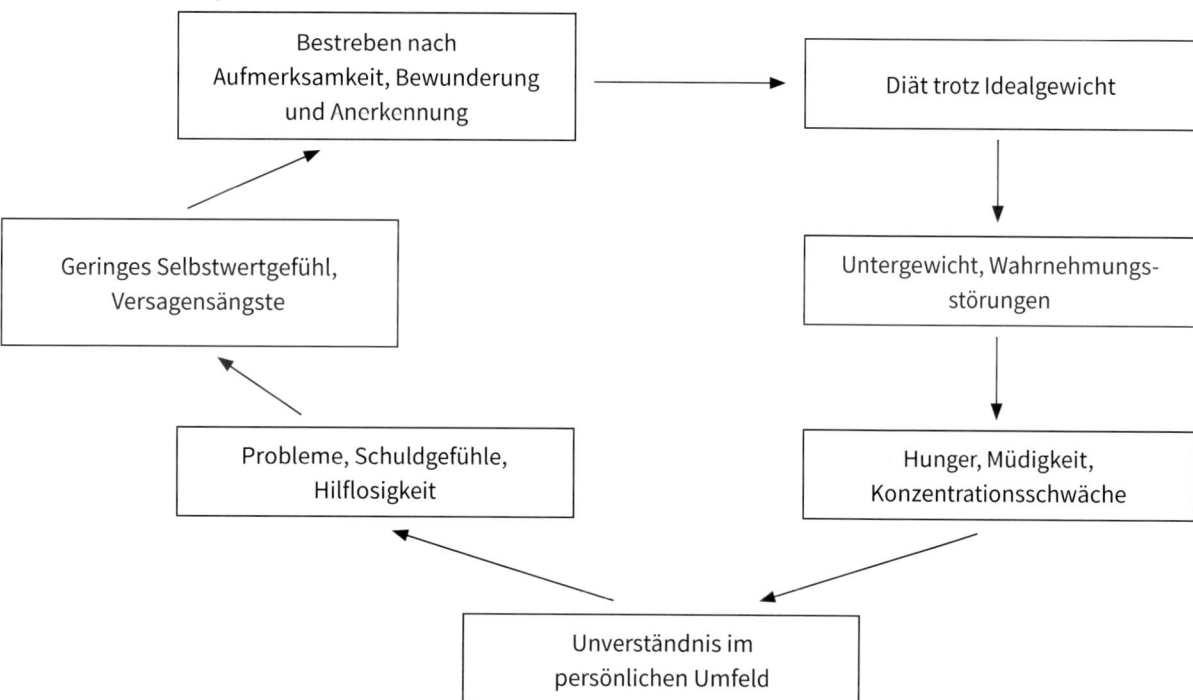

3.
Das gesellschaftliche Schlankheitsideal hat sich offensichtlich verändert. Heute ist schön, wer sehr schlank ist. Dieses Schönheitsideal kann insbesondere pubertierende Mädchen und junge Frauen unter den Druck setzen, diesem Ideal entsprechen zu müssen. Diese Menschen sind besonders empfänglich für Einflüsse von außen, da sie bezüglich ihres Körpers unsicher sind. Gemeinsam mit den sich gerade während der Pubertät häufenden Konflikten mit den Eltern können diese Verunsicherungen zu einer gestörten Körperwahrnehmung führen.

Diese Bedingungen begünstigen die Entstehung einer Sucht.
Beispiel: Eine zunächst erfolgreiche Diät kann einem Menschen das Gefühl vermitteln, dass er die Kontrolle über sein Körpergewicht hat. Je mehr er dem gesellschaftlichen Ideal entspricht, desto selbstbewusster wird er. Nimmt der Mensch immer mehr ab, weil er dem gesellschaftlichen oder persönlichen Ideal noch näher kommen möchte, kann dies zu einem Kontrollverlust im Essverhalten führen: Spätestens jetzt liegt eine Essstörung vor.

13 Organspender werden?

13.1 Die Niere – ein Organ, das häufig transplantiert wird

Impuls: Blutgefäßsystem der Niere:
„Durch die Nieren fließen etwa 1,2 Liter Blut pro Minute." (Vergleich Herz: 5 Liter)

Harnbildung durch Filtration und Rückresorption	**1.** Abb. 2, 3
Zusammensetzung des Harns	**2.** Abb. 4
Ethische Bewertung: Organspende	**3.**

1.

Das Blut gelangt in das Kapillarknäuel des Nierenkörperchens. Durch die Kapillarwand werden Wasser, Harnstoff, Salze und Glucose in das Nierenkanälchen gepresst. Die Proteine und roten Blutkörperchen (= rote Blutzellen) bleiben in der Kapillare zurück, sie gelangen nicht durch die Poren der Kapillarwand. Aus dem Nierenkanälchen werden Wasser, Zucker, Salz und auch etwas Harnstoff zurück in das Blut transportiert. Dieser Vorgang heißt Rückresorption. Der fertige Harn enthält keinen Zucker mehr und ist stark konzentriert.

2.

Zuordnung:

1 - a, 2 - c, 3 - b, 4 - e, 5 - d

Begründung: 1 und 2 haben die größten Durchflussmengen an Wasser und Inhaltsstoffen, wobei die Menge an Harnstoff in 2 geringer ist. Diese Stellen müssen im Blut und zwar vor und nach dem gesamten Prozess sein, also a und c. Bei a muss es ca. 1,5 l mehr sein, da täglich ca. 1,5 l als Harn ausgeschieden wird (d). Am Anfang des Nierenkanälchens (b) muss die Durchflussmenge von Wasser und Inhaltsstoffen höher sein als im weiteren Verlauf, da Wasser Salz und Glucose später in das Blut zurück transportiert werden. Der Anfang des Nierenkanälchens entspricht damit Ziffer 3. Glucose und ein Großteil Salz werden im Verlauf des Nierenkanälchens rückresorbiert (e). Am Ende des Nierenkanälchens (d) liegt stark konzentrierter Harn vor, der kaum Salz und wenig Wasser und keinen Zucker enthält.

3.

Individuelle Lösung.

13.2 Organtransplantation: Beispiel Blut

Erste Transplantationen waren Blutübertragungen	Abb. 1, 2

Die vier Blutgruppen	**1.** Abb. 3, 4

Antigen-Antikörper-Reaktion am Beispiel der Blutgruppen	**2.** Abb. 6

Der Rhesusfaktor	**3.** Abb. 5

Organspende durch Familienmitglieder	**4.**

1.

a) Landsteiner erhielt drei verschiedene Versuchsergebnisse und leitete daher die Existenz von drei verschiedenen Blutgruppen ab.

Störk und Landsteiner, Pletschnig und Zaritsch, Stürli und Erdheim zeigen jeweils die gleichen Versuchsergebnisse und besitzen daher jeweils die gleiche Blutgruppe.

b) Das Serum enthält bei den Blutgruppen A, B und 0 Antikörper, bei Blutgruppe AB keine Antikörper. Störk und Landsteiners Blut verklumpte mit keinem Serum, die roten Blutzellen von Störk und Landsteiner dürfen daher keine Antigene aufweisen, d. h sie haben Blutgruppe 0. Ihr Serum enthält bei Blutgruppe 0 die Antikörper A und B und verklumpt daher mit allen anderen Blutzellen außer ihren eigenen. Das Serum von Stürli und Erdheim enthält Antikörper gegen die Antigene der Blutzellen von Pletschnig und Zaritsch und umgekehrt. Daraus folgt, dass die Blutgruppe AB für diese vier Personen nicht in Frage kommt. Das Serum der Blutgruppe AB enthält keine Antikörper, sodass die Zugabe von Blutzellen zu diesem Serum zu keiner Verklumpung führen dürfte. Pletschnig/Zaritsch haben Blutgruppe A oder B, Stürli und Erdheim haben dann die Blutgruppe B oder A, dies lässt sich nicht eindeutig klären.

2.

Serum / Blutgruppe	Anti A und Anti B	Anti A	Anti B
A	Verklumpung	Verklumpung	keine Verklumpung
B	Verklumpung	keine Verklumpung	Verklumpung
0	keine Verklumpung	keine Verklumpung	keine Verklumpung
AB	Verklumpung	Verklumpung	Verklumpung

3.

Während der ersten Schwangerschaft gibt es keinen Kontakt zwischen dem Blut der Frau und ihrem Kind. Beim Geburtsvorgang gelangt Blut des rhesuspositiven Kindes in den Körper bzw. Blutkreislauf der Mutter. Im Körper der Mutter werden Antikörper gegen das Antigen D gebildet. Bei einer erneuten Schwangerschaft mit einem rhesuspositiven Kind gelangen die Antikörper D in den Blutkreislauf des Kindes. Das Antigen D und der Antikörper reagieren miteinander und verklumpen. Auf diese Weise kann die Blutzirkulation und damit die Sauerstoffversorgung gestört werden, was zu starken Schäden bei dem Ungeborenen führen kann.

4.

Auf der Oberfläche jeder Zelle befinden sich besonders geformte Proteine, die Antigene. An Art und Zusammensetzung der Antigene unterscheidet das Immunsystem körpereigene und körperfremde Zellen. Die Ausbildung der Antigene wird vererbt. Unter Familienmitgliedern ist zu erwarten, dass sie zumindest zum Teil die gleichen Antigene auf ihren Zellen haben. Eine Abstoßungsreaktion ist damit weniger wahrscheinlich, als wenn ein Organ einer nicht mit dem Empfänger verwandten Person transplantiert wird.

13.3 Berufsfeld Labor

| Labor früher und heute | **3.** Abb. 1-4 |

| Anforderungen an PTAs und Laboranten | **2.** Abb. 5 |

| Tätigkeiten den Ausbildungsinhalten zuordnen | **1.** Abb. 6 |

| Entwurf eines Werbeplakates | **4.** |

1.

Tätigkeiten	Unterrichtsfächer
Herstellen von Arzneimitteln (z. B. Salben, Tees, Zäpfchen, Kapseln)	Arzneimittelkunde, Galenik, Galenische Übungen, physikalische Gerätekunde
Analysen durchführen, z. B. Chemikalien und Tees auf Reinheit prüfen	Allgemeine und pharmazeutische Chemie, Chemisch pharmazeutische Übungen, physikalische Gerätekunde
Über Medikamente und Chemikalien Bescheid wissen	Arzneimittelkunde, Allgemeine und pharmazeutische Chemie, Galenik, Botanik und Drogenkunde, Gefahrstoff-, Pflanzenschutz- und Umweltkunde, Medizinproduktekunde
Kunden informieren und beraten	Ernährungskunde und Diätetik, Körperpflegekunde, Gefahrstoff-, Pflanzenschutz- und Umweltkunde, Allgemeinbildende Fächer
Arzneimittelbestand überwachen, Bestellsystem bedienen	Apothekenpraxis und EDV, Mathematik
Serviceleistungen für die Kunden (z. B. Blutdruck, Blutzucker und Cholesterin messen, Kompressionsstrümpfe anmessen)	Apothekenpraxis

2.

Ausgeprägtes naturwissenschaftliches Interesse hilft, die Zusammenhänge zu erkennen und die Wirkung von Arzneimitteln abzuschätzen. Technisch-physikalisches Verständnis wird im Labor benötigt, um die Geräte richtig zu bedienen und auch um Herstellungsprozesse zu kontrollieren. Teamarbeit ist immer gefragt – die Arbeit muss oft Hand in Hand mit den Kollegen erfolgen. Verantwortungsbewusstsein, Zuverlässigkeit und Sorgfalt sind unverzichtbar. Bereits der kleinste Fehler kann schlimme Folgen haben, z. B. wenn ein selbst hergestelltes Arzneimittel verunreinigt ist, oder wenn ein Arzneimittel in der falschen Dosierung abgegeben wird. Die pharmazeutischen Möglichkeiten verbessern und verändern sich im Laufe der Jahre. Deshalb sind auch später im Beruf Lernbereitschaft, permanente Weiterbildung, Eigeninitiative und selbstständige Arbeitsweise gefragt. Insgesamt geht es um eine anspruchsvolle und verantwortungsvolle Tätigkeit, deshalb ist ein guter Realschulabschluss als Basis erforderlich.

3.

mittelalterliches Labor	modernes Labor
kellerähnlicher Raum, zum Teil wohnlich eingerichtet	technische Arbeitsumgebung
schwer sauber zu halten	leicht zu reinigen
Kohle- oder Holzfeuer an Gerätschaften	Geräte werden elektrisch betrieben und beheizt, ggf. Gasflamme
Belüftung gering?	Abzüge, kontrollierte Belüftung
große, einfache Arbeitsgeräte, z. T. aus Steingut	viele moderne technische Geräte, viele Computer

4.

Individuelle Lösung.

14 Sexualität des Menschen

14.1 Geschlechtsreife bei Jungen

Bildung, Bau und Weg der Spermien	**1.** Abb. 1, 2

Spermium und Same – Begriffserklärungen	**3.**

Wirkung der Geschlechtshormone beim Mann	**2.** Abb. 3, 4

1.

Spermienmutterzellen in der Wand
des Hodenkanälchens
↓
Erste Teilung
↓
Tochterzelle
↓
Zweite Teilung
↓
Spermatid
↓
Spermien werden in Hodenkanälchen entlassen
↓
Reifung im Nebenhoden
↓
Durch die Spermienleiter gelangen die Spermien
in die Harn-Spermienröhre
↓
Ejakulation

2.

Mit Beginn der Pubertät beginnen durch Hormone gesteuerte Vorgänge. Im Gehirn gelangen vom Hypothalamus vermehrt Freisetzungshormone zur Hypophyse. Die Hypophyse gibt LH und FSH in das Blut ab. Diese wirken auf die Hoden und stimulieren die Testosteron- und Spermienbildung. Die Spermienbildung wird zusätzlich durch Inhibin gefördert. Testosteron und Inhibin wirken hemmend auf die Aktivität des Hypothalamus und der Hypophyse. Durch diese negative Rückkopplung wird das männliche Fortpflanzungssystem kontrolliert.

3.

Bei Pflanzen stellen Samen die Nachkommen einer Pflanze dar, die sich nach einer Befruchtung entwickeln, nachdem also die Zellkerne einer männlichen und einer weiblichen Geschlechtszelle miteinander verschmolzen sind. Spermien sind die männlichen Geschlechtszellen. Der Begriff „Samen" wird demnach doppeldeutig verwendet, was zu missverständlichen Vorstellungen führen kann.

14.2 Geschlechtsreife bei Mädchen

Vergleich von Eizelle und Spermium	**2.** Abb. 4

Follikelreifung und Eisprung	**1. a** Abb. 1, 2

Veränderungen im Menstruations-zyklus	**1. b** Abb. 3

Unterschiedliche Größe von Eizellen	**3.**

1.

a) *1. Stadium 1.-4. Tag:* Der zunächst kleine Follikel wächst. Die Eizelle und die sie umgebenden Zellschichten sind zu erkennen.

2. Stadium 5.-10. Tag: Die Größe des Follikels nimmt deutlich zu und die Follikelhöhle bildet sich.

3. Stadium 11.-12. Tag: Der Follikel nimmt weiter an Größe zu und die Follikelhöhle vergrößert sich weiter. Die Eizelle verlagert sich an den Rand des Follikels.

4. Stadium 13.-14. Tag: Der Follikel ist ausgereift. Die Eizelle befindet sich am Follikelrand. Beim Eisprung platzt der Follikel auf und die Eizelle gelangt in den Eileiter.

b) Nach der Menstruation, bei der eine unbefruchtete Eizelle abgestoßen wurde, reift eine weitere Eizelle im Eierstock heran. Während der Entwicklungszeit bis zur reifen Eizelle mit einer Hülle erfolgt der Aufbau der Gebärmutterschleimhaut. Während des Eisprungs platzt der Follikel und die Hülle bleibt als Gelbkörper zurück. Die unbefruchtete Eizelle gelangt durch einen der beiden Eileiter in die Gebärmutter. Der Gelbkörper schrumpft und verkümmert in dieser Zeit. Bleibt die Eizelle in der Gebärmutterschleimhaut unbefruchtet, stirbt sie ab. Während der Menstruation löst sich die Gebärmutterschleimhaut.

2.

Eizelle	Spermienzelle
Durchmesser etwa 0,2 mm	Etwa 0,06 mm lang
einheitliche Zelle, Kranzzellen umgeben das Äußere der Membran.	gegliedert in Kopf, Mittelteil und Schwanz
Chromosomen im Zellkern enthalten die Erbinformation.	Kopfteil mit Zellkern. Die Chromosomen im Zellkern enthalten die Erbinformation.
Eidotter im Inneren	Im Mittelteil wird durch die Zellatmung aus Glucose Energie freigesetzt.
keine aktive Bewegung	Die aktive Bewegung erfolgt durch den Schwanzteil.
nach dem Eisprung nur wenige Stunden befruchtungsfähig	wird in den Nebenhoden einige Wochen lang gelagert

3.

Beim Menschen bekommt ein sich entwickelnder Embryo/Fetus während der Schwangerschaft alle benötigten Nährstoffe über die Plazenta zugeführt.

Da die Entwicklung eines Kükens im Ei erfolgt, ohne die Zufuhr von Nährstoffen von außen, sind in der Hühnereizelle alle benötigten Nährstoffvorräte für das Küken bis zum Schlüpfen enthalten.

14.3 Hormonelle Regulation des weiblichen Zyklus

Hormonelle Vorgänge beim weiblichen Zyklus	**1. a** Abb. 1	Häufigkeit der Zykluslänge und des Eisprungs	**3.** Abb. 2
Vergleich Befruchtung/Nicht-Befruchtung	**1. b** Abb. 1	Hormonelle Regulation als Kreis-darstellung	**5.** Abb. 3
Wirkung von FSH und LH bei Mann und Frau	**2.**	Ein weiteres Hormon: HCG	Abb. 4
Körpertemperatur und Zyklus	**4.** Abb. 1		

1.

a)

Hormon	Produktionsort	Wirkung auf den Körper
Freisetzungshormone	Hypothalamus	Stimulation der Hypophyse zur Produktion von LH und FSH
FSH	Hypophyse	Wachstum und Reifung eines Follikels im Eierstock im Zeitraum von etwa 14 Tagen
LH	Hypophyse	Endgültige Reifung des Follikels, Eisprung und Gelbkörperbildung
Östrogene	Heranreifender Follikel	Wachstum der Gebärmutterschleimhaut innerhalb von ca. zwei Wochen auf ungefähr die 4-fache Dicke (von 1,5 auf 6 mm)
Progesteron	Gelbkörper	Vorbereitung der Einnistung einer befruchteten Eizelle in die Gebärmutterschleimhaut. Hemmung der Produktion von FSH und LH. So kann im Eierstock kein weiterer Follikel heranreifen.

b)

Das Follikel stimulierende Hormon FSH bewirkt das Wachstum und die Reifung eines Follikels im Eierstock im Zeitraum von etwa 14 Tagen. Das luteinisierende Hormon LH steuert die endgültige Reifung des Follikels, den Eisprung und die Gelb-körperbildung. Der heranreifende Follikel bildet Östrogene. Diese fördern das Wachstum der Gebär-mutterschleimhaut. Nach dem Eisprung bildet der Rest des Follikels den Gelbkörper. Dieser produziert Progesteron.

Vorgänge mit Befruchtung: Durch Progesteron wird die Einnistung einer befruchteten Eizelle vorbereitet. Die befruchtete Eizelle teilt sich mehrfach, der entstehende mehrzellige Embryo nistet sich in der Gebärmutter ein. Progesteron regelt weiterhin die Erhaltung der Gebärmutterschleimhaut, die ständig mit Nährstoffen versorgt wird. Durch die Einnistung des Embryos wird das Schwangerschaftshormon HCG gebildet. Der Gelbkörper wird dadurch nicht abgebaut. Die Produktion von FSH und LH wird gehemmt. Im Eierstock kann kein weiterer Follikel heranreifen.

Vorgänge ohne Befruchtung: Bleibt die Eizelle unbefruchtet, bildet sich der Gelbkörper zurück, wodurch die Konzentration des Progesterons sinkt. Als Folge wird die Gebärmutterschleimhaut abgebaut und durch die beginnende Menstruation abgestoßen. Durch die sinkende Konzentration von Progesteron kommt es vermehrt zur Bildung von LH und FSH und es kann ein neuer Follikel heranreifen.

2.

a)

FSH und LH beim Mann	FSH und LH bei der Frau
Mit Beginn der Pubertät beginnen durch Hormone gesteuerte Vorgänge. Im Gehirn gelangen vom Hypothalamus vermehrt Freisetzungshormone zur Hypophyse. Die Hypophyse gibt LH und FSH in das Blut ab. Diese wirken auf die Hoden und stimulieren die Testosteron- und Spermienbildung. Die Spermienbildung wird zusätzlich durch Inhibin gefördert. Testosteron und Inhibin wirken hemmend auf die Aktivität des Hypothalamus und der Hypophyse. Durch diese negative Rückkopplung wird das männliche Fortpflanzungssystem kontrolliert.	Freisetzungshormone des Hypothalamus bewirken eine Stimulation der Hypophyse zur Produktion von LH und FSH. FSH stimuliert das Wachstum und die Reifung eines Follikels im Eierstock im Zeitraum von etwa 14 Tagen. LH bewirkt die endgültige Reifung des Follikels, den Eisprung und die Gelbkörperbildung. Vom Gelbkörper produziertes Progesteron hemmt die Produktion von FSH und LH. Durch diese negative Rückkopplung wird das weibliche Fortpflanzungssystem derart kontrolliert, dass nach der Befruchtung einer Eizelle kein weiterer Follikel im Eierstock heranreifen kann.

b) *FSH fehlt:* Wachstum und Heranreifen eines Follikels unterbleiben. Das hat zur Folge, dass auch alle folgenden hormonellen Regelungsprozesse ausfallen.

Progesteron fehlt: Die Einnistung einer befruchteten Eizelle wird nicht vorbereitet. Die Ausschüttung von FSH und LH wird nicht gehemmt. Follikel können unkontrolliert heranreifen und die Östrogenproduktion kann zunehmend stimuliert werden. Das Wachstum der Gebärmutterschleimhaut erfolgt ebenfalls unkontrolliert. Die hormonellen Regelungsprozesse zum weiblichen Zyklus funktionieren nicht mehr.

3.

In Abbildung a ist die Häufigkeit der bei geschlechtsreifen Frauen beobachteten Zykluslängen in Tagen dargestellt. Bei weniger als 1 % setzt die Blutung bereits nach 20 Tagen ein. Meistens beginnt die Blutung zwischen dem 25. und 30. Zyklustag. Es gibt aber auch Fälle, bei denen der Zyklus deutlich länger dauert, sogar bis zu 50 Tage.

Kernaussage: Die häufig als „normal" angegebenen 28 Tage für eine Zykluslänge sind nur bei 15 % der beobachteten Zyklen aufgetreten.

In Abbildung b ist die Häufigkeit dargestellt, mit der der Eisprung auf die jeweiligen Zyklustage entfällt. Der früheste gemessene Termin für den Eisprung liegt am 7. Zyklustag (weniger als 1 % der Zyklen). Am häufigsten liegt der Eisprung am 13. oder 14. Zyklustag. Es gibt aber auch viele Fälle, bei denen der Eisprung mehrere Tage davor oder danach geschieht. Bei etwa 1 % der beobachteten Zyklen liegt der Eisprung sehr spät am 19. Zyklustag.

Kernaussage: Der häufig als „normal" angegebene 14. Zyklustag als Zeitpunkt für den Eisprung ist gar nicht so häufig. Er liegt nur bei 14 % der Zyklen vor.

4.

Tag 1:
- Beginn der Regelblutung
- Gehalt im Blut an
    - FSH relativ hoch, bei etwa 20 rel. Einheiten;
    - LH niedrig, bei etwa 5 rel. Einheiten;
    - Östrogen niedrig, bei etwa 0,02 µg/l;
    - Progesteron niedrig. bei etwa 0 µg/l;
- Körpertemperatur bei etwa 36,5 °C

Tag 5:
- Regelblutung beendet
- Gehalt im Blut an
    - FSH gestiegen, bei etwa 30 rel. Einheiten;
    - LH niedrig, bei etwa 5 rel. Einheiten;
    - Östrogen gestiegen, bei etwa 0,05 µg/l;
    - Progesteron niedrig, bei etwa 0 µg/l;
- Körpertemperatur bei etwa 36,5 °C

Tag 10:
- Gebärmutterschleimhaut baut sich auf
- Gehalt im Blut an
    - FSH fast niedrigster Wert bei etwa 10 rel. Einheiten;
    - LH niedrig (s. o.), kurz vor steilem Anstieg;
    - Östrogen gestiegen, bei etwa 0,1 µg/l;
    - Progesteron niedrig, bei etwa 0 µg/l;
- Körpertemperatur bei etwa 36,5 °C

Tag 15:
- Gebärmutterschleimhaut baut sich weiter auf
- Gehalt im Blut an
    - FSH von Peak bei etwa 25 rel. Einheiten am 14. Tag gefallen auf knapp 20 rel. Einheiten;
    - LH von Peak bei 50 rel. Einheiten am 14. Tag gefallen auf knapp 30 rel. Einheiten;
    - Östrogen von Peak bei 0,35 µg/l am 13. Tag gefallen auf 0,3 µg/l;
    - Progesteron gestiegen, bei etwa 5 µg/l;
- Körpertemperatur angestiegen auf 37 °C

Tag 20:
- Gebärmutterschleimhaut baut sich weiter auf
- Gehalt im Blut an
    - FSH unverändert, bei etwa 20 rel. Einheiten;
    - LH gesunken, bei etwa 20 rel. Einheiten;
    - Östrogen mit leichtem Peak bei 0,2 µg/l;
    - Progesteron minimal gesunken auf 0,35 µg/l nach Maximum am 17. Tag;
- Körpertemperatur unverändert hoch

Tag 25:
- Gebärmutterschleimhaut maximal aufgebaut
- Gehalt im Blut an
    - FSH unverändert, bei etwa 20 rel. Einheiten;
    - LH fast auf minimalen Wert gesunken;
    - Östrogen gesunken, bei etwa 0,1 µg/l;
    - Progesteron steil gesunken, bei 0,15 µg/l;
- Körpertemperatur unverändert hoch, aber kurz vor Abfall am 27. Tag

5.

Die Begründung ergibt sich jeweils aus den Übereinstimmungen mit den Hormonkonzentrationen, die in Abbildung 1 dargestellt sind.

1 FSH: Anstieg bis zum 6. Tag, zweiter Peak um den 14. Tag

2 Östrogen: Anstieg mit extremem Peak um 14. Tag und schwächerem Peak um 20. Tag

3 LH: Anstieg mit Maximum um den 14. Tag, danach kontinuierliches Absinken

4 Progesteron: niedrige Werte bis um 14. Tag und starker Anstieg bis zum 18. Tag

14.4 Befruchtung und Einnistung

Vom Eisprung zur Einnistung	**1.** Abb. 1, 2

Schemata zur Entstehung von Zwillingen	**2.** Abb. 3

1.
Individuelle Lösung mit folgenden Daten:

Zeit	Ereignis	Ort
bis 24 Stunden vor der Befruchtung	Eisprung	im Eierstock
bis 24 Std. nach Eisprung	Befruchtung der Eizelle	im Eileiter
30 Std. nach Befruchtung	Teilung der Zygote in zwei identische Tochterzellen	im Eileiter
60 Std. nach Befruchtung	Weitere Teilungen bis zum 8-Zellen-Stadium	im Eileiter
3 Tage nach Befruchtung	Weitere Teilungen bis zum Bläschenkeim	im Gebärmuttereingang
6-7 Tage nach Befruchtung	Bläschenkeim beginnt sich in Gebärmutterschleimhaut einzunisten	in der Gebärmutter

Es bietet sich an, auf der Zeitleiste die Befruchtung als Nullpunkt zu nehmen.

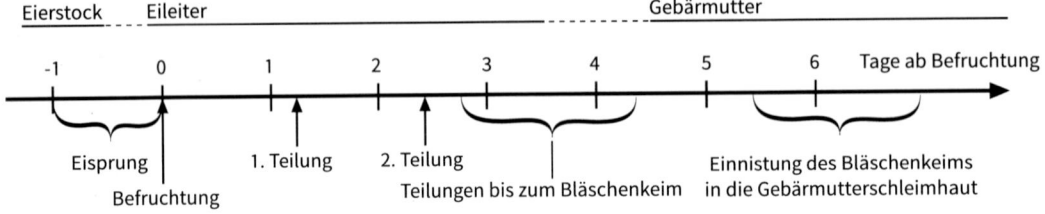

2.
Entstehung eineiiger Zwillinge:

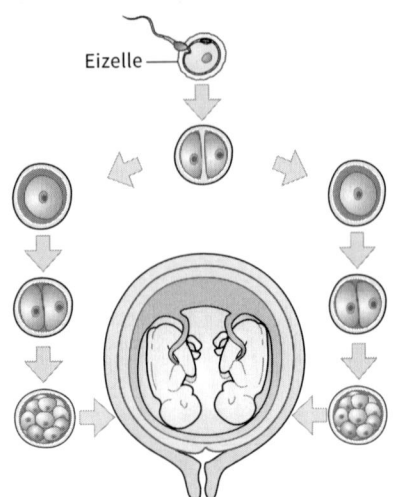

Hier liegt der Regelfall vor, dass in einem Zyklus nur ein Follikel ausgereift ist. Die Eizelle wird von einem Spermium befruchtet. Aus der befruchteten Eizelle entstehen zwei identische Tochterzellen. Entgegen dem Regelfall (anschließendes 4-Zellen-Stadium) lösen sich die identischen Tochterzellen voneinander. Aus jeder dieser beiden Tochterzellen entwickelt sich nach Durchlaufen der verschiedenen Teilungsstadien ein Bläschenkeim. Beide Bläschenkeime nisten sich in der vorbereiteten Gebärmutterschleimhaut ein und es entwickeln sich zwei Embryonen bzw. Feten in einer gemeinsamen Fruchtblase und mit einer gemeinsamen Plazenta.

Entstehung zweieiiger Zwillinge:

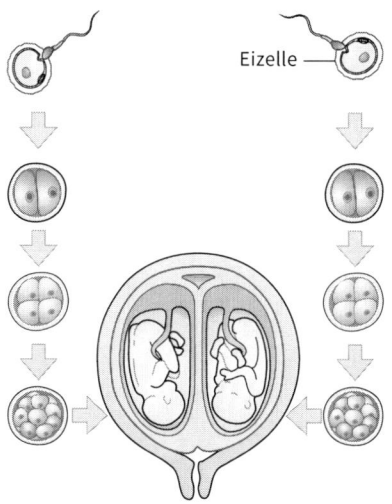

Eizelle

Hier liegt der Regelfall nicht vor: Es sind in einem Zyklus zwei Follikel ausgereift. Jede der beiden Eizellen wird von je einem Spermium befruchtet. Aus der befruchteten Eizelle entstehen jeweils zwei identische Tochterzellen, die sich wieder teilen, sodass zwei 4-Zellen-Stadien vorliegen. Aus jedem der beiden 4-Zellen-Stadien geht nach weiteren Teilungen ein Bläschenkeim hervor. Beide Bläschenkeime nisten sich in der vorbereiteten Gebärmutterschleimhaut ein, und es entwickeln sich zwei Embryonen bzw. Feten in getrennten Fruchtblasen und mit jeweils eigener Plazenta.

14.5 Die Plazenta

Stoffaustausch in der Plazenta	**1.** Abb. 1, 2, 4
Vorgeburtliche Diagnostik	**2.** Abb. 5, 6
Wirkung von Thalidomid	**3.** Abb. 3, 7
Versorgung von Embryo und Fetus	**4.** Abb. 2, 4

1.

Über die Blutgefäße der Nabelschnur gelangt kohlenstoffdioxidreiches Blut des Fetus in die Zotten, die von der stark durchbluteten Gebärmutterschleimhaut umgeben sind. Das kohlenstoffdioxidreiche Blut in den fetalen Zotten wird vom mütterlichen Blut umspült. Dabei findet ein Austausch verschiedener Stoffe zwischen fetalem und mütterlichem Blut statt, z.B. gelangt Kohlenstoffdioxid aus dem Blut des Fetus in das Blut der Mutter. Das sauerstoffreiche Blut in den fetalen Zotten fließt in Richtung Nabelschnur und Sauerstoff gelangt in den embryonalen Kreislauf. Das sauerstoffarme Blut in der Plazenta fließt in den Kreislauf der Mutter zurück. Die Plazentaschranke trennt durch die dünnen Wände der Zotten das Blut der Mutter vom Blut des Fetus, sodass es nicht zu einer Durchmischung kommt. Der Austausch von Nährstoffen, Kohlenstoffdioxid und Sauerstoff erfolgt durch Diffusion. Vitamine und bestimmte andere Stoffe werden durch spezielle Transportvorgänge aufgenommen. Manche Krankheitserreger, Alkohol, Medikamente oder Drogen können die Plazenta passieren und so in den Blutkreislauf des Fetus gelangen.

2.

Amniozentese: Bei der Amniozentese erfolgt zwischen der 13. und 14. Schwangerschaftswoche die Entnahme von Fruchtwasser aus der Gebärmutter. Dazu wird mit einer Kanüle die Bauch- und die Gebärmutterwand durchstochen. In dem Fruchtwasser befinden sich Zellen, die sich vom Fetus abgelöst haben. Durch eine Zentrifugation lassen sich die Zellen von dem Fruchtwasser trennen. Das Fruchtwasser kann mit verschiedenen biochemischen Tests weiter untersucht werden. Bis zur Erstellung eines Karyogramms vergehen noch zwei bis drei

Wochen. In dieser Zeit vermehren sich die Zellen in Zellkulturen. Über nicht therapierbare Daten wie z.B. chromosomale Anomalien (z.B. Trisomie 21) hinaus liefert diese Untersuchungsmethode weitere, therapierbare Befunde wie beispielsweise Blutgruppenunverträglichkeiten von Mutter und Kind oder Lungenreife im Falle einer drohenden Frühgeburt.

PID: Nach hormoneller Stimulation werden Eizellen gewonnen, die außerhalb des Körpers befruchtet werden. Es entstehen mehrere Embryonen. Im 8-Zell-Stadium wird jedem Embryo eine Zelle entnommen. Jede der acht Zellen ist totipotent, also voll entwicklungsfähig. Die so gewonnene Zelle wird zur genetischen Analyse des Embryos unter Verwendung der PCR-Technik genutzt. Das Verfahren wird an allen Embryonen durchgeführt. Vom Ergebnis der genetischen Diagnose hängt es ab, welcher Embryo für den Transfer in die Gebärmutter ausgewählt wird. Die nicht implantierten Embryonen werden meistens verworfen. Die PID ermöglicht im Zusammenhang mit künstlicher Befruchtung eine genetische Diagnose insbesondere für bestimmte Erbkrankheiten (u. a. Bluterkrankheit, Sichelzellanämie, Mukoviszidose) und Chromosomenanomalien vor der Einnistung, also vor Beginn der Schwangerschaft.

In Deutschland verbietet das Embryonenschutzgesetz die Präimplantationsdiagnostik (PID). Allerdings befürwortete am 1. Juni 2011 der Deutsche Ärztetag die Zulassung von Präimplantationsdiagnostik (PID) in engen Grenzen. Sie soll demnach nur für Erkrankungen durchgeführt werden, für die bei einem Paar ein hohes genetisches Risiko bekannt ist.

3.

Die rote Kurve stellt die relativen Verkaufsmengen von Thalidomid dar. Der Absatz beginnt laut Grafik im Jahr 1959 und steigt bis 1960 an. Im Laufe des Jahres 1961 sinken die Absatzzahlen, ab Mitte des Jahres rapide auf 0, da das Medikament vom Markt genommen wird. Die Kurve, die das Auftreten der spezifischen Missbildungen darstellt, hat einen ähnlichen Verlauf wie die Absatzkurve, jedoch mit einem etwa achtmonatigen Versatz.

Der Zusammenhang der beiden Kurven ist deutlich: auf Zeiten mit hohem Thalidomidabsatz folgen ca. 8-10 Monate später entsprechend viele Geburten von Kindern mit Fehlbildungen, während das Verbot von Thalidomid entsprechend dazu führte, dass ca. 8-10 Monate später keine Kinder mehr mit diesen Fehlbildungen geboren wurden. Somit wird der Zusammenhang zwischen Thalidomid-Einnahme und der schädigenden Wirkung dieses Wirkstoffs offensichtlich.

4.

Modellhaft betrachtet fließen das Blut der Mutter und das des Fetus auf beiden Seiten der Plazentaschranke nebeneinander her. Man kann dies als „Gleichstromprinzip" bezeichnen, bei dem über einen längeren Zeitraum Stoffe durch eine trennende Barriere diffundieren können und damit Konzentrationsunterschiede zwischen beiden Räumen ausgleichen: Das sauerstoffreiche und nährstoffreiche Blut der Mutter fließt neben dem sauerstoffarmen und nährstoffarmen Blut des Embryos bzw. des Fetus entlang. Durch Diffusion infolge der Eigenbewegung der Teilchen gelangen nun der Sauerstoff und die Nährstoffe entlang des Konzentrationsgefälles in das Blut des Fetus. Umgekehrt gelangen so das Kohlenstoffdioxid und die Abfallstoffe auf die gleiche Weise in das Blut der Mutter. Die Konzentrationen an Nährstoffen und Sauerstoff können infolge dieses Prinzips im Blut des Fetus jedoch nicht über den Konzentrationen im Blut der Mutter liegen.

14.6 Schwangerschaft und Geburt

Schwangerschaftsverlauf und Entwicklung der Organe des Fetus	**1.** Abb. 1, 3	Lebensfähigkeit bei Frühgeburten	**3.** Abb. 3
Gewichtszunahme in der Schwangerschaft	**2.** Abb. 2	Blutkreislauf von Fetus und Neugeborenem	**4.** Abb. 4

1.

Veränderungen im Mutterleib (Abb.1):

- Vor der 16. Woche ist der Fetus bereits zu erkennen.
- Bis zur 16. Woche ist der Fetus stark gewachsen. Durch die vergrößerte Gebärmutter wird die Lage von Dünn-, Dickdarm und Magen leicht verschoben. Die Schwangerschaft ist äußerlich erkennbar.
- Bis zur 28. Woche ist der Fetus stark gewachsen. Sein Kopf liegt in Richtung Gebärmutterausgang. Die Lage der inneren Organe der Mutter verändert sich weiter. Auch die Harnblase ist betroffen. Der mütterliche Bauch wölbt sich stärker vor.
- Bis zur 36. Woche ist der Fetus stark gewachsen. Die Lage der inneren Organe der Mutter verändert sich weiter. Die Brustdrüsen sind gewachsen.
- Bis zur 40. Woche ist der Fetus stark gewachsen. Sein Kopf rutscht tiefer ins Becken. Die Lage der inneren Organe der Mutter verändert sich weiter. Die Brustdrüsen sind gewachsen.
- Die Bauchmuskeln werden im Verlauf einer Schwangerschaft stark gedehnt, die Rückenmuskeln müssen sich in jeder Körperhaltung den durch die Schwangerschaft bedingten Gewichtsveränderungen ständig anpassen bzw. diese kompensieren.

Entwicklung der Organe des Fetus (Abb.3):

Kopf: Die Entwicklung des Kopfes beginnt bereits in den ersten Tagen der ersten Woche der Schwangerschaft. Am Ende der ersten Woche bis etwa zur 5. Woche ist er deutlich erkennbar. Danach ist er ab der 6. Woche gut und gegen Ende der 28. Woche voll entwickelt.

Gehirn: Die Entwicklung des Gehirns beginnt in der dritten Woche der Schwangerschaft. Am Ende der 5. Woche bis etwa zur 10. Woche ist es deutlich erkennbar. Danach ist es gut entwickelt und gegen Ende der 25. Woche voll entwickelt.

Nerven: Die Entwicklung der Nerven beginnt in der 4. Woche der Schwangerschaft. Am Ende der 5. Woche bis etwa zu Beginn der 13. Woche sind sie deutlich erkennbar. Danach sind sie gut entwickelt und gegen Ende der 31. Woche voll entwickelt.

Augen: Die Entwicklung der Augen beginnt gegen Ende der 3. Woche der Schwangerschaft. Am Ende der 6. Woche bis etwa zu Beginn der 12. Woche sind sie deutlich erkennbar. Danach sind sie gut entwickelt und gegen Ende der 18. Woche voll entwickelt.

Ohren: Die Entwicklung der Ohren beginnt in der 4. Woche der Schwangerschaft. Zu Beginn der 8. Woche bis etwa gegen Ende 15. Woche sind sie deutlich erkennbar. Danach sind sie gut entwickelt und Verlauf der 23. Woche voll entwickelt.

Herz: Die Entwicklung des Herzens beginnt in der 2. bis 3. Woche der Schwangerschaft. In der 4. Woche bis etwa zur 8. Woche ist es deutlich erkennbar. Danach ist es gut entwickelt und in der 12. Woche voll entwickelt.

Gliedmaßen: Die Entwicklung der Gliedmaßen beginnt in der 4. Woche der Schwangerschaft. Zu Beginn der 8. Woche bis etwa gegen Ende 15. Woche sind sie deutlich erkennbar. In der 16. Woche sind sie voll entwickelt.

Nieren: Die Entwicklung der Nieren beginnt in der 4. Woche der Schwangerschaft. Zu Beginn der 12. Woche bis etwa gegen Ende 14. Woche sind sie deutlich erkennbar. Danach sind sie gut entwickelt und in der 23. Woche sind sie voll entwickelt.

2.

Eine schwangerschaftsbedingte Gewichtszunahme beginnt etwa in der 10. Schwangerschaftswoche (SSW). – Während das Gewicht des Fetus bis zur 20. SSW auf etwa 0,3 kg allmählich ansteigt, nimmt es bis zur 30. SSW bis auf etwa 1,5 kg zu und hat gegen Ende der Schwangerschaft einen Wert von etwa 3,4 kg erreicht. Das Gewicht des Fruchtwassers nimmt allmählich zu und erreicht seinen maximalen Wert von knapp 1 kg etwa in der 35. SSW, und fällt dann leicht bis zum Geburtstermin wieder ab. Die Gewichtszunahme der Plazenta erfolgt fast kontinuierlich bis zum maximalen Wert von etwa 0,75 kg am Ende der Schwangerschaft.

SSW	Fetus [kg]	Fruchtwasser [kg]	Plazenta [kg]	Gesamtgewicht [kg]
20	0,4	0,45	0,2	1,05
30	1,5	0,85	0,5	2,85
40	3,4	0,9	0,8	5,1

3.

Individuelle Lösung, z. B.:

Vor allem der Entwicklungsstand der Organe entscheidet bei Frühgeburten über die Lebensfähigkeit. Das Herz ist schon in der 10. Woche voll entwickelt aber erst zum Zeitpunkt der 23. Schwangerschaftswoche ist die Entwicklung der Nieren abgeschlossen. Die Funktion dieser beiden Organe ist lebensnotwendig. Gehirn und Nerven sind in der 23. bis 25. Woche noch nicht voll entwickelt. Ihre Entwicklung kann jedoch auch außerhalb des Mutterleibes weitergehen.

Hinweis: Außer Herz und Nieren muss auch die Lunge zum Zeitpunkt der Geburt funktionsfähig sein.

4.

Blutkreislauf beim Fetus: Das sauerstoffreichere Blut aus der Plazenta fließt über die Nabelvene in Richtung Herz. Durch den Zufluss sauerstoffärmeren Mischblutes aus dem Körperkreislauf bzw. sau-erstoffarmen Blutes aus den Beinen, gelangt nun sauerstoffreicheres Mischblut in die rechte Herzkammer. Ein Teil des sauerstoffreicheren Mischblutes gelangt über ein Loch in der Herzscheidewand in die linke Herzkammer. Der andere Teil fließt - durch den Zufluss sauerstoffarmen Blutes aus dem Kopfkreislauf - als sauerstoffärmeres Mischblut in die Lunge bzw. über den „Botalli-Gang" in den Körperkreislauf. Aus der Lunge gelangt das jetzt sauerstoffarme Blut in die linke Herzkammer. Von der linken Herzkammer fließt ein Teil als sauerstoffärmeres Mischblut in Richtung Kopf und von dort als sauerstoffarmes Blut in die rechte Herzkammer. Der andere Teil des Blutes aus der linken Herzkammer gelangt nach Zufluss sauerstoffärmeren Mischblutes aus dem „Botalli-Gang" in den Körperkreislauf. Das sauerstoffärmere Mischblut des Körperkreislaufes teilt sich auf: Ein Teil vermischt sich mit sauerstoffreichem Blut aus der Nabelvene und fließt Richtung Herz. Ein Teil versorgt die Beine und fließt als sauerstoffarmes Blut mit dem sauerstoffreichen Blut aus der Nabelvene vermischt Richtung Herz. Ein Teil fließt über die Nabelarterien in die Plazenta und wird dort mit Sauerstoff angereichert.

Blutkreislauf beim Neugeborenen: Sauerstoffarmes Blut gelangt in die rechte Herzkammer und von dort in die Lunge, in welcher der Gasaustausch stattfindet. Das nun sauerstoffreiche Blut fließt in die linke Herzkammer und gelangt von dort in den Körperkreislauf. Als sauerstoffarmes Blut fließt es aus Kopf, Körper und Beinen der rechten Herzkammer zu.

Gemeinsamkeiten: Blut strömt in einem Kreislauf; Kopf, Rumpf und Extremitäten werden durchblutet; Arterien führen vom Herzen weg, Venen führen zum Herzen hin.

Unterschiede: Der Fetus hat ein Loch in der Herzscheidewand, beim Neugeborenen ist es geschlossen. Der Fetus hat einen Botalli-Gang, das Neugeborene nicht. Beim Fetus geschieht die Sauerstoffanreicherung des Blutes in der Plazenta, beim Neugeborenen in der Lunge. Beim Fetus enthält die rechte Herzkammer sauerstoffreicheres Mischblut, beim Neugeborenen enthält sie sauerstoffreiches Blut. Beim Fetus enthält die linke Herzkammer sauerstoffärmeres Mischblut, beim Neugeborenen enthält sie sauerstoffarmes Blut.

14.7 Hormonelle Empfängnisverhütung

Kontrazeptiva	**1.–3.**
	Abb. 1-3, 5

Geschichte der hormonellen Empfängnisverhütung	**4.**
	Abb. 4

1.

In Hypothalamus und Hypophyse wird die Bildung von LH und FSH gehemmt. Durch die zu geringen Mengen dieser Hormone finden im Eierstock keine Follikelreifung, kein Eisprung und keine Gelbkörperbildung statt und die Bildung von körpereigenem Östrogen und Progesteron wird gehemmt. Die künstlich zugeführten Östrogene bewirken den Aufbau der Gebärmutterschleimhaut. In der tablettenfreien Zeit wird diese abgestoßen (Blutung).

2.

Einphasenpräparate enthalten über den ganzen Einnahmezeitraum die gleichen Mengen an Östrogen und Gestagen. Auch Zwei- und Dreiphasenpräparate enthalten Östrogen und Gestagen, jedoch ist in Zweiphasenpräparaten der Östrogenanteil in den ersten 11 Tagen geringer als danach. Bei Dreiphasenpräparate ändern sich die Anteile von Östrogen und Gestagen während der Einnahmezeit in drei Schritten (Tag 1-5, Tag 6-11, Tag 12-28). Bei der Verwendung von Vierphasenpräparaten wird die Konzentration beider Hormone viermal verändert. Die Minipille, die jeden Tag exakt zur gleichen Uhrzeit eingenommen werden muss, enthält nur Gestagen.

3.

a) Alle Dragees der Packung enthalten über eine Einnahmephase die unveränderte Menge eines Gestagens und eines Östrogens. Das ist nur bei einem Einphasenpräparat der Fall. Einphasenpräparate gehören zu den Ovulationshemmern.

b)
- Gesundheitsschäden bei Schwangerschaft, Lebererkrankungen, Gefäß- und Stoffwechselerkrankungen, bei Raucherinnen erhöhtes Risiko
  Hinweis: Gründlicher Gesundheitscheck vor Anwendung; eventuell Wahl anderer Verhütungsmittel
- Einnahmefehler, Erbrechen oder Darmkrankheit mit Durchfall, Wechselwirkung mit anderen Medikamenten können die empfängnisverhütende Wirkung herabsetzen.
  Hinweis: Bei Beeinträchtigung der schwangerschaftsverhindernden Wirkung ist die Anwendung zusätzlicher Verhütungsmethoden notwendig.

4.

Das Kaninchen hätte bei sofortigem Deckerfolg schon nach 28-30 Tagen also etwa zwischen dem 08/04 und 10/04/1919 - Junge werfen können. Verschieden weitere Deckversuche waren erfolglos. Die Vermutung liegt nahe, dass die von den Eierstöcken eines trächtigen Kaninchens produzierten Hormone bei Kaninchen B einen Eisprung nach den verschiedenen Deckaktionen zwischen dem 11/03 und dem 19/05 verhindert haben.

14.8 Partnerschaft und Verantwortung

Partnerschaft und Verantwortung in verschiedenen Lebensabschnitten	**1.** Abb. 1

Ausnutzen von Gefühlen	**2.** Abb. 1

Verhütungsmethoden	**3.** Abb. 2

Verhütung bei Jugendlichen	**4.** Abb. 3

1.

In einer Partnerschaft versucht jeder der beiden, sich über seine eigenen Gefühle klar zu werden und diese auch mitzuteilen. Dann können beide einander besser verstehen. Das junge Paar in Abbildung 2 zeigt Zuneigung und Vertrautheit. In einer Freundschaft besteht eine enge Beziehung, die auf gegenseitiger Zuneigung, Achtung, Ehrlichkeit und Vertrauen beruht. Jeder der beiden Partner übernimmt Verantwortung für das Gelingen der Partnerschaft. Ist der Wunsch nach einer dauerhaften Partnerschaft sehr ausgeprägt, wollen die meisten Männer und Frauen in ihrem Leben heiraten und eine Familie gründen. Eine dauerhafte Bindung wird durch Zärtlichkeiten und Sexualität gestärkt. Für die Eltern der Familie in Abbildung 2 ist die gemeinsame Verantwortung für die Kinder durch Zuverlässigkeit und enges Vertrauen besonders wichtig.

Das ältere Paar in Abbildung 2 hat wahrscheinlich die Erfahrung einer langen gemeinsamen Zeit in gegenseitigem Vertrauen. Die Verantwortung besteht im Alter vor allem in gegenseitiger Hilfe und Versorgung.

2.

Individuelle Lösung.

3.

Verhinderung des Eisprungs: Pille
Verhinderung des Zusammentreffens von Eizelle und Spermium: Kondom, chemische Mittel, Temperaturmethode, Kalendermethode.

4.

Das Diagramm zeigt Umfrageergebnisse zum Verhütungsverhalten von Mädchen und Jungen beim ersten, zweiten und letzten Geschlechtsverkehr (GV). Die Angaben sind in Prozent der Mädchen, bzw. Jungen dargestellt. Beim ersten und zweiten GV wurde von den meisten Mädchen und Jungen angegeben, dass sie ein Kondom verwendet haben (55 % - 68 %). Später - dafür steht der letzte Geschlechtsverkehr - kommt das Kondom nicht mehr so häufig zum Einsatz (40 % und 52 %). Die Pille kommt bei 31 % der Jugendlichen bereits beim ersten GV zum Einsatz. Ihr Anteil steigt bei den Nennungen der Mädchen und Jungen zum zweiten GV und auch danach deutlich an. 8-9 % der Jungen geben an, durch Abbruch verhütet zu haben. Bei den Mädchen wird Abbruch nur für den ersten GV in nennenswerter Höhe verzeichnet (5 %). Chemische Verhütungsmittel kommen nur selten zum Einsatz. Vor allem zum ersten GV haben viele Jugendliche angegeben, keine Verhütungsmittel angewendet zu haben (Mädchen 11 %, Jungen 16 %). Beim zweiten und letzten GV ist dieser Anteil deutlich geringer.

Da Mehrfachnennungen möglich sind (z. B. wenn Pille und Kondom angewendet wurden), sind die Stapelsäulen höher als 100 %. Betrachtet man die gesamte Höhe der Säulen, wird deutlich, dass sowohl bei Jungen als auch bei Mädchen beim zweiten GV mehr Verhütungsmethoden eingesetzt werden.

Zusammenfassend lässt sich sagen, dass die meisten der befragten Jugendlichen bereits beim ersten GV auf die Verhütung durch die Pille und/oder das Kondom vorbereitet sind. Bei ca. 16 % der Mädchen und 25 % der Jungen ist das Verhütungsverhalten jedoch vor allem beim ersten GV unzureichend (Summe aus Abbruch und fehlenden Verhütungsmitteln).

B   Wiederholen mit Basiskonzepten

1.

1. Stoff- und Energieumwandlung

2. Stoff- und Eergieumwandlung
   Struktur und Funktion

3. Stoff- und Energieumwandlung
   Struktur und Funktion

4. Stoff- und Energieumwandlung

5. System

6. System
   Vielfalt und Angepasstheit

7. Vielfalt und Angepasstheit

8. Vielfalt und Angepasstheit
   Fortpflanzung und Vererbung

9. Information und Verständigung

10. System

11. Stoff- und Energieumwandlung
    System

13. Stoff- und Energieumwandlung
    System

14. Entwicklung

15. Vielfalt und Angepasstheit

16. Vielfalt und Angepasstheit
    Entwicklung

17. Entwicklung

18. Vielfalt und Angepasstheit

19. Vielfalt und Angepasstheit
    Entwicklung

20. Vielfalt und Angepasstheit

21. System

22. Vielfalt und Angepasstheit
    System
    Entwicklung

23. Information und Verständigung

24. Information und Verständigung
    Steuerung und Regelung

25. Information und Verständigung
    (Steuerung und Regelung)

26. Information und Verständigung

27. Struktur und Funktion
    Fortpflanzung und Vererbung
    System

28. Stoff- und Energieumwandlung
    System

29. Stoff- und Energieumwandlung
    System

30. Information und Verständigung (Zellebene)
    Struktur und Funktion (Stoffebene)

31. Information und Verständigung
    Steuerung und Regelung

32. Vielfalt und Angepasstheit
    Entwicklung

33. Information und Verständigung
    System

34. System
   Steuerung und Regelung

35. Struktur und Funktion
   Information und Verständigung

36. Stoff- und Energieumwandlung

37. Steuerung und Regelung

38. Entwicklung
   Information und Verständigung

39. Entwicklung

40. Fortpflanzung und Vererbung
   Vielfalt und Angepasstheit

41. Fortpflanzung und Vererbung
   Vielfalt und Angepasstheit
   Entwicklung

42. Fortpflanzung und Vererbung
   Struktur und Funktion
   Stoff- und Energieumwandlung

43. Fortpflanzung und Vererbung
   Entwicklung

44. Entwicklung
   Fortpflanzung und Vererbung
   System

45. Fortpflanzung und Vererbung

46. Fortpflanzung und Vererbung
   Entwicklung

47. System

48. Stoff- und Energieumwandlung

49. Stoff- und Energieumwandlung
   Steuerung und Regelung
   Struktur und Funktion

50. Struktur und Funktion
   Stoff- und Energieumwandlung

51. Struktur und Funktion
   Information und Verständigung
   (Steuerung und Regelung)

52. Fortpflanzung und Vererbung
   System